グーテンベルクからグーグルへ

From Gutenberg to Google

文学テキストのデジタル化と編集文献学

ピーター・シリングスバーグ［著］
明星聖子／大久保譲／神崎正英［訳］

慶應義塾大学出版会

序章

本書の関心は、文学の領域での、文献に基づく知識の土台となる資料を電子的に再現／表象《リプリゼント》する際の問題点と可能性である。とはいえ、音楽・哲学・歴史・法律・宗教における作品を電子的に表現する場合でも状況は同様だろう。これらの分野は、自らの研究のための一次資料を紙の文書のなかに見出し、そして、他のすべての分野のように、学問的知識の集積場所《リポジトリ》として文献を用いる。この研究で明らかになる原理が、これら他の分野にも同様に応用できることがわかれば幸いである。

「グーテンベルクからグーグルへ」というタイトルが思い浮かんだのは、ドイツのマインツにあるグーテンベルク博物館でのことだった。五〇〇年前の可動活字で印刷された最初の本――その美しさ、耐久力――を眺めながら立っていた時に、私にある疑問が浮かんできた。五〇〇年後、人は、博物館での最初の電子書籍の展示をどこかで見ることがあるのだろうか。そして、そのとき「耐久力」や「美しさ」という言葉は心に浮かんでくるのだろうか。この質問には、驚くべき解答が用意されているのかもしれない――私にはそれがどんなものかはわからないけれど。耐久力や美しさは、おそらく副産物に過ぎず、グーテンベルクの主要な目的ではなかった。電子編集の未来は、今、私たちの前で輝かしい夜明けを迎えようとしているが、一四五二年以降の最初の数十年間に、印刷という新しいメディアに雇用された従来の写字生たちにとっては、印刷の未来もそのように見えたことだろう。しかし、［グーテンベルクの発明以降も］引き続き筆写室で働き続けた写字生たちもいた。彼らは一〇〇年以上の間、美麗な写本を生み出し続けた。おそらく、複雑で退屈な新しいテクノロジー——活字を鋳造し、見た目が逆さになった活字を組み、巨大なスズと鉛の枠に填《は》め込んでテキストを作成し、油やワインを製造する道具と似たような大きな機械で印刷し、インクで印刷された一枚の紙が出来上がるまでに、とても多くの労力を必要とする——は、多くの写字生にとっては大げさすぎるものに見えただろう。彼らは、機械の半分の時間で美しい頁をいくらでも書写できるし、印刷の何十分の一かの費用で一頁を作り上げていた。しかし、印刷機が稼働し始めると、筆写はもちろんのこと、テキストを朗読するよりもさらに短い時間で、数百の複製が作り出されるようになった。今、［かつて印刷機が煩雑に見えたのと］同様に、電子テクノロジーの煩わしさ、すなわち、インターフェイスデザイン、間違いやすさ、複雑さ、そして、ＸＭＬ[*1]やＴＥＩやそのＤＴＤのような謎めいた頭文字、それにもちろん、すぐに流行遅れになってしまうことやハードディスクのクラッシュなどの現実的な恐れは、大変な負担である。電子的な環境は、だから、文学的芸術の不朽の名作を保存するためのメディアではなく、短命な「メッセージの伝達」にふさわしいように見える。にもかかわらず、私は、他の多くの人々と同様、次のようなことを信じている。印刷の時代はピークを過ぎている。そしてまもなく、取って代わられることはないにせよ、電子テキストによって凌駕されることになるであろう、と。

しかし、なぜ、「グーテンベルクからゲイツ」ではなく「グーテンベルクからグーグル」なのか。グーテンベルクの発明は、それまでは金持ちや宗教家にしか見られることのなかった書物を、幅広い大衆が利用できるようにしたことによって、テキストの性質に革命を起こした。グーテンベルクは書物その他のテキストの民主化を行ったのであり、それに対してＷＷＷは情報を民主化してきた。そして、グーグルは、ウェブ上の情報への入り口の象徴とみなされるようになっている。誰でも情報を見つけることができるのだ。さらにグーグルは、利用者による情報検索結果に商業広告が入りこまないようにして、自らのページに誠実さと真剣さの印象を与えている──これらは、ほとんどのサーチエンジンや情報サイトには欠けていた要素である。グーグルの収支決算の手法は、ライセンスや商品の売り上げではなく、ヒット数に基づく広告主からの「出来高払い」を通じたサービスである。それは、電子的なナリッジサイトの経営方法を考えるとき、従来のように書籍の売り上げやデータベースへの有料会員登録に頼るのとはまったく異なる一つのやり方を示している。

とはいえ問題もある。ウェブブラウザの、優先順位をつけるプロセスは、洗練されてきてはいるものの、検索で見つかった情報や偽情報の質まで明らかにしてくれるわけではなく、学術的な参照に使えるシステムは持っていない。ウェブブラウザは、一貫した知識体系を発展させようと共同している［アカデミズムの］取り組みとは無関係に設計されている。だから、検索をかけると、少なくとも最初は、情報のあるサイトが無秩序に並べられる。そこでは、信頼できる情報や基本的な文献を正確に再現したものと、噂やゴシップの類とが区別されず、そしておそらく、区別することが不可能なのだ。ウェブブラウザが頼っているのは「クリームが表面に浮き上がる［＝優れたものが自然に検索の上位に上がってくる］」という考えだが、実際には、それとは対極にある「パンとサーカス［＝大衆の気をそらすための食事・娯楽。この文脈では、質とは無関係に、楽しめるサイトが人気を得て検索の上位に現れるということ］」という考えによって、理想は絶えず突き崩されてしまう。境界線は保護されておらず、明示もされていない。信頼性の問題は、学問やその文献資料が民主化される世界をうまく実現するためには避けて通れないものである。

本書が提示する命題は、二一世紀において、印刷文献を電子的に再現する試みが、テキスト性についての私たちの理解を大きく変革するであろうということである。本書の重要な部分は、私が書き言葉の「書記行為理論」

（script act theory）と呼ぶ考えに費やされている。この理論を最初に論じたのは『テキストへの抵抗』（*Resisting Texts*, 1997）においてだった。私がこれまでに試みてきたことを考えると、それに書記行為理論と名づけるのは空想的に過ぎるかもしれない。実際、この理論を構想するのに用いた材料の多くは、他の人々の考えから拝借したものである。書記行為理論とは、書かれた文学テキストを理解するために、異なる、時には孤立した分野においてこれまでなされてきた洞察や戦略を融合し統合したものである。書記行為理論を通じて私が試みたいのは、テキストへのアプローチとして最良のものを——最も複雑なもの、最もシンプルなもの、有益なものを——一つ（または二つ）特定することではない。書き言葉の機能に関する、相容れない洞察のいくつかを整理して、思考のツール・見解のセットとして提示することであり、またそのそれぞれについて、テキストと利用者との相互作用がもたらすものを示すことが書記行為理論の目的なのだ。このように努めることで、私が目指しているのは、書き言葉によるコミュニケーションについての包括的な統一場理論というよりも、さまざまな文学の戦略を概観することである。

そのような概観を行いたいという衝動が生まれたのには、いくつかの理由がある。一つには、新しい解釈や批評の方法を競うように生み出し続ける文学理論家に対する好奇心。もう一つは、編集文献学者の間で、新しい学術版を生み出すのにどれが正しいやり方でどれが間違っているのかを巡って繰り返されるつまらない争いに嫌気がさしたこと。そしてもう一つは、おそらくこれが最も重要な理由なのだが、印刷文献を電子的に再現する際に何が必要であり、印刷ではなしえなかったどのようなことが可能なのかを理解したいという欲求。ここで、そのような電子的再現が、印刷の限界によってテキストが強いられてきた人為的な抑圧から、印刷された作品を解放するかもしれないと考えるのは、やはり空想的かもしれない。しかし、結局は批判を受けるとしても、まずそうした提案をしておかないことには始まるまい。

私が信じる書記行為理論の重要性とは、印刷テキストが電子テキストとして再・再現《リ・リプリゼント》される際に、とりわけ、印刷メディアの限界を超えるようなやり方、あるいは電子メディアの特性を充分に活かしたやり方が用いられた際に、どのようなことが生じるのかを理解するための、包括的な基盤をもたらすということである。もし、印刷された文学テキストの電子的再現が、一つのメディアから別のメディアへのテキストの移しかえに過ぎず、検索や索引作成を容易にする程度でしかないのであれば、「書くこと」の本質についての包括的な理解など必要とはされないだろう。だが、もし電子的再現が、実際にテキスト固有の条件を変えるのだとすれば、テキストのダイナミクスへのより深い理解が必須である。本書を読んでいただければ明らかになるはずだが、私の関心は、テキストやテキストの持つテキスト性だけに向けられているわけではない。テキストと書き手と読み手の三者の関係によって形づくられる、より適切なテキスト性について考えたいのだ。そう考えると、書かれたテキストの電子的再現は、テキストを変化させるのと同じくらいに、利用者を変化させる多くの可能性を有しているといえるだろう。コンピュータは、人々がテキストとつきあう方法や人々がテキストについて考える方法を変え、その結果、テキストの利用法と利用者をともに変えてきた。[*2] おそらくそれは、次の問いを最初に挙げたときの含意がより充分に理解されるということに他ならないのかもしれない。すなわち、「テキストの電子的再現は、テキスト固有の性質を変えるのか？」

電子メディアは、印刷版の制約の多くから、読者や学者——文学研究者も編集文献学者も——を解放してきたように見える。［索引や相互参照を付けて］ラディカルに改造して、ランダム・アクセスを可能にしようとする試みにもかかわらず、印刷版においては、書物は直線的な構造を保ち続けてきたのだ。それに対して、熱意を持って作られた多くの、そのうちのいくつかは美しくさえある複雑な電子版プロジェクトが、新たな領域を切り開いてきた。[*3] とはいえ、電子学術編集版・アーカイブ・教育ツールなどを構築する基盤となるような、電子版の編集理論はほとんど有意義な展開を見せていない。書記行為理論という名前のもと、本書で展開されている概念構造は、学際的なものとして理解されよう。この理論は、書誌学、編集文献学（テキスト批判、学術版編集）、言語学（特に語用論）、文学理論、認知科学、現代のテクノロジーといった、さまざまな伝統に属する多くのものを含んでいる。

私たちが、一五世紀に発明された可動活字による印刷によって引き起こされた革命に比肩しうるようなテキストの革命の揺籃期に立ち会っているというのは、ほぼすべての人にとって明らかだろう。さらに、現在のこの革命は、非常に速いペースで展開している。それでも今のところ、電子メディアは、対抗者である活字印刷が五〇〇年君臨する時代のなかで、ほんの一五年か二〇年の間、展開してきたに過ぎない。私たちは多くのことを学ぶべきである。私自身、控えめではあるものの、未来志向的であろうとしてきた。だが、それはおそらく、そうはなっていない。というのは、本書で考えていることの多くが他の研究者たちに由来するものだからであり、そして、ここで説明されている大部分の事柄のためのテクノロジーはすでに存在している。ある意味で、未来とは現在のことなのである。

本書は、やがて訪れる二つの課題を概観する二つの章で始まる。一つめは、あらゆる世代が担ってきた、古くからのプロセス、すなわち、文献のかたちで残った文化遺産を、収集し、維持し、伝えていくという仕事を、続けていくこと。二つめは、それを電子的な形式で行うために、充分に複雑であり、充分に標準化され、安定したやり方を発展させること。この二つめの課題が示す複雑さとチャンスとを理解する手段として、私は第3章で書記行為理論について詳述している。それは、書かれた作品の諸条件についての分析である。ここでは、発話からそうした作品を区別する条件、そして印刷された作品を電子的に再現する際に必要となる、読みという行為の条件において必要となる要素を明らかにする。第4章では、電子学術編集版の概念的空間と形態、私の好むいい方をすれば、ナリッジサイトを略述している。第3章・第4章の二章は、本書の内容の主鉱脈であり、それぞれ理論と実践を担っている。第5章において、私は、ある種のテキスト情報について、具体的な事例を取り上げて論じている。そうした情報は、電子メディアなら再現が可能だが、従来のように古いテキストを印刷で再現する場合には無視されてきた。印刷メディアでは扱うのが困難だし、それを扱おうと挑戦したところで、苦労に見合うだけの成果が得られないからだ。私は、特にヴィクトリア朝文学と、そのすぐに消え去っていく図像的・物質的な存在を取り上げて、新しい電子メディアがテキストの保存・編集・(再)表現を行う際の試金石として検討する。第6章は、欠点のある電子学術編集版の混乱について、そして多くの初期の(つまり現在の)電子版の試みの原動力が、間違った土台に基づき、その目標が限定的であったことについて、やや批判的に論じる。その一方、責任のある電子テキストを提供し、そこに学術的な価値もつけ加えようという初期の(いまだ完成されてはいないが)最良の試みを、一種の希望として紹介する。この章でも、第5章で論じた、ヴィクトリア時代の小説の電子的な再現の問題が取り上げられる。第7章では、書記行為理論が、いまだにテキスト性についての統一場理論ではないという事実から生じる問題点、そして、何が作品の構成要素であり、作品の概念が、残存しているテキストの証拠とどのような関連を持っているかについて、学者たちがそれぞれ異なる見解を持っていることから生じる問題点を論じる。この章はある意味で第2章の反復だが、ここで取り上げられる編集文献学へのアプローチは、第3章・第4章の議論を踏まえると、別のものに見えるだろう。第8章は、電子メディアへの熱狂に、現実的な観点から待ったをかけるものである。ここでは、電子版に対する誤った期待や、現実的でないゴール・要求が紹介される。そうした要求は阻止しなければならない。第9章では、モノとして残っている文書と、その文書によって表現されている芸術作品との違いについて述べられる。さらに、学術版の編集プロジェクトにおいて目的とされるべきなのは、物理的なモノとしてのテキストなのか、観念的なコトとしてのテキストなのかをめぐる議論についても論じられる。そして最後に、「文学研究における無知」と題された第10章は、書記行為理論と電子版のインフラストラクチャーを考案した本書の構想全体に関わる、半ば哲学的な思索である。いわば一種の免責条項であり、そこにはいくらか皮肉が込められているかもしれない。

『グーテンベルクからグーグルへ』は、予備知識なしに読むことができる書物であることを目指している。本書は、専門の学者や批評家だけでなく、思慮深い一般読者向けでもあるのだ。同業の編集文献学者だけを意識して書かれたような書物ではない。けれどもやはりここで、本書が生まれることを可能にしてくれたさまざまなコンテキストについて、ひとこと述べておきたい。なぜなら読者が、本書の主題に関連するあらゆる領域について、深く読み込んできたと期待することはできないからだ。実際、私自身、関連するすべての文献を読んでいるわけではないし、そもそも誰であれそんなことをしている人がいるとは思えない。本書に直接関係のあるコンテキストの重要な部分の一つは、私の他の著書、編書（あるいは書き、編集することを夢見た書物）のなかで知ることができる。他の学者たちの著作も、本書を成立させるための、より大きく重要なコンテキストをなしている。これらに関する知識があれば、読者は、私の議論が所定の効果を上げているかどうかについて、判断しやすくなるだろう。

本書は、三部作――当初からそのように構想されていたわけではないが、結果的に偶然そう見える三冊の著書――の最終刊とみなすことができる。『コンピュータ時代の編集文献学』（*Scholarly Editing in the Computer Age*, 1984、改訂版 1986、再改訂版 1996）は、編集文献学者を発奮させ、導いてきた文学テキストの性質についての支配的な諸概念を概観する意図で書かれた。同書のアイディアのなかで、本書に最も関係があるのは、文学作品が伝統的に五つの異なる、そして相互に相容れない「志向性」から読まれてきたということだ。それぞれの「志向性」は、テキストの権威《オーソリティ》=著者であること、あるいはテキストの所有権が、どこにあると考えるのかによって異なっている。たとえば、テキストが著者に帰属するものだと考えるとしよう。その場合は、テキストに関わるすべての人は、著者の命令を聞いて著者の意志を実現させるか、さもなければ邪魔者扱いされるかのどちらかになる。それとは逆に、著者とは作品を司る孤立した天才ではなく、書物の印刷・製本・出版に関わる人々、商業的な利益、そして／あるいは読者の利益を重視する人々と社会的な契約を結ばなければならない存在なのだということを受け入れるとしよう。その場合、著者以外の人々が及ぼす影響も、作品の自然で必然的な側面なのだと考えることが可能になる。もし、以上二つの見解をどちらも否定して、あらゆる創作・出版活動の記録のすべては文書として残っている証拠だという事実に固執するならば、残されている資料はすべて、そこにどのような著者や行為者の痕跡が刻み込まれていようとも、異なるヴァージョンの記録として等しい価値があると考えるようになるだろう。四つめの立場として、視覚的なもの・物質的なものに対する感受性が非常に強い人なら、さらに一歩進んで、あらゆるテキストの性質は、特定の具体的な書物の形状によって体現されていると主張するだろう。そして、そうした書物の形状に影響される一回一回の読書行為、そして一冊一冊の刊本は、それぞれが独自の存在であり、「同じテキスト」のそれ以外の表現形態とは異なるやり方で、テキストが現れているというだろう。最後に、以上のような見解のすべてを無駄だと考える、多くの人々がいる。彼らにとって、作品とは常に観念的な可能性としての存在だからだ。それは編集者や読者が最適だと考えるかたちに、編集され、脚色され、短縮され、翻訳され、変形されたりする。シェイクスピアの戯曲の、編集・脚色・上演の歴史——大部分の場合、関わった人々はそれぞれに、自分は著者に対して忠実だと考えている——は、こうした態度の正しさを証明している。

『テキストへの抵抗——意味の構築における権威と屈服』(*Resisting Texts: Authority and Submission in Construction of Meaning*, 1997)は、偶然に生まれた三部作の第二作である。同書では、私は、テキストの創作・推敲・生産・流通・受容に関連する行為の全体を検証しようと試みた。そうすることによって、学術版の編集者と学術版の読者が、どのような学術編集版が作られることを望みうるのか、望むべきなのかを知ろうと思ったのだ。同書で得られた結論の一つは、ある作品の編集をするということは、それが初期の、より著者のものに近い、あるいは何であれ著者に認められたテキストを復元するのが目的である場合でさえ、結局のところ復元にはならず、新しい創造的な行為であり、山とある利用可能な版をまた一つ増やすだけだということだ。

そして本書は、より広い読者層に向けて書かれ、「コミュニケーションという企て」を広い視野から検討する試みである。それは、著者や読者の幅広い活動とその目的を説明してくれるだろうし、［著者と読者のコミュニケーションのなかで］理解が形成される方法についても新たな光を投げかけてくれるだろう。この新しい試みをするに至った動機は、電子メディアがテキストの性質を変えた、という考えだった。大げさな物言いかもしれないが、そこにはいくらかの真実が含まれている。私の希望は、本書での概観が、私たちのテキスト解釈方法を、印刷技術の制約下で培われてきた習慣から解放することであり、それによって、ひょっとしたら、書かれたテキストと私たちの相互関係がより豊かなものになることである。とはいえ、多くの部分で本書は、読者が何らかの形ですでに知っていること、望んでいることをまとめただけであるようにも思える。

本書における試みは、まだ具体化していない、しかし本書の論理的な帰結といえる、別のいくつかのプロジェクトに対する私の関心にも影響を受けている。そのうちの一つは、テキストの素材とアプローチの具体例を集めた本を書くことである。それは、文学作品の創作・推敲・生産・流通・受容に対する探究の成果を解釈することによって、どのような結論が得られるのかを示すものとなるだろう。本書は、そうした解釈を行うための理論と方法とを探究する試みを形にしたものだ。他の編集文献学者が、自分のテキスト批判作業から何らかの作品に対する解釈を導き出して、それを文学批評のエッセイや書物として著してくれたら、私としてはこれほど嬉しいことはない。

私が思い描いているもう一つのプロジェクトは、詩についての専門授業の導入として使えるような、詩のアンソロジーを作成することだ。そのアンソロジーでは、一つ一つの詩を、手稿のファクシミリ版や印刷された歴史的な版など複数のかたちで示す。さらにそこに、詩人の同時代の読者にとっては「いわずもがな」だった事柄、しかしもはや大部分の学生にとっては「いわれなければわからない」事柄を、参考資料として付する、というものだ。ポイントは、そうした情報を使えば、学生たちが、強力な意味を生産する「いわれていないこと」〔第3章参照。テキストから意味を引き出すための土台となる、しかしテキストでは直接言及されていないコンテキストのことを指す〕を想像する助けになるだろうということだ。このプロジェクトを思いつかせたのは、大学での出来事だった。ある朝、私の指導する一年生が二人、ジョン・ミルトンのソネット一九番を読んで教室にやってきた。そのなかの一節、「神は、光を拒まれた者にも、一日の労働を求められるのか」を、その二人は話者が夜にしか働けないのだと考えたようだ。私が、このソネットはしばしば「彼の盲目について」〔彼とはミルトンのこと。ミルトンは盲目だった〕と題されているのだということを説明したところ、彼らは何だか当惑しているようだった。私が想像するようなアンソロジーさえあれば、こんなことはなかっただろうに。

このようにまだ書かれていない書物よりも、はるかに重要なのが、学術的な著作である。それらは私の思索に影響を与えただけでなく、近年のテキスト批判における最良の成果を表している。ジェローム・マッギャンの『現代テキスト批判への批判』(*A Critique of Modern Textual Criticism*, 1983)は、何年もの間、主に作者志向型〔作者の意図を重視する方向性〕でこつこつと励んできた編集文献学の歩みを一気にひっくり返すものだった。マッギャンは、単に挑発的なやり方で既成の見解に疑問を突きつけただけではない。彼は、テキストの社会的な条件の重要性を唱え、考慮すべき要因として読者を表舞台に上げたのである。受容理論との関連で学術版を位置づけるということなら、スティーヴン・マイヨーの『解釈の会話――アメリカ小説研究における読者』(*Interpretive Conventions: The Reader* in the Study of American Fiction, 1982）が、すでにより優れた形で行っていた。けれどもマッギャンは、D・F・マッケンジーの『書誌学とテキストの社会学』（Bibliography and The Sociology of Texts, 1986）に基づいて、テキストの社会的・図像的側面を、テキスト批判の議論と実践の前面に押し出すのに大きな影響力を及ぼした。マッギャンの『ブラック・ライダーズ』（Black Riders, 1993）と『テキストの条件』（The Textual Condition, 1991）は特に、文学の視覚的な要素が、解釈において重要だという点に私たちの注意を向けてくれた。ジョージ・ボーンスタインの『マテリアル・モダニズム』（Material Modernism, 2001）、ニコラス・フランケルの『オスカー・ワイルドの装飾本』（Oscar Wilde's Decorated Books, 2000）、ジェイムズ・マクラヴァーティの『ポープ、印刷、意味』（Pope, Print, and Meaning, 2001）、そしてロビン・シュルツによるマリアンヌ・ムーアの初期詩篇の編集版（2002）などは、マッギャンが提出した新しい概念に、解釈としての編集の実践が応えた実例として、私たちの知識を拡げてくれた。マッギャンのアイディアをまったく無視するわけではないにせよ、直接的にはより伝統的な立場、すなわち、構成と改訂の研究や、ドイツ・フランス派の生成批評研究などに基づいて、ジョン・ブライアントは『流動するテキスト――書物と画面のための編集理論』（The Fluid text: A Theory of Revision and Editing for Book and Screen, 2002）を書いた。同書は、著者による改訂のプロセスと、読者が改訂されたテキストを利用しようとするプロセスとを再検討してみせる。ブライアントはテキストの編集とテキストの教育のために、制作プロセスというコンセプトをふたたび活性化させた。このコンセプトは、一九八〇年代初頭以来、アメリカの編集文献学の世界では広く論じられてきたものである。[*4] ブライアントは、テキストの新しい読み方、つまりテキストを、文化の変化の一要素として、常に流動するものと捉えるような読み方を可能にするような編集を提唱する。著者の意図と行動から出発しながら、無数の製作者や利用者の意図と行動を通じて絶えず生成発展していくテキストという彼の考え方は、書物だけではなく、都市を「読む」ための方法も与えてくれる。彼によれば、都市もまたテキストであり、建物が建てられたり壊されたりするたびに、穏和な力から暴力まで、さまざまな力で編集されている。住民は、発展するテキストとして「都市を読む」ことができる。そこでは常に、都市の発展していくヴァージョンと、住民たちの個人的な物語との関連で、都市の物語が見られ、理解されている、というのが彼の主張である。

以上に述べたような新しい著作が標的としているような古いタイプの編集に関する思想の一群も、やはり、同じくらい重要である。すなわち、R・B・マッケロウ、W・W・グレッグ、フレッドソン・バウアーズ、そしてG・トマス・タンセルらの著作。これらの学者や編集者は、現在ではしばしば十把一絡げにうち捨て去られている。まるで、彼らが、相互に交換可能な、ひとまとまりの時代遅れの学派の代表であるかのように。むしろ私の考えでは、彼らはそれぞれ独自の批判的思考を持ち、しなやかで柔軟な知的方針で、複数のテキスト状況に適応できる融通の効く思索者たちなのだが。このなかではタンセルだけが、二〇世紀最後の二五年の間に起きた編集文献学におけるパラダイム・シフトをくぐり抜けて現在でも健筆をふるい、『書誌学研究』（*Studies of Bibliography*）への寄稿を続け、二冊の独創的な著作をものしている。そのうちの一冊、『テキスト批判の原理』（*The Rational of Textual Criticism*）は短くてシンプルなもの。もう一冊の『文学と人工物』（*Literature and Artifacts*）は、浩瀚な論文集である。グレッグ、バウアーズ、タンセルらの著作は、本格的な再評価に値する。それに加えて、本書はデイヴィッド・C・グリーサムの『テキストの理論』（*Theories of the Text*）に対して書かれているという面がある。グリーサムの著書は、現代の学問・批評がテキストを扱う際の狭量さ・バイアス・偏見・失敗についての、非常によく練られた、難解な告発の書である。

それ以外にも、二つのテキスト批判の伝統が、必ずしも背景としてのみでなく、本書の成立を促してくれた。ドイツの史的批判版編集と、フランスの生成批評がそれだ。前者は、歴史的なドキュメントに対して包括的で厳密なアプローチを行う。そうして作られる学術版は、そこからあらゆる歴史的に重要なテキストが構築できるようになっており、編集者がテキストを改良しようとして行った介入の大部分を拒絶する。史的批判版編集の原理について英語で読める概説書として、『現代ドイツ編集理論』（ガーブラー、ボーンスタイン、ピアース編。*Contemporary German Editorial Theory*）がある。フランスの生成批評はきわめて異なったアプローチを採る。手稿やその他の構成・改訂に関わる資料を用いてテキストが生成されるプロセスを調べ、解釈の鍵とするのだ。英語での優れた概説書として『生成批評——テキストと前テキスト』（デップマン、フェラー、グローデン編。*Genetic Criticism: Texts and Avant-Textes*）がある。

この本の一部は、［電子メディアの］技術的な発展とその可能性について論じようとしている。そうした点に関して、具体的な議論で影響を受けたわけではないが、やはり重要な参考文献として、ジョージ・ランドウ、ジョン・ラヴァニーノ、ウィラード・マッカーティ、ジェローム・マッギャン、ジョン・アンズワースらの著作が挙げられる。本書の議論により直接的な関係がある著作としては、ハンス・ガーブラー、ケヴィン・カーナン、ポール・エガート、フィル・ベリー、グレアム・バーウェル、クリス・ティフィン、スーザン・ホッケー、ダーク・ヴァン・フーレ、エドワード・ヴァンヒュッテ、ウェズリー・ラーベらのものがある。本書の最終的な推敲時に、とりわけ第4章の基本コンセプトについて、最も影響を与えてくれたのが、二〇〇三年秋に毎週ピーター・ロビンソンと顔を合わせていたことだ。彼のコンピュータに関する知識、編集者としての経験、自分のものとは異なるアイディアに耳を傾け、そこに彼なりのひねりを加えてくれる意欲、そして私の電子プロジェクトに対する彼の協力——これらは、彼が思っている以上に、本書を形づくってくれた。彼のエッセイ「私たちは電子編集版とともに今どこにいるのか、そして私たちはどこに行きたいのか」[*5]は素晴らしいもので、本書の第4章としてそのまま使いたかったくらいだ。残念ながら彼を説得することができず、その計画はお流れになってしまったが。

言語学、言語行為論、コミュニケーション論、認知科学の領域については、私は興味を持っているアマチュアに過ぎない。だが、これらの領域が、書き言葉のダイナミックスに対して、あるいは文書の保存や伝達、編集の仕事に対して持つ重要性は、固有の領域の学問を超えて訴えかけてくるものがある。プライス・コールドウェル、ジョン・〝ハジ〟・ロス、クェンティン・スキナー、ジョン・サール、ポール・ハーナディ、そしてオリヴァー・サックスに特に感謝したい。彼らは私の思考を刺激し、扉を開き、時には私が抵抗したくなるような材料を与えてくれた。

私に示唆を与えてくれ、反論を引き出し、改稿、そして願わくは、改善へと導いてくれた、ピーター・ロビンソン、ドメニコ・フィオレモンテ、ポール・エガート、プライス・コールドウェル、グレッグ・ハックスレー、バーバラ・ボーダレージョ、ギャヴィン・コール、アン・シリングスバーグ、リンダ・ブリー、ウィラード・マッカーティ、そしてケンブリッジ大学出版局の匿名査読者たちに感謝したい。そして最後に、しかし最小にではなく、私の最良の批評家、ミリアム・シリングスバーグに感謝を捧げる。

グーテンベルクからグーグルへ　目次

凡例

一　本書は、以下の日本語訳である。Peter L. Shillingsburg, *From Gutenberg to Google – Electronic Representations of Literary Texts*, Cambridge University Press, 2006.

二　＊印を記した数字は註を示す。註は、巻末に一括掲載した。

三　訳文中の（　）は原文の（　）を示す。また、訳文中の［　］は文章の理解を容易にするために訳者が適宜挿入した補足説明である。

四　原語の読みをカナ書きする場合は、原音にできるかぎり近い表記を心がけた。ただし、慣習的に日本で定着している固有名詞については、そちらを優先することがある。

五　原著に記されたリンク先ＵＲＬのうち、翻訳時点（二〇〇九年五月現在）でアクセス不能なものについては、可能なかぎり新しいものを調べて置き換えた。

第1章

二一世紀における手稿、本、そしてテキスト

Manuscript, book, and text in the twenty-first century

……書かれた言表の、いつも変わらぬ条件は以下のとおり。メッセージを書くとき、人は抽象的なものを具体的なレベルに下ろす。そこは抽象的な存在にとっては異質の空間であり、頑固な物質性の抵抗で、あちこちにダメージを受けてしまう。

タンセル『テキスト批判の原理』

……テキストを実体化したものそれ自体は、テキストが「ダメージを受けた」り、私たちが「頑固な」物質性の世界に入りこんだりしたというサインにはならない。……テキストの条件のうち、変わらないただ一つの規則は、変化の規則だ……それは、歴史によって、テキストがたえざる展開と変化を遂げてきたことを示すことを宣言する。

マッギャン『テキストの条件』

テクノロジー礼賛の風潮には素直にうなずけないが、それでも私は電子テキストによる革命に信頼を寄せ、希望を託してもいる。その希望は、一つにはハードウェアとソフトウェアの近年の革新、また電子テキストの能力やその見た目が格段に良くなったことに基づいている。そしてさらに重要な根拠は、テキストについて、テキストで何をなすべきかについて、さまざまなタイプの問いが立てられるようになったということだ。[*1] 編集理論の発展によって、テキスト編集の全体的な目標は何なのか、また編集テキストはどのような形をとり、どのような役割を果たすべきなのかが問われるようになった。これらの要素をすべて合わせれば、真の進歩が可能になると思う。

電子テキストの分野では、当惑させられたり失望したりすることはしょっちゅうだ。新しいニュースで大騒ぎが起こったかと思うと、それはすぐに次なる新しいニュースによって過去のものとされてしまう。だから、私たちはつい、騒ぎが収まるのを待っていようという気になってしまう。ずるをしてマラソンの最後の一、二マイルから競走に加わるように、最後の段階になったら勝者たちと歩調を合わせようというわけだ。だが、ゴールラインは地平線さながらどんどん遠ざかっていくように見える。私たちの職業の電子的な未来は、さまざまなやり方で描く必要があるが、その方法の一つは新しいハードウェアやソフトウェアを常時モニターすることだ。こういうとき、書物はあまりあてにならない。最新ニュースにふれようとするなら、新聞、コンピュータ雑誌、技術系の定期刊行物、またインターネット出版などがまだましだろう。とはいえデジタルの世界においても、テキストというものが本来どういう条件や原理を有しているのかを考えることは、印刷の世界の場合と同様、必要なことだ。たとえ、編集という行為のゴールが、デジタルと印刷とでは根本的に異なっている可能性があるにせよ。

　編集は、売るためのテキストの普通の作成であれ、研究者のために企画された学術的プロジェクトであれ、過去の作品を再現／表象《リプリゼント》する新しいテキストを創り出す作業である。それゆえ、今世紀において編集されたものも、記録というものが始まった太古の昔からごく最近の過去までのテキストの蓄積を、川の流れのように前方へと運んでいくということができる。アーキビストは、実物、すなわち手稿や本といったものの現物を保存する。一方、編集者は、テキストを過去から生き返らせるか、少なくとも生き返らせたように見せかけるという奇跡のような仕事を行う。過去のテキストに再受肉させる仕事には、方法と形式の両面において、それらのテキストが何を含意しているかに対する周到な注意が必要となる。以下の論では、編集について焦点を当て、編集とは正確には何をすることなのか、そして編集者の責任とはどのようなものかといった問いについて検討していこう。

　中心となる論点は、三つのカテゴリーに分けることができる。第一は、本や手稿と呼ばれる物理的なものと、それに比べて普遍的な合意がなされているとはいいがたい、テキストと呼ばれるものとの関係についてだ。「テキスト」という言葉で、たとえばある研究者は、物理的なものを思い浮かべるだろう。またある人は一連の記号やシンボル（語彙テキスト）として、さらにある人は、純粋な概念として考えるだろう。テキストをどう考えるかというこの最初の問題から、編集者のそもそもの責任が生じてくる。二つめのカテゴリーは、ノイズに関するものだ。これについて考えることで、編集者の仕事を増やすことにもなるだろうし、また編集という行為におけるこれまであまり顧みられなかった側面も視野に入ってくる。第三のカテゴリーは、編集されたものを利用する人々、つまり批評家や読者といった人々は、どういう責任を負い、どういう機会を持っているのかという点を考察する。

私たちが直面している問いを明らかにするために、まず次の三つの問いを比較してみよう。手稿とは何か？　書物とは何か？　そしてテキストとは何か？

世界中の学者たちは、少なくとも次の一つの点では共通している。すなわち彼らはそれぞれの立場から議論をしている。だから、「手稿とは何か」や「書物とは何か」といった問いが、すでに出来合いの答えを用意された、無味乾燥な問いではないかという考え方は馬鹿げている。「手稿」一つとっても、それを構成する要素の複雑さは驚くほどだ。自筆か筆写かという区別さえ、そもそも真作か贋作かという議論に比べれば影が薄く、加えて手で写したり、写真に撮ったり、デジタル化した複製というものまである。「書物」についてはどうだろう。一方の極には一つながりの巻物があり、もう一方の極には自由にシャッフルできるルーズリーフの紙片の束があり、どちらも書物に含まれるのだ。さらに、手稿が製本されて一冊の書物にまとめられた場合、あるいは、白い頁だけの書物に、手で何かが書き込まれた場合はどうだろう。書物になった手稿？　あるいは手稿としての書物？

これに関連して、物理的なテキストとは記録なのか工芸品なのかという問題もある。そして、それは次のような問いにつながる。テキストとその意味は、意図的に生み出されたものなのか、それともテキストは、それを作り出した人間たちの意図とは関係なしに、意味を持っているのだろうか。なかなか興味深い問題だが、それについては第3章で議論することにして、ここでは触れない。

手稿や書物は、紙とインクから成る物質的な存在である。だが、これを一般的な了解だと主張するとなるとためらわざるをえない。この定式にはいくつも例外があり、たとえば点字の書物にはインクは使われていない。さらに、電子ブックは物質的な存在なのか。つまり、それがそもそも書物なのかどうかという問題を避けられるかどうかを考察するとなると、相当のスペースが必要になりそうだ。ここではなるべく脇道にそれないようにしたい。

そこで、議論の都合上、以下の点を前提としておきたい。大部分の手稿や書物は、空間を占め、重さをもつ物体である。書物なり手稿なりが二つあるとき、それらは同時に同じ空間を占めることはできない。また、次のように結論づけることもできよう。手稿や書物が別の手稿や書物を写したものであるときにも、ほとんどの場合、それらは同じ手稿や書物ではありえず、別物となり、すなわち異なる空間を占める二つの物体が存在することになる。たとえ両者が同じテキストを伝えているにしても。

考察の都合上、こうした大ざっぱな一般化が認められるのであれば、二一世紀に手稿や書物について論じる場合には、二一世紀に初めて作られた、新作や旧作の複製についてだけでなく、同時に先行する時代に作られ、現在まで生き延びた手稿や書物についても語らざるをえないと結論することも可能だろう。

時間の川が増水して、私たちの世紀へ向けて書物や手稿やテキストの堆積を押し流しているというヴィジョンにしたがえば、「二一世紀における手稿、本、テキスト」というトピックが、前方へ進むテクスチュアリティ全体、すなわち、保存されたものも編集されたものも含めたこれまでに書かれたすべてのものを分析するか、さもなくばそうした分析を避けるか、そのどちらかが必要であろう。したがって、私としては、図書館その他の現存する手稿や本の保管場所の並外れた重要さは認識しつつも、前世紀以前から生き残っている物理的なテキストのアーカイブの話は脇に置いておこうと思う。酸性紙の時代の劣化していく新聞を延命させることを含め、これらの物質的なアーカイブの継続的な存在は、きわめて重要だが、それが自明になっているとはいえない。また、何らかの別の形で以前に存在していなかった。すなわち新たに創作された作品の、手稿や本やテキストの創作に関する議論も、脇に置いておきたい。残っているのは、それだけで十分に大きな課題である。つまり、過去の印刷作品を再受肉させる二一世紀の編集行為について。

私は、この「再受肉 reincarnate」という言葉を、編集行為——どこかのアーカイブに残っている、一つないしは複数の実在の物体からテキストを掘り出し、それに現在において物質ないしはデジタルで「再受肉させる＝ふたたび形を与える」こと——を指すものとして意図的に使っている。というのは、これが複雑で、ほとんど奇跡のような、そして確実に謎めいた行為であり、どんな場合でも予期せぬ結果を招くものだからだ。編集行為が「作用」するのは、書物や手稿ではなく、何よりもまずテキストに対してである。それは、いかなる場合でも、たとえそれが物質的な形で存在しているにせよ、ある意味で一つ以上の形での存在が可能なものであり、それゆえ、それ自身は物質的というよりも、概念的あるいは象徴的な存在であるはずのものだ。この掴みどころのない性質のせいで、テキストを一つの形から別の形へとコピーしたり転写したり転換したりすることを、単純明快な行為として考えるのが不可能になる。

こうした見解を支持する議論をするには、「テキストとは何か」という問いで始めるのがいいかもしれない。これは、過去の作品を再受肉させる際に、その形式——特にデジタルという形式が、どんな影響を与えるのかという問題にもつながっていくだろう。

たしかに二〇世紀は、「テキストとは何か」という問いをめぐって、他のどんな世紀よりもたくさんのインクが費やされた。先ほどの議論で、二つの手稿が同時に同じスペースを占められないという結論が明白だったように、一つのテキストが、同時に二つのあるいはそれ以上のスペースを占められると簡単に結論できるかもしれない。これはすなわち、テキストとは、理性ある人の多くが、オリジナルとコピーが本質的には同じだと認めるであろうやり方で、コピーが可能なように見える存在だということなのだ。つまり、コピーの一つ一つがそれぞれテキストでありドキュメントでもあるのだが、二つの異なるドキュメントがあるからといって、二つの異なるテキストがあるとは限らないのだ。

こうしてみると、手稿と本とテキストを同列に語るのは、獣医が犬と馬と生命とを同列に扱うのと同じように、効果的でもなければ正確でもないだろう。どちらの場合も、前の二つが触って確かめることのできる存在であるのに対し、最後の一つは、存在こそ否定できないものの、いささか謎めいている。テキストが特別な存在に思えるのは、それが反復可能だからだ。すなわち、テキストは（少なくともそのいくつかの面は）、さまざまなメディアで複製され、コピーされ、伝達され、実体化しながらも、そのプロセスにおいて、変化していないとみなされる可能性、まだ同じテキストであるとみなされる可能性だけは持っている。

このことは、多くの編集文献学者にとっては周知のとおり、真実であるとも虚偽であるともいえる。しかし、そこにいくらかでも真実が含まれている以上、多くのテキスト批判の研究者や、一般大衆の大半や、多くの出版者は、二一世紀においても、私たちが必要とする過去の文学作品は、新しく書物やデジタルの形で適切に複製／再生産《リプロデュース》されうるという感覚を失っていない。

だが、そのプロセスは、見た目ほど単純ではない。編集行為には、「まったく同じテキストの正確な複製」というしごく単純に見える作業を妨害するさまざまな問題が含まれている。研究者たちはすでにそうした問題を充分心得ているはずなので、私が念を押すまでもないだろう。一番明らかな問題は、間違い《エラー》が入り込む可能性であり、それによって意味のない「語句」が生じたり、あるいは、意味があるようにみえるが正しくはない新しい語句や句読点が生じてしまうことである。ナンセンス（罪のない間違い）とか、存在しない文（混ぜ物）を生み出す誤植は、何世紀にもわたり、写字や植字や編集に携わる人々にとってよく知られた悩みの種だった。しかし、コンピュータやスペルチェッカーや文法チェッカーや写真ファクシミリや写真デジタイザーといったものでさえも、この問題を終わらせることはできないということは、もう一度明記するに値する。それどころか、ある意味で、スペルチェッカーや全文検索／置換機能は、新たな間違いの侵入の可能性を開いたとさえいえる。

明白ではないがやはり根本的なレベルで、転写というものは常に、ある記号システムにおけるシンボルのデコードと再コード化を含んでいる。転写の要素には、テキストの専門家ではない利用者にとって、しばしば目に見えないもの、あるいは少なくとも透明なもの、書体や行末のハイフネーションや合字（æ や œ だけでなく、fi, ffi や ffl, ct, st など）や、改行や改頁（冊子体の書物で、テキストの配列を決めるのを可能にするもの）がある。多くの写字生や筆写者や植字工にとっては、そうした符牒は、新しいコピーを作る過程で不意に消失したり逆にどこからか現れるものなのだが、大方の読者にとっては、テキストのこれらの特徴の存在・不在あるいは配置は、些細なことに思われる。印刷されたテキストの転写に由来するこうした問題は、手稿を扱う際にはさらに深刻なものとなる。不明瞭な形や小さな印、アクセント符号なのか、虫の死骸なのか、灰の跡なのか、血痕なのか、あるいは曖昧な形の文字なのかわからないようなものについて、絶えず何らかの決定が下されなければならない。これらの要素を些細な、重要でないものとみなす読者がいるかもしれない。それでも、二つの事柄は真実であり続ける。すなわち、転写とは、そうした諸要素を認識して具体化するのかしないのかのどちらかなのであり、そして、なかには、それらの要素を重要だ、それらを無視して転写されたものは過ちの源だと考える者もいるだろうということだ。[*2]

テキストを形作る記号の見た目に関わるこれらの小さな要素は、一般的には、プレゼンテーション要素と呼ばれている。そうした要素は、紙質やマージンの幅や行の長さ、行間、また装丁のスタイルやカバーの有無によって、テキストの提示やそのテキストの受容は深く影響を受けるという主張とも明らかに関連がある。これらの提示あるいはデザインのための要素は、テキストの「書誌的コード」を構成するものであり、文字やアクセント符号や句読点といったテキストのもっと普通によく知られた側面——こちらは「語彙コード」を構成する——と区別される。書誌的コードによって、通常は、ドキュメントの見た目、すなわち、書体やフォーマットや白いスペースの配置や装丁、そしておそらく価格設定や流通方法などのすべてが、そのドキュメントにはどんな種類のテキストが「含まれている」のかについて読者の感じ方に影響を及ぼすことが意図される。書誌的な要素は読者に、語彙としてのテキストをどのように読むべきかについて示唆するのだといわれる。

たとえば、もしあなたが、裕福な友人の家を訪れたとしよう。そこのコーヒーテーブル上に、贅沢に印刷された、金縁の赤い革装の、シルクのリボンの栞が付いた本を見つけ、それを手に取って、そのなかの『共産党宣言』を読むとしたら（私は作り話をしているわけではない）、そのような本をそのような場所で読むとなると、印刷所から出てきたばかりの初版で読んだ場合と同じように読めるはずがない。書物の意味が、新しいプリントデザインや出会った場所によって変えられているからだ。印刷の形、すなわち、物体としてのテキストがその受容に影響を与えるというくつもの例が、ジョージ・ボーンシュタインの『マテリアル・モダニズム』のモチーフを構成している。[*3]

電子エディションを作る二一世紀の編集者たちは、「テキスト」とは複製／再生産可能なパーツから出来上がっているものであり、書誌的コードは書誌的コードで勝手にすればいい、と主張したがるかもしれない。二〇世紀の学術編集版の編集者たちがいってきたように。あるいは、オリジナルをデジタル化した画像が書誌的コードの再現に大いに役立つという望みを抱いているのかもしれない。イギリス文学選集のなかのバイロンの『ドン・ジュアン』か、あるいはコンピュータ・ディスプレイでちらちら光る『ドン・ジュアン』のどちらかが、その作品の創造のコンテキストを理解することを助けるような「テキスト把握の方法」を魔法のように呼び出してくれるのだろうか。私たちの『ドン・ジュアン』は、バイロンのそれとは大きく異なっているのだろうか。もしそうだとしたら、そのテキストについて何かすべきなのだろうか。そして、そのテキストを使って何かをなしうるのだろうか。

だが、書誌的コードと語彙コードの違いが、二一世紀の編集者たちの問題のすべてではない。もし、『共産党宣言』の新しい版のために、正当な、あるいは正確な、あるいは最も適切な新たな身なりを想像するとしたら、それはどんなものだろうか。そのカバーは、多少なりとも貧相に、労働のイメージで飾られるのか。色は赤か。ペーパーバックかあるいは布装か。革を使わないのだけは確かだといえるだろうか。私は、こんな疑問から始めた。「テキストとは何か」この問いに、いまや別のニュアンスが加わったように思える。最初に出版されたとき、『共産党宣言』のテキストはどんなものだったのか。そしてこのテキストは、私たちの時代に至るまでにどのように変化してきたのか。テキストは、私たちの時代の「誰に」とって「どのようなものに」なったのか。『共産党宣言』の新しい編集版の意図は、永続的なプロパガンダの道具なのか、惜しむべき過去への賛辞なのか、惜しまれない過去への風刺なのか。私たち次第という面もあれば、出版者次第という面もあるだろう（いったん筆を置いて、本当に「意図」と書いてよかったのか考えた方がいいだろうか。新しい編集版の編集者あるいは出版者の意図は、学術版編集者にとっても問題となりうるのだろうか。それは、編集者や出版者にとっては、大きな関心事かもしれない。読み手や買い手や図書館からの借り手は、それらの意図が何かを知らないだろう。あるいは知っていて、無視しているのかもしれないが）。

編集における相違が異なる効果を生み出す経緯を叙述するこの論は、言語行為論、とくにジョン・サールの著作における「文」の反復可能性と「発話」の反復不可能性に関する議論にパラレルである。文は語彙テキストに等しい。それに対して発話は、ある話者によるある特定の場所と時間に特定の聞き手に対する言語行為の結果生じたものであり、話者の意図を指し示す。したがって発話は反復不可能な行為である。そのテキストを復唱するたびに、誰が誰に向かっていつどこで話しているのかという文脈が変わり、結果として異なる効果を伴う新しい発話になってしまうからだ（この問題は、第3章で詳しく取り上げる）。

おそらくは学問への献身から、編集者は、書物としてであれ電子的な存在としてであれ、中立的な学問の甘いキスを受けて前進していくような新しい編集版が作られうると信じたいのかもしれない。そうした考えは、よくいってナイーブ、悪くいえば欺瞞になりがちである。[*4] 米国現代語学文学協会（MLA）とアメリカ著作家全集センター（CEA）の祝福と、全国人文科学基金（NEH）の資金的援助を受けて企てられた、二〇世紀の半ばの偉大で重厚な学術編集版の数々を見るがいい。それらの版は、正しく作られれば、今後は二度と作られる必要はないという希望のもとに実行された。それはおそらく二度とは作られないだろうが、その理由は、正しく作られたからというわけではない。それらは、テキストとは何かについての非常に明白《クリア》な考えを実現するために、誠実な方法でなされたものだ。しかし今となっては、著者の最終的な意図を実現した完璧に透明《クリア》なテキストを作ろうという彼らの意図は、誰から見ても古風なものだという印象が拭えない。[*5] だから、作品の生成に興味がある場合などには使うのが難しいだろう。というのも、それらの編集版は、異なる目的のために設計されたものだからだ。「テキストとは何か」という問い、あるいは「私たちが一番関心を持つべきテキストとはどれなのか」という厄介な問いに対する答えは、時代とともに変わってきているように思える。二〇世紀の多くの編集版を生み出した学問の甘いキスは、しかし同時に、以前の立場を批判したり補正したりするために必要な情報の大部分を与えてもくれたのだ。

まとめておこう。テキストの語彙的な部分、サールの用語でいえばテキストの「文」にあたる部分は、反復の際に間違いを被るとしても反復可能だということができる。だが書記行為としては、テキストは反復できない。なぜなら、書記行為とは、サールの用語でいう「発話」のように「行為者の置かれた文脈に依存した行為」だからである。行為者の置かれた特定の歴史的・時間的コンテキストが、個別の発話のなかでは自明のことである状況を構成し指示し、場合によっては語句の意味さえ決定してしまう。テキストは、文字や空白や句読点といった言語的な構成物を組み合わせただけのものではない。というのもテキストには、書誌的なコードや、そのテキストを存在させた行為者や世代のコンテキストを同定する手がかりすべてもまた含まれているからだ。テキストは歴史を通じて、変化し発展するかのようだ——たとえ物理的なテキストや言語的テキストは変化せず、そのために編集で作品のどの部分が失われたか正確に知るのが非常に難しいとしても。具体的に述べるために、『共産党宣言』の本を持った友人の話に戻ろう。もし彼の家を訪問して、コーヒーテーブルの上に、多少は擦り切れているが充分に状態のいい初版本を見つけたとしよう。そのテキストは、初めて入手可能となった一八四八年当時に果たしたのと同じ機能を今でも果たすのだろうか。[*6] 数ヶ月後にフランスで労働者の反乱が制圧された際の出来事、あるいは二〇世紀の一〇年代そして／あるいは九〇年代にソ連で起こった出来事ゆえに、そのテキストの意味は、何らかの違いを帯びるのだろうか。そのテキストは、あなたの友人が誰であって、なぜその本がコーヒーテーブルの上にあるのかということによって、何か特有の機能をもつのではないだろうか。そして、もしそれが、初版の実物ではなく、ファクシミリ版であったとしたらどうだろうか。そのことは、あなたのその作品の体験にいかに影響するだろうか。あるいはその友人が、本を見せるのではなく、あなたをコンピュータのそばに呼び、誇らしげに『共産党宣言』の全文を易々と呼び出し、ボタン一つで印刷できる能力を見せつけたとしたらどうだろうか。[*7] そのことは、その作品のあなたの体験を変えるだろうか。その体験の新しい側面とは何だろうか。それらは、有益なものだろうか、あるいは偶発的なものだろうか。そこから何が失われうるのか。

もっとも明らかに結論としていえるのは、いかなるテキストの編集者であれ、非常に複雑な責任を有しているという点である。おそらく明白なのは、編集作業の結果として生じた新しいテキストは、自らの正体を堂々と宣言すべきだということだ。つまり、以前に存在した一つ、あるいは複数の物体に基づく以前の反復を、新たに反復したものである、と。そのために、新しい編集版は、そのテキストがどこで発見されたかを明示すべきであり、編集過程でテキストに何がなされたのかを正確に告げるべきであり、ソースドキュメントと新しいドキュメントとの間にどんな違いが存在するのかをはっきり述べるべきである。違いといっても、語彙的な相違だけではない。どのような書誌的・視覚的・物質的な相違が持ち込まれたかも述べるのだ。そのためには、新たなテキストのソーステキストがどのようなものであるかも説明するべきであろう。そして同じくらい重要なのは、新しいテキストは、その語彙テキストがソーステキストの語彙テキストと一致する部分では、ソーステキストと同一の物であるべきだ。それをするためには、プルーフリーディングは何回も行われなければならない。そして、最後に、編集者は、彼または彼女のすることは何一つ中立的ではありえないと充分に認識した上で作業をする必要がある。すべてのことが意味を帯びているのだ。新しい編集版の色や形や重さでさえ、そこに含まれているテキストの機能や価値について何かを語っている。偶発的な出来事ではなく、考え抜かれた決定によって、これらの事柄をコントロールすべきなのである。

念のために強調しておく。私は、新しいテキストがそのソーステキストとまったく同じでなければならないといっているわけではない。私は、編集される古いテキストを完全に再現する新しいテキストをもたらすことが編集者の役目なのだといっているわけではないのだ。反対に、私が主張するのは、新しいテキストは古いテキストと同じではありえず、完全にそれを再現することもできないということなのだ。編集者の責任とは、まず編集が介在することの影響についてできるかぎり自覚的であることであり、ついでそれらの影響について、転写と編集の、あるいは編集と改作の一線を踏み越える前に、できるかぎりはっきりと明確に理解すること、これが私の主張だ。これらは、自動的に解決されるような問題ではない。コンピュータやTEIマークアップやマルチフレームスクリーンやその他の電子的ガジェットが、編集者に代わって解決してくれるわけでもない。むしろ、編集者の側にいっそう意識的な努力が必要になってくるということなのだ。目の肥えた読者は、自分たちがどのテキストを使うべきか、そのテキストが同じ作品の別のテキストの歴史とどのような関係を結んでいるのかを知りたがっているのだから。

ここまでの論では、「書誌的」な違いが、あるエディションと別のエディションの間に、そしてもちろん、印刷された文献を電子的な再現へという過程で生みだす差異に焦点を当ててきた。それというのも、多くの人々が編集的な企てを見ることに慣れていないと思える、ただし、ひとたび問題を立てておけば、「見る」のは容易だから、である。さて、ここからは、新しい編集が語彙テキストを正確に転写しない場合、あるいは作品を改良するために、意図的に変更が持ち込まれたといった場合に生じる差異について論じていこう。

シンガポールで、活字テキストを電子空間へというテーマに関する会議に出席していたときのことだ。発表者の一人、アップルの社員で、その前にはIBMやアドビでも働いていた人物なのだが、新しい製品と新しい性能について語っていた。彼が話していたのは、紙のように折りたたんだり、ポケットに入れたりできるように見えるスクリーン上の電子テキストのことであった（それはたしか本のような形に綴じることもできたと思うが、定かではない）。彼はまた、ハードディスクの容量がどの程度まで発展していくかといったことも説明していた。彼の予想によれば、五年か一〇年以内（二〇〇七年まで）にハードディスクのバイト容量という点での発展は止まるという。なぜなら、その時点で、すでにあるテキストやこれから作られるテキストすべてを収めることができるだけの容量を確保できるからだ、と。私にはこれを疑う理由はまったくない。現時点では真実でないにせよ、これから真実になるかもしれない。しかし、私には一つ疑問があった。これらのハードディスクで再生されるテキストの正確性は、誰が保証してくれるのか。私は、誰にも答えられないような質問をしたと考えていた。ところが、彼は間髪を入れず、こういった――「私たちはみんな、ノイズを我慢することを学ばなければならないのです」。別の言葉にすると、彼のいわんとするところは、私たちが私たちのテキストの正確さを保証できないにせよ、間違いは、読者としての私たちがフィルタをかけて取り除くべきノイズとして書き込まれていくということだろう。そして、なぜかはわからないが、少しばかりの間違いは問題ではなくなるのだ。

最初、私はこう答えるつもりだった――「とんでもない。ノイズを我慢することが、不正確なテキストで我慢することを意味するのであれば、私はそんなことを学びたくない」。だが、少し考えるうちこんな気がしてきた。あるレベルにおいては、それは理にかなったアプローチかもしれない。私は、二〇世紀はノイズの世紀として歴史に残るだろうと、しばしば思ってきた。私たちは、掃除機やエンジンや削岩機や爆発物からのノイズに、コンピュータやプリンタからの絶え間ないブンブン音に、テレビのモニターのハイピッチのキーキー音に、車の往来の騒音に耐えてきた。つまり、ノイズが耳に入っても気にしなくなるほどまでにそれに耐えてきたのだ。推測するに、シンガポールでの会議の発表者の主旨は、こういうことなのだろう。私たちは、不正確なテキストにおける言葉のノイズに耐えることを学ぶか（もし私たちが本当にまだそれを学んでいないとすればだが）、あるいは別のいい方をすれば、私たちが読むものの、たとえば九九パーセントだけでも正確であれば、問題ではないとするかなのだ、と。九九パーセントの正確さというものを具体的に考えてみると、頁上の文字と空白と句読点の一〇〇個ごとに一つ間違いがあるということである。たいていの本では、それは一行半ごとにおよそ一つの間違いがあることになる。今では私は理解している。私たちは、あらゆるものを仕分けするフィルタを、すなわち大事なことに集中し、気を散らせるだけのものは関心の焦点から外すようなフィルタを手に入れてきたのだ、と。かつて、線路から道一つ隔てたところに住んでいたときには、夜中の二時まで音を立てて走る列車の騒音のなかで眠ることを学んだ。音楽をレコードで、盤上を走る針のがりがり音やきしきし音付きで聴いていたときは、その小さなノイズを割り引くことに慣れていた。ＣＤはノイズを排除しているが、ある人々は、そのせいで失われてしまったニュアンスがあるというかもしれない。私は何か語れるほど音楽を聴いているわけではない。しかし、レコードが、一行半ごとに何らかのひっかき傷や音飛びや間違いが混じるテキストのアナロジーだとすると、それによってニュアンスが失われることはないと断言できるくらいにはテキストを読んできたつもりだ。

ただし、別の問題はある。「それらの間違いが、道路の小さな凹凸ぐらいの無視しうるノイズとして出現する頻度はどれくらいか。間違いがいくつぐらいになれば、てっぺんの止め具が取れてぶらさがり、逆方向を指している矢印標識のように、誤った指示となってしまうのか」。もし単語の綴りが、「独身」celibateではなく「祝福する」celebrateだったり、「偶然の」casualではなく「原因となる」causalだったり、「破壊」destructionではなく「気晴らし」distractionだったり、「洞穴」cavernではなく「居酒屋」tavernだったとしても、あるいは、notのような否定詞が、たまたま抜け落ちてしまったとしても、致命的なダメージとはならないだろうか。

この問いは、新しいデジタル革命が、しばしば熱狂や希望や歓喜を伴っているからこそ、重要なものの一つではないだろうか。これらの肯定的な感情によって、プロジェクト・グーテンベルクに代表される間違った考え方を覆い隠しているようにみえる。一九九〇年代初頭にマイケル・ハートによって、「一〇万のプレーンテキスト」を二〇〇〇年までにインターネット上にと計画されたこのプロジェクトは、奉仕的に参加する熱狂的なにわか編集者たちから信じられないほど強い支援を受け続けている。では、プロジェクト・グーテンベルクの電子テキストが正確であって信頼のおけるものだと、誰か信じているのだろうか。これらの製作物は、そのソーステキストが何かを正確に表明しているだろうか。「編集者たち」は、ソーステキストとして、何らかの権威あるいは歴史的重要性のあるものを選び出したのだろうか。彼らは、そこに含まれる編集や転写やスキャニングが、いかにテキストを変更したかを、どんな方法にせよ示しただろうか。これらの問いにあえて答えるつもりはない。なぜなら、あまり多くプロジェクト・グーテンベルクのテキストを調査してはいないからだ。私が調査したかぎり、私の目的には使えなかったが、すべての場合にそうだとはいいきれないのかもしれない。だが、たとえいくつかのプロジェクト・グーテンベルクのテキストが信頼のおけるものだとして、どれがそうなのか、私たちにどうやって知ることができるというのだろうか。

現時点で私が強調したいのは、古い書物あるいは手稿からのテキストを二一世紀に持ち込むためには、一台のコンピュータ以上のものが必要だということに尽きる。といっても、別にスキャナやデジタルカメラがあればいいというわけではない。必要とされるのは、テキストについての思索であり、方法についての配慮と正しい判断であり、そして時代遅れともいえる、目で見て照合して校正することへの没頭——一時的な熱狂とは相容れないものだ——である。こうした骨の折れる責務のないところで、私たちが手にするのは何だろうか。間違いなく、ノイズだらけのテキストだろう。そして、非常にありうることだが、誤解に導くテキスト。当然、学術研究の目的には使えないテキスト。さらには、その作品の歴史における作者や出版者よりも編集についてより多くを語る、といわれるようなテキスト。そして、それを使う読者について多くを語るようなテキスト。

結局、新世紀の新しい編集文献学の静かな世界に向かって私が提案するのは、私たちの企ての美学についてじっくり考察することである。私はあえて、問題の多い言葉である「美学」を選んだ。これは、私の同僚であり、モダニズムとイェイツの著作の編集者であるデイヴィット・ホールドマンが「芸術家としての編集者」という題の論文において、その言葉を大胆に使用したことに敬意を払ってのことである。彼が選んだこの言葉は私の心の琴線に触れ、再度取り上げる価値があると思わせたのだ。[*8]

美学や美という言葉を科学や学問の領域で使うのは流行遅れかもしれない。ただ私は、ジェームス・ワトソンの『二重らせん』で、彼が自分の手にしているのはＤＮＡの正しいモデルだとわかったのは、それが美しかったからだ、という箇所を読んだときに受けた衝撃をいまだに覚えている。美学にはさまざまな定義がありうるが、そのうちの一つに次のようなものがある。すなわち、雑多に見えるものが統一体としても見られうること、混沌が調和を持ちうること、複雑さが一貫性を、錯綜がパターンを、異種性が共通性を持ちうること。多数から、一つに――*e pluribus unum*。こうした考えは、大文字の真実や全体性の追究が、理想主義と本質主義の間違った結合を表すと理解したとき、放棄された。これらの実証主義的な観点から離れた結果、私たち学者は、おずおずと断片を指差すか、さもなくば過激な相対主義に肩入れするかといった、別の誤りにふらふらと落ち込んでしまったのかもしれない。だが、すべてを理解してはいないかもしれないし、またいつ真実を手にしたとか、そもそも手にしているのかどうかすらいえないのかもしれないが、それでも私たちはそれ以上のことを知っているのだ。

編集文献学者のサークルにいる私たちは、キーツの歌った壺のように良くできた文芸作品、芸術的努力の極みといえるものは、たくさんの部分から成り立っていることを理解するようになっている。そうした作品は、多くの観点から見ることができ、また構築され、脱構築され、形式化され、構造化され、審問され、盗用されうることも、知っている。文学的関心をそそる作品を取り巻くようになる文化の言説、とくに重要な多くの関心を惹きつけ続けるような作品のまわりの言説は、私にいわせれば、それ自身とても複雑であり、そして作品そのものも、どんな作品であれ、従来考えられていたよりもはるかに複雑であるということを示すものである。しかし、この複雑さのなかに、仮のあるいは一時的な関連性を、あるいは思いきって調和さえも、見出そうという試みを、しょせん完璧さなど幻想だからといって、あきらめるべきではない。

この複雑さの多くは、ライブラリアンやコレクターやアーキビストがテキスト性の物質的な実体を保存するという重要な仕事を担ってきてくれたおかげなのだ。編集者が、自分たちの仕事を通して、テキスト伝承の歴史を理解しようというだけにとどまらず、審美的な快楽の最終結果としての作品を磨き上げようとしていた時代があった。そのためには、現存する資料――その大半は、作家の仕事場の床から拾われた反故とみなされていた――を選別することが必要だと、編集者たちは考えていた。学究という高級文化を理解し考えるための美として、学者たちの熱心な目で読み込まれ、純粋なオリジナルであることを保証されて提示された文学作品の真正性こそ、

「単純な美」という句が高い価値を示していた、そうした時代の文献学のゴールだった。

今や広く認識されているテキストの置かれた条件の複雑性を出発点にし、またそこを目指して、新しい美が生まれているのだといいたい。テキストの条件は、複雑さについての、以下のようなさまざまな方向性のなかに確認できる。①物体としてのテキストの、生成・改訂・公表・再公表・流通といった出来事や素材に対する私たちの関心が生み出した複雑さ、②作品の創造時点における文化的、社会的、伝記的、心理的そして文学的なコンテキスト、要するに、作者や当時の読者にとっては自明だった、テキストに意味を生じさせるための知的、感情的な混合物に対する私たちの関心が生み出した複雑さ、③それに匹敵する、過去の作品（私たちにとっては現在それを読むしかない）を受容する際に私たちが捉えられている、現代の文化的、社会的、伝記的、心理的そして文学的なコンテキストの複雑さ、④マルクス主義批評、フェミニズム批評、エコロジー批評、または時代錯誤のニュークリティシズムやあるいはリーヴィス派へと私たちを分裂させていく、文学批評というものについての意見の不一致から生じる複雑さ。

多数から一つへ。ただし、純粋だったり一枚岩的だったりする見解ではなく、むしろ関連する複雑さの全体的な方法論を生み出すこと。この新たに生まれた統一性は、単純化や複雑性の排除によって成り立つのではなく、テキストの複雑な条件を総体として受け入れるという認識から生まれてくるものであれば、それは、二一世紀における学術版編集の美学となりうる。この「総体」という言葉は、「美的」と同様、誤解されかねない。この言葉が意味するのは、テキストの条件という、単純ではなく複雑な概念をコンテキストとして、ある一つのテキストのさまざまな解釈それぞれを認めようということなのだ。さまざまなヴァリアント、複数のテキスト、そして過去の作品にも（フェミニズムやポストコロニアリズムなどの立場から）倫理的な視線を向けざるをえなくなった政治的な感性の変化。テキストの条件を形づくるこうしたリストは、一見したところ混沌としたものに見える。ただしそれは、私たちがいまだに、複雑さに何らかの一貫性を見出さなければと考えて苦労しているせいで混沌のように見えるにすぎない。もしあなたが単純さや、王国へ至る安直な道を求めているのだとすれば、首をすくめて悲しく立ち去ることをお勧めする。だが、もしあなたが素晴らしい報酬を約束されたチャレンジをしたいのであれば、袖をまくって、ベルトを締めて、頭をフル回転させる準備をして、生き残った資料を精査するがいい。

口でいうのは簡単だ、という人もあるだろう。情熱を傾けて取り組むべきそんな資料をどこで見つけられるのか？　過去二五世紀にわたる学術版編集は、想像力の欠如と、読者への不信という欠点を持っていた。ここでいうチャレンジとは、コンピュータという新しいメディアの助けを借りて、複雑なまとまりとしての美しさがそこから輝いているテキストの複雑さのための場所を開拓することだ。そこでは、テキストと対抗テキストが、注釈とイメージが、パースペクティブの単一性と複数性が読者に奉仕し、読者が何一つ失くさなくてもいいようにしてくれる。単純な頭の持ち主向けの粗悪なエディションは、単純な頭の持ち主に作らせておけばいい。知の、学術の、研究の世界では、テキストの条件を、単純化することなく明晰に示すエディションが必要なのだ。

第2章

複雑性、耐久力、アクセス可能性、美、洗練、そして学術性

Complexity, endurance, accessibility, beauty, sophistication, and scholarship

私たちの経験がこれほど壮麗で、しかもおそろしいほど短いことを意識し、存在のすべてを傾けて必死に見ること、触れることに夢中になっていれば、見るもの、触れるものについての理論を組立てているひまなどないだろう。[……]

私たちが存在しているのは幕間である。やがて「私たちのいた場所もまた、私たちを忘れてしまう」[ヨブ記七・一〇][……]私たちに可能なことはただ一つ、この幕間をひろげること、与えられた時間のなかにできるだけ多くの脈動を送り込むことである。

ウォルター・ペイター『ルネサンス』(*Studies in the History of the Renaissance*, 1873)

編集文献学における革命は、「決定的なテキスト」や「最終的な著者の意図」といった神々を引きずり下ろし、テキストによる支配や、確定されたテキスト、決定的な読解といった暴君を退位させ、編集文献学における統一場理論を嘲笑し去った。このテキスト革命は、倒れた神々の代わりに、複数性、包括性、そして新しく魅力的な（主として電子による）形式の客観性という神々を立ち上げる。[*1] 新しい神々はいつでも、没落した神々の残した空白を埋めるようにして誕生するのだ。

かつては、あらゆる編集文献学者たちが同意していたものだ――おそらくは事実というよりも希望的観測としてだろうが、フレッドソン・バワーズやジェイムズ・ソープ[*2]は繰り返しそう語っている――編集文献学の目標、学術版編集の目的は、著者の最終的な意図を具現したテキストを確定することなのだと。そして、新しい学術編集版や新しく編集されたテキストは、責任ある文学の解釈や批評の土台となるべきものだと。編集文献学者の務めについて、こうした合意がかつて存在していた、というか存在していたように見えるのだが、今では逆にそれが彼らの仕事ではないという点で一般的な合意が成立している。編集文献学の従来の目標は、狭すぎる視野、抽象的すぎる観念、編集作業に対する理想主義的すぎる見通しなどのせいで問題を抱えていたのだと、ボード・プラハタやジークフリート・シャイベ、D・F・マッケンジーやジェローム・マッギャンなど、世界のさまざまな地域の学者たちが、口を揃えて述べている。[*3] 今や、テキスト性の条件とテキストに向けられる学術的な関心の焦点は、歴史的な人工物、生き延びたドキュメントとしてのテキストのなかにあるのだといわれている。こうして誕生した新しい神々は、多様性、複数性、プロセス、そして流動性の神々であり、生き延びている資料の限界と潔癖さを几帳面に守ることが義務だとされる。

問題を明らかにするために、たとえ話をしてみよう。かつては、壊れた彫刻作品の断片の一つを示され、それが再構成すべき全体の核になるのだといわれていた。その断片や、その他の残存する証拠が一つにまとまれば、オリジナルの全体が再構成されるというわけだ。それが現在では、もし彫刻の断片が発見されたとした場合、それをその断片性のまま提示すべきだといわれるようになった。そうすることで、その断片の証拠としての真正さが保持されるからだ。[*4] 同様に、手稿その他のドキュメントは、物理的あるいは編集による乱用や誤用の痕跡が残っていたとしても、推測に基づいて、それが一部をなしていた「全体」へと（再）構成されるべきではない。なぜなら、最新の議論に従えば、こうしてテキストを再構成することによって、歴史の要請と証拠の潔癖さとが曖昧になったり、かき消されたり、ねじ曲げられたりしてしまうことになるからだ。

新たな方法論の価値、そして文学的な人工物についての配慮や保存や利用という新しい目標。これらを肯定的に語ることによって、新しい神々が提示してくれるのは、私たちが哲学的、美的、知的そして官能的に、芸術や人工物に取り組む際、思考の美や探究の興奮や生活の満足といったものをじっくり味わうために私たちに与えられた短い時間を拡張する方法である。

だが、新しい神々によって発せられる否定的な発言には耳を傾けないようにしなくてはならない。力を持ち熱狂している状態の口から、公平な意見が述べられるなどと考えてはならない。複雑性と多様性という新しい神々の預言者たちによって告げられた、古い方法論に対する否定的な発言は、古いものを無差別に葬り去って新しいもののために場所を空けようとする狂信者によるたわごとであり、デマゴーグによる暴言なのだ。

二〇〇〇年七月ドイツのマインツにあるグーテンベルク博物館で、私はグーテンベルク自身の実践を説明するために、手動印刷機を使って活字鋳造・植字・組み付け・印刷が実演されるのを見た。私は、超一流の永続的かつ美しい写本や書物を生産する最も洗練された技術が、羽ペンやペンであった世界にいる自分を想像してみた。そうした世界にグーテンベルクのような男が登場したのだ。彼は生産における機械化可能な要素をすべて予見することができ、その結果、従来の方法に取って代わることを可能にした。この展示を見た私たちは、グーテンベルクは自分の仕事を金のなる事業とみなしたビジネスマン兼発明家だったのだという印象を受けた。数分後、私は、同館に展示されているグーテンベルクによる二巻本の四二行聖書の前に立っていた。奇妙なことだが、私にとってその本の最も印象的な要素は紙であった。それはつい先週作ったとさえいえそうなものだった。茶色の変色や黄ばみが頁の周辺部分にさえなく、脆さや「古めかしさ」の徴候もなかった。そのとき私が考えていたのは、紙を作るテクノロジーは、製品を安く、そして大量に作る方向へと進歩を遂げたが、その結果、現在生産されているのはおよそ長持ちしない紙ばかりだということだ。グーテンベルクが生み出した一八〇冊ばかりの四二行聖書のうち、およそ四五冊が現存している。そのとき思い浮かんだのは、これ以降の多くの書物が、ほとんど原本を残していない（残しているにしてもごくわずか）ということだ。多くの場合、五〇年以上生き残るのは、印刷部数の一パーセント以下でしかない。その一方で、可動活字から印刷された最初の本は、五〇〇年たった今でも少なくとも二五パーセントの生存率を誇っている。四二行聖書の印刷された頁は、その他にも注目に値する特質を持っている。活字の組み方は、現代の目からは、いくぶん読むことが難しく、そしてウルガタ（聖書）ラテン語は学問あるいは崇拝の共通語《リンガ・フランカ》ではない。だが、そのデザインの美しさは否定し難い、大きいが大き過ぎない文字サイズで、周囲に十分に余白を持った二段組の配置は、優雅さと実益の感覚を同時にもたらす。そして、最初に可動活字で印刷する書物として、その内容が、西洋においては耐久力、重要性、実益、価値を保ち続ける可能性が高い書物［聖書］を選んだこともまた、非常に優れた着眼だったのだと考えた。

さて、問題。初めて電子的に作られ、流通した書物は何だったのだろうか？　その質や特徴はどんなものなのか？（あるいは「だった」のか？）そして、前に述べたとおり、それは五〇〇年の時を経て博物館で展示されるであろうか？　これらは「公正な質問」ではないが、これが引き金となって、興味深い他の問いがいくつも浮かんできた。

グーテンベルクが可動活字の発明者であったかどうか、彼の最初の聖書が本当に可動活字で印刷されたのかどうか、あるいはグーテンベルク聖書の生産より実際には先に起こりながらこれまで知られていない、いくつかの試作本があったかどうか。こうした問いは、少し脇に置いておこう。私がしばし立ち止まって考えてみたいのは、複雑性、耐久力、アクセス可能性、美、洗練、そして学術性といった単語で表されるような問題点なのだ。そのなかでも特に、最後に挙げた「学術性」について考えてみたい。なぜなら一般的な商業印刷業界では、ほとんど顧みられないことが多いからだ。だが、それでも私たちは、言葉やそれらの提示・流通・保存のための特別な専門知識と特別な価値観とを、個々人それぞれに持っている。そして、私たちは、自分たちの目の前にある新しい試みである電子ブックを、ある程度はその個人的な専門知識と価値観のレンズを通して眺めることになる。そのレンズはしばしば、この試みの全体像を見るのには度が合っていないのだが。

まず、電子ブックもまた複雑な企てであることを認識しなければならない。それは、一つの領域で起きた変化が他の領域での変化を可能にし、あるいは変化を促しもする、巨大なネットワークの複雑さである。その複雑さは、電子ブックのすべての局面を覆っており、そのなかにはあなたや私が専門家ではない部分も含まれている。そこには必要な機械装置（ＣＰＵ［中央処理装置］からディスプレイやプリンタ、各種コネクタ、地域的かつ国際的にそれらをつなぐための有線または無線の装置までのハードウェア）、必要な資材（電源、ライト、テキスト表示のためのスクリーン。もしテキストを印刷するならば紙もいるであろう）、ソフトウェアや基本コード体系（文字集合、印字書体、テキストや画像を配列・表示・伝送・複製するための方法、そしてマークアップ言語）、通信システム（配信と表示のためのソフトウェアとハードウェアの双方）などが含まれる。読みやすくかつ美しい電子書面とするためには、適切な書式設定と魅力的な頁デザイン、書体や文字サイズ、空白などをエレガントに組み合わせるための専門知識も必要だし、そして価値ある内容とどんな細部に至るまでも信頼性のあるテキストの選択や創作の専門知識も必要だ。

　要するに、グーテンベルク革命によって引き起こされたのと同じくらいの驚嘆の念を感じながら、私は電子テキストの前に立っている。電子テキストという現象の力、器用さ、スピード、優雅さに魅了されるのはいうまでもない。私たちは皆、電子テキストが印刷された書物よりも優れた能力を持っていることを肌身でわかっている。電子テキストは検索可能で、多くの異なる方法で更新や流通や分析が容易にでき、操作も容易なら、それ自身を別の形式に何度でも変換することさえ容易にできる。電子ブックは堅固さ、安定性と持続性を持つ印刷された書物とは根本的に異なっている。とりわけ私は、学術論文という形での学知の貯蔵庫への電子アクセスに敬意を抱いている。私も学生たちも、印刷された学術誌で読みたい論文が、以前の学生というか野蛮な破壊者《ヴァンダル》によって切り取られていることに何度も遭遇しているからだ。電子論文なら、オリジナルに害を与えずに「切り取る」ことができるではないか。これこそ電子テキストの魔術的要素の一つで、スース博士の『バーソロミュー・クビンズの五〇〇個の帽子』（*The 500 Hats of Bartholomew Cubbins*, 1940）を思い出させる。この有名な児童書に出てくる少年は、帽子を取っても取ってもまた別の帽子を被っていたため、王様の前で帽子を脱ぐことができなかったのだ。

　けれども、印刷された書物もまた、電子テキストがいまだ獲得していない利点を持っている。冊子体の発明以来、十分な光さえあれば図書館や書斎から寝室、ポーチのハンモック、公園のベンチ、そしてビーチまで、どんな場所ででも本は非常に容易に使える。それに対し、一枚の紙と比べて同じぐらい薄い実用的な電子テキストはまだ存在しない。どのような点で、電子ブックは印刷された書物と競争すべきなのか？　どのような点で、優れているべきなのか？　少なくともどの点において、印刷された書物と同等の長所を有するべきか？　電子ブックが印刷された書物との競争で負けても問題ないのは、どんな部分においてだろうか？　電子テキストが検索可能であるという長所は、その存在期間として今から一〇年か二〇年すらも保証ができないという欠点を補ってくれるのだろうか？　索引が付いている場合でさえ、印刷された書物よりも電子ブックからの方が早く特定の情報を収集できるという長所は、スクリーンの上で五〇〇頁の本を（たぶん二〇頁の論文さえ）読むことを選択する人などまずいないという欠点を相殺してくれるのか？　これらの問いには決定的な答えはなく、しかもここから関連した問いがいくらでも生じてくる。こうした問いの数々は、創意工夫に富んだ人々を駆り立てて、デザインとテクノロジーの改善へと向かわせることだろう。けれども電子的に作られ、流通するテキストの質についての疑問が残る。

「テキストの質」という表現はいささか曖昧である。これは、作品の質について、つまり、内容やスタイルの長所について、述べてもいるようにも取れるからだ。先に示唆したように、グーテンベルクが自分の発明の最初の実演材料として聖書を選択したことは優れた着眼点だったといえる。なぜなら、自分の新たな生産手段を、社会的かつ商業的に重要な価値を持つ本と同じ地位に置くことができたからだ。周到な生産過程において、聖書の質にふさわしいだけの超一流の品質の書物を作りだしたという事実が、グーテンベルクが世紀を超えて力強い伝説となった一因ではないだろうか。テキストの研究者である私たちは、多くの場合、偉大な価値あるテキストに取り組むことに人生を費やそうとしている。そして、自分たちの扱うテキストの価値を高めようとして時間を捧げるのだ。だが、忘れてはならないことが一つある。アリストテレスやゲーテやセルバンテスやシェイクスピアといった著作家たちの研究者が、自分がなぜ彼らのテキストに興味を抱いたのかを説明する必要を感じない、それどころかこれらの著作家のファースト・ネームを述べようとすらしないのに対して、マニリウス、ポール・ド・コック、トマス・ラヴ・ピーコック、ウィリアム・ギルモア・シムズらの著作の研究者たちは、自分が抱える高度に専門的な問題点を論じる以前に、そもそも彼らが誰なのか、そして彼らの著作に関心を抱く理由は何なのかを説明しなければならない、ということだ。

とりあえず、テキストに書かれた内容のもつ価値と、著述の形式やスタイルがもつ美的な価値とを区別しないでおこう。どんな種類のものであれ、学術的な関心の中心にあるのが何らかの価値であることは間違いない。さもなければ、単に時間の浪費になってしまうだろう。もちろん、たまたま私たちが充分に重要さを知らないために、時間の無駄だと片付けてしまうという危険もあるわけだが、ここで取り上げている問いにおいては、価値と重要性は関連しているといえる。たとえば、文化史や書物史の問題点は、研究対象となる時代のはかない流行にまで目を配らないかぎり解決できない。同様に、コンピュータでこの頁を書くことを可能にしている電子工学の細々した知識に、私は個人的な興味は抱けないけれど、それでも自分の仕事をより容易にしてくれた専門的知識として感謝している。だが、エンジニアにとっては、私が「細々した知識」と呼ぶものこそ中心的な重要性を持っており、逆に彼らの周到な創意工夫の産物を使って私が何を書いているかには、まったく関心がないだろう。

というわけで、非常に興味深い問いではあるものの、電子形式に変換されたり電子形式で創造されたりする作品の価値や重要性については、ここでの主要な関心事とはしない。「テキストの質」という言葉の、他の二つの意味にこそ、より多くの注意を向けよう。一つめは、テキストを構成する細部に関係がある。出発点から現在までの五〇〇年以上の間、印刷業は、根絶できなかった一つのバグに終始苦しめられてきた。すなわち、誤植である。ここで、一〇語ずつの二五行からなる頁を考えてみよう。そこには、スペースを含めておよそ一五〇〇の文字が含まれている。つまり、一頁につき、何か間違いが起こる可能性が一五〇〇回あるということであり、二〇〇頁の本ならば、それが三〇万回あることになる。注意深い植字と、さらにいっそう注意深い校正や訂正によって誤植のない本を作ることができる印刷業者がたとえいたとしても、新たなエディションを作ることが「しくじる」ための新しい機会でもあったのである。中世の書写生が、テキストを筆写している際に忍び込む、うっかりした変更と独断的な変更とを区別するために、編集文献学者たちは前者を「罪のない innocent」間違い、後者を「洗練された／こじつけた sophisticated」間違いと呼んでいる。罪がない変更は、すぐに誤りとわかる誤植や書き間違いである。一方、洗練／こじつけ《ソフィスティケーション》は、すぐに誤りとわかるわけではない。なぜなら、たとえ間違っているにせよ、新たにもっともらしい解釈を提示しているからだ。

　罪がない変更と洗練された変更のそれぞれの例が、『虚栄の市』の第一〇章に見られる。ベッキー・シャープが、「庭床の土を掘り返すこと garden-beds to be dug」についてアドバイスを与えるというくだりである。現在の複数のペイパーバック版（エヴリマン、パン、ペンギン）は、このアドバイスを「庭床に植え込む garden-beds to bed up」としている。この間違いの源になった版がどれなのか、私はまだ特定できていない。それでも、初期の刊本のいずれかで、be と dug の間のスペースが抜け落ち、dug の d が be の後ろにくっつき、garden-beds to bed ug という文が生まれたのであろうことは想像に難くない。これは罪がない誤植だ。明らかに誤りなのだから。だが、ある編集者がこの文章を、考えうるかぎり最も安易な方法で、すなわち、d をスペースの右側に移しかえるのではなく、ug を up に変えるという方法で修正した。こうしてこの編集者は「洗練／こじつけ」を行ったのである。合理的ではあるが、しかし、誤りには違いない。

　電子テキストもまた、書写や印刷とちょうど同じぐらいに誤植の可能性がある。スペルチェックも文法チェックも、非常に無知な人たちだけが、最も明白なありふれた誤りだけを避けるのに役立つにすぎない。洗練された言語力を持つ人は知っている。スペルチェックが、電子辞書にはない語彙を見つけるとうるさいくらいに警告を発し、誤った綴りであってもそれが単語として成立していさえすれば無視することで、誤った安心感を強めるのだということを。スペルチェックは「罪がない誤植」なら見つけられるかもしれないが、最も有害な誤植である「洗練／こじつけ」に対しては無力なのだ。

誤植を避けることは、テキストの質において非常に重要な要素の一つではあるが、それも本書の主要な関心事にはならない。ここで取り上げるのは、編集文献学や学術版編集の特殊な対象としてのテキストの質である。編集文献学者にとってのテキストの信頼性は、そのテキストに誤植があるかどうかとはほとんど関係がない。何より重要なのは、テキストの創作、改訂、出版そして流通の歴史である。文学研究者たちが関心を寄せるテキストの多くは、すでに述べたような意味で価値を認められてきたものばかりである。多くの場合、そうした価値のせいで、さまざまな種類の印刷された版が作られ、そしてそれ以前には無数の筆写によって制作・保存がなされてきた。

異なるテキストの存在とその歴史とが多くの問題を提起するなかで、私はテキスト批判における三つの決定的な要素について考えたい。①異なる個々のテキストが、それぞれ何をいおうとしているか（どれか一つのテキストを元に、他のテキストではどのようにいわれているかと比較するのとは逆の態度である）。②それぞれの異なるテキストが作られたコンテキスト（著者、読者、社会状況）。これは通常、書記行為においては「いわずもがな」のことだったはずだ。なぜなら著者もターゲットとなる読者層も、少なくとも最初の段階では、普通は紛糾することのない共通の前提に訴えかけるものだろうからだ。そして、③誰が、そのテキストを作り、改訂し、違ったふうに変更したのか。それは何のためか。印刷されたテキストと電子テキストの利用者のほとんどが、手元にあるテキストこそ決定的なテキストであるかのようにふるまっている。あたかも、そのテキストのコンテキストが十分に知られているか、あるいはまったく問題ではないかのように、そしてあたかもテキストにこれまで加えられてきた改訂が、誰が行ったかによらず、適切かつ必然的なものであったかのように。テキスト批判と編集文献学は、こうした「かのように」に対抗する。異なるテキストは異なったことを表現している。異なるコンテキストは、たとえテキストが同じ場合でも、その意味に影響を与える。そして、テキスト内の特定の部分について、責任を持っていたのは誰なのかを知ることは、そのテキストに対する私たちの理解に影響を与えるだろう。

　編集文献学者がテキストのヴァリアントに関心を寄せるのは、それらのテキストの作者の目的や戦略、さらにはテキストの流用者のやり口について、それらが明らかにしてくれるからだ。ヴァリアントは、テキストの変更に対して正当な権利を持つ人物やそうでない人物による、意図的ないしは意図せざる行為の結果として生まれる。[*5] あらゆるテキストのあらゆるヴァリエーションの結果は、新しいテキストの肌理《テクスチャー》のなかに見えない形で織り込まれる。読者の手元のどんな印刷テキストも、あるいはディスプレイ上に表示されているどんな電子テキストも、いつ、どこで、どのようにそのテキストが変更され、改訂され、破壊され、省かれ、あるいは加筆されてきたかを知ることなどできないし、それが誰によるものかも特定できない。すべての生き残っている版本を比較するか、他の誰かがテキストの分析をして発表しないかぎりは。

　もしここで注目する変更が誤植だけであったなら、議論のための興味深い話題も、理解するのが難しい問題も生じないであろう。その場合、これは品質管理の問題になる。ただテキストを読み取るテクノロジーと、テキストを書き写すメカニズムが、印刷物や手稿であるオリジナルを語彙のレベルで正確に再現できるように保証するだけでいい。だが、改訂されたテキストは、改訂者によって元になったテキストと異なるように意図されているのだから、劇的に異なる可能性がある。テキストの持つ政治的・社会的な効果を穏やかなものにしようと、短縮したり、体系的に改変したりする場合のように。「校正する correct」という語と「編集する edit」という語は、著述家や言葉による作品を生み出すことに関わる多くの人々によって、テキストに加えられるあれこれの「改良」を指す言葉として、しばしば区別せずに使われてきた。そのせいで、関係者の多くは、自分たちがしていることを必要で正しいことだと信じている。多くの読者と少なからぬ著作家が、校正者や編集者に、テキストをよくしてくれたことに対する感謝の念を捧げている。だが、テキストに対する善意の奉仕の多くは、予期せぬ結果を生み出してしまう。そして変更の多くは、それが校正と呼びうるものの限度を超えていると、ただちに見て取れるのだ。

　著述家が、熟考を重ねたうえで、一つの、あるいは複数の動機から、すでに存在するテキストに変更や改良を加える行為を指すのに、私たちは「改訂する revise」という語を使う。著者は気が変わったのかもしれないし、意図が変わったのかもしれないし、あるいは目当ての読者層に対する考え方が変わったのかもしれない。いずれにせよ、結果として彼／彼女は自分の創作を見直して変更を加え、何らかの新しいというか改善された見解に適合するように作品を改めていく。あるいは、新鮮な目で作品を眺めた結果、単にスタイルや表現をよくするためだけに改訂するのということもあるだろう。「検閲する censor」とか「バウドラー化する bawdlerize」［シェイクスピアの作品の不穏当な表現を削除した版を作った Thomas Bowdler（1754-1825）に由来する動詞。いかがわしい箇所を削除する、転じて改竄するという意味になった］とかいった語は、テキストに対して敵対的な編集者が、危険、不愉快、納得できないと判断した箇所を意図的に抑圧する行為を指す。ワイマールのゲーテ・アーカイブを訪問したときのこと、私はゲーテの「ヴェネツィアのエピグラム集」の手稿の、草稿と清書とを見せてもらった。それらはゲーテの死によって未刊のままとなり、結局はゲーテ・アーカイブを収蔵するための宮殿を寄付した、最も情熱的な愛読者の一人であるソフィア王女の所有に帰した。しかし、原稿で「ヴェネツィアのエピグラム集」を読んだ王女は、あからさまな性的表現のせいで、そのなかのいくつかの詩は受け入れがたいと判断した。多くの詩は、紙の両面に書き込まれていた。そこで王女は、侍女の助けを借りながら、きわどい詩を草稿と清書の両方から抹消することにした。ナイフと湿らせた布やスポンジを使って紙の繊維を柔らかくし、いかがわしい詩のインクばかりかそれが染み込んだ紙の表面層までもこそぎ取ってしまったのだ。ただし、裏側の、受け入れ可能な詩にはダメージを与えずに。これほど効果的な、あるいは愛ある検閲を、私は他に知らない。ここで失われたものはけっして取り戻せない。[*6] T・E・ロレンスの『ミント』は、はるかに敵対的な検閲を受けた事例だ。ロレンスは、検閲の痕跡を残すために、印刷された書物にも空白や中断を残すべきだと主張したのである。しかし、多くのテキストにおいては、検閲行為は推敲と同様、うまく取り繕われ、提示されたテキストの網目のなかに消えてしまう。手元のテキストの歴史には何か邪悪な要素や有益な要素が秘められているのだということを知らない読者を、無知の幸福のなかに置き去りにしたまま。

だが、ここで私が強調したいのは、テキストはけっして単純なテキストではないことだ。それらは「単に」テキストであるわけではない。テキストの起源、変更の歴史、そして最も重要な、それぞれの変更に関して責任がある行為者が誰であるのかといった要素は、私たちの読み方に影響を与えうるし、与えるべきである。私たちが「著者による」ものとしての作品について語るとき、普通は大きな尺度でこれらの問題を認めている。それらはシェイクスピアの、チョーサーの、セルバンテスの作品であり、私たちはその著者のイメージを念頭に読む。私たちはまた、著者の意図を再構築しようとして共感的に読むこともある。あるいは、作品を解読し、脱神話化し、それどころか脱構築しようとして、著者に対して中立、それどころか敵対的な態度で読むこともある。いずれの方法でも、友人あるいは敵としての著者の人格を認めていることが、テキストの隠された意味を考える際の中心になっている。したがって、テキストの精読が、著者によるものではない、つまり、他の行為者による。語句や、あるいは句読点に基づくものであれば、テキストに対する私たちの反応は、共感的であるか敵対的であるかにかかわらず、的を外したものになるだろう。それというのも、すべての磨き上げられたテキストの背後に隠されたままの三つの問題、すなわち、テキストのヴァリアントにはどのようなものがあるのか、テキストの起源を形づくったコンテキストはどのようなものか、そして、誰がこのテキストのこの形に責任を持っているかということを等閑視しているからである。

その五〇〇年間の歴史を通して、印刷テキストは、文献学者がテキストに寄せる関心を扱うために、非常に洗練され、複雑で、時には美しくさえある方法を提供してきた。マインツのグーテンベルク博物館に展示されている初期刊行本の多くには、複数のテキストが含まれている。メインのテキストが頁の中央を占め、一つまたはそれ以上の副次的なテキストがその周りを囲んでいたり、中央のコラムから垂れ下がっていたりするのだ。脚注や、巻末註、付録、コメンタリ、索引を持つ書物は、印刷業者と学者との創意工夫の証しである。それらは、さまざまなやり方で彼らの関心をテキストに溶け込ませ、複数のテキストを提供して、重要と考えられていた対話的な読みを可能にした。個々の印刷本の読者もまた、しばしば頁の余白に彼ら自身のコメントを書き加えることによって、こうしたテキスト間の対話を拡張していった。こうした余白《マルジナリア》の書き込みの存在は、印刷された書物が完全な満足を与え損ねてきたということを、変わった角度から証明しているのかもしれない。ひとたび最終的な版組が決定し、印刷されれば、その結果は固定されてしまう。素材に対する別の観点、採用された書式によって最も適切に表現されている以外の観点は、常に副次的な立場に追いやられてしまう。もし編集者が、テキストと［コメントなどの］メタテキストを異なる方法で相互作用するように素材を配列したいなら、新しい本を最初から作り直さなければならないであろう。

したがって当初、電子版のテキストは、編集文献学者の仕事に場所を提供するための歓迎すべきメディアを供給するように思われた。複数のテキストを、一つ以上の方法で提示し、見ることができるからだ。テキストの語彙的というか辞書的な部分は、安価に、かつ小さな空間に保持することができるし、関連するテキストをごく近くに提示することもできる。デジタル・アーカイブなら、地球上のあちこちに散在するアーカイブに保存された、一点しかない資料についてさえこの近接を可能にする。テキストを比較するための特別なプログラムが開発されており、さまざまなテキストのヴァリアントを繋ぐハイパーテキストリンクを作ることだって可能だ。電子テキストがすでに成し遂げたプログラムと成果《プロダクト》のリストは信じがたいほどで、感動的ですらある。

しかし、完全な電子学術編集版／アーカイブに必要とされる能力をすべて備えたテキストの処理と表示のための環境あるいはインターフェイスを作り出すことは、まだこれからの課題である。そして、そのような枠組や一連のプログラムが開発されたときに、それは編集文献学のための標準装備として使われたり、使うことが可能になったりするのだろうか？　そうしたソフトウェアを開発する際の障害はおそらく小さくなっているが、問題の複雑さを見くびるべきではない（残念ながらしばしば見くびられているけれど）。編集文献学者が望んでいるのは、テキストと、テキストの相違、テキストの生成過程、テキストの起源、そしてテキストのコンテキストを表示することだ。つまり作品のテキストの、語彙的な面だけでなく、視覚的な側面も提示したいのだ。編集文献学者はさらに、テキストに関する註釈、歴史、社会に関する註釈、また批評上の註釈へのリンクも求めている。歴史的に豊かかつ濃密な読みの経験を可能にすると同時に、テキストの現代的な利用を可能にすることも求めている。形式だけでなく、時間や場所においても多様性を持った、ダイナミックなテキストを示したいと思っている。ビデオや音声も欲しい。異なる利用者のレベルに合わせて、これらのディスプレイやリンクを充分に使いこなせるような、読者に親切なナビゲーション機能も欲しい。要するに彼らは、研究と教育の場でアクセス可能なかたちで、テキストとのコミュニケーション行為を保存し表示できるような、電子的にテキストを扱うための包括的なインターフェイスを求めている。それですべて――それだけ、なのだ。

そして、編集文献学者たちがこれらすべてを求めているのは、何もその方が効率的だという理由からだけではない。いつ、どこで、誰が誰に向かって書いたのかを知れば、テキストを解釈する方法に違いが生じることを知っているからこそ、求めているのだ。この問題のごく一部を説明するために、古くて単純な例を取り上げてみよう。句読法の重要性というのがそれだ。

Woman without her man is helpless.

という文の曖昧さは、言葉の順序を変えないでも、句読点しだいでさまざまに解決することができる。

Woman, without her man, is helpless.
（女性は、男と一緒でないと、無力である。）

Woman! Without her, man is helpless.
（すばらしきかな、女性！　女性無しでは、男は無力である。）

誰が無力であるか、あるいはそう思われるかを決めるのは句読点なのだ。けれども、二番目の例、「すばらしきかな、女性！　女性無しでは、男は無力である」は女性のセンスが必要と思われる仕事を達成したばかりの男によって口にされたとしたらどうだろう。言葉はおろか、句読点まで一緒ながら、意味は皮肉なものとなって、完全に異なってしまう。あるいは逆に、男性の専門知識や力が必要だと考えられる仕事を成し遂げた女性が、最初の文「女性は、男と一緒でないと、無力である」を――おそらく語尾に「だってさ！」とつけ加えながら――

勝ち誇っていう場合を考えてみよう。単語も句読点も変わらないのに、その効果は皮肉なものとなり、意味は逆転する。

こうしたテキストのニュアンスの変化が登場する本は多い。一例として、オーストラリアの作家アーダ・ケンブリッジが、一八九〇年代に『エイジ』紙上で発表した『女性の友情』を見てみよう。最初に刊行されたとき、この小説は社会における女性の地位と、女性の「ノーマルな」欲求、挫折、無力さについて、ごくストレートに物語ったものとして多くの人に読まれた。だが一〇〇年後の一九八九年、オーストラリア植民地時代テキストシリーズの一冊として、初版刊行から、初めて復刊された時には、時代背景やこの小説が連載された新聞についての解説、アーダ・ケンブリッジについての伝記的資料が付されていた。それらの付録を踏まえ、二〇世紀後半のフェミニズムの状況のなかでこの版で読むと、この小説は、一八九〇年代の「女性の立場」についての社会の規範に皮肉な視線を向け、抗議している作品のようにしか読めなくなる。同じような新しい解釈は、ケイト・ショパンの『目覚め』のような書物に対する私たちの認識を高めている。それは、この作品の最初の読者たちの大部分にとっては、まったく知られていない読み方だったに違いない。どちらの場合にも、初版刊行時の読者の解釈を拒絶したことによって、著者の意図に近づけたように感じないわけにはいかない。

つまり、真に複雑で、持続的で、アクセス可能で、美しく、洗練された電子的な（再現能力を持つ）情報収蔵所《リポジトリ》を作ることが望ましいのは、編集文献学が、単なる物体として（あるいは電子としての）単語からなるテキストだけではなく、コミュニケーションの行為すべて（誰が、何を、どこで、どのようなコンテキストで、誰に向かっていったのか）を発見、保存、提示しようとしているからなのだ。

コミュニケーションの複雑さを取り込みつつテキストを理解することが、保存だけでなく教育的な効果も持つ学術編集版／アーカイブの構築に必要な電子的な魔法の領域でどれだけ有益か、いくつかの例を挙げて示そうと思う。

ウィリアム・メイクピース・サッカレーの一八四八年の小説『虚栄の市』は手書きで始められ、一八四六年三月までに手書きのまま第五章まで進んでいた。その時点ですでに、当時の慣習に従い、厚い印刷用紙に鋼版画で刷られたイラストを添付する計画はあったかもしれない。だが、現在のように、本文と同じ頁に埋め込むようにして小さなイラストを添えるやり方は存在していなかった。さらに、この小説は五つもの出版社に拒否されていた。一八四六年の五月、ブラッドベリ・アンド・エヴァンズ出版社が作品の出版を引き受け、長大なシリーズの出発点として、最初の五章を活字に組んだ。分冊の一回分は、正確に三二頁からなっている。ところが第四章は二八頁で終わってしまい、第五章は三四頁まで続いていた。そのせいで版元は出版を延期したのかもしれない。結局、最初の分冊が刊行されたのは八ヶ月後、一八四七年の一月だった。その間に、ブラッドベリ・アンド・エヴァンズの印刷所は、鋳物工場に、単なる新品ではなく字体も新しい、新しい金属の活字を注文していた。[*7] サッカレーは、(もちろん古い字体で組まれた)一八四六年五月のゲラをコピーし、推敲し、そしてときおりゲラをカット・アンド・ペーストして取り込みながら、新しい原稿を書き始めた。彼が書いたのは、新たな第五章だった。そこに、自分の描いたイラストをつけ加えた。そのイラストはテキストのそこかしこに挿入され、普通なら文字が埋めているスペースを占めることになった。このようにして彼は、それぞれがきっちり三二頁で終わるような五章からなる最初の分冊を作り上げた。以前の第五章は、完全に書き直されて第六章になり、第二分冊の第一章となった。一八四七年一月から四八年七月まで、『虚栄の市』の分冊は、定期的に滞りなく出版された。

この過程で、多くのことがテキストに起こった。そのうちの一つは、サッカレーの手稿に見られる修辞的な句読点が、植字工によって活字が組まれる段階で、構文上の句読点に変えられてしまったということだ。修辞的な句読法においては、カンマは短い休止、セミコロンはそれよりわずかに長い休止、コロンはより長い休止で、ピリオドは完全停止を意味する。修辞的な句読点の使用は、声を出して読むときにどのように文に抑揚をつけるかについての著者の希望を表している。一方、構文上の句読点は、節が独立しているかどうか、句が限定的かどうか、その他の文法規則によって、つまり口頭のリズムではなく構文上の要請によって規定される。もちろんこの二つのシステムの間には、しばしば重複があるのだけれど。手稿に残された句読法に見られるような、言葉を音で捉えるサッカレーの感覚は、文の構造に対する植字工の感覚のなかに消えてしまった。結果として、原稿と出版された版との間には、何千という句読点の変更がある。さらに、ときおりなされた改訂作業もある。そのことを示す例として、私が最も気に入っているのは、最初の方に出てくるベッキー・シャープの描写である。原稿では、「意地悪な人々は、彼女の誕生は、彼女の素晴らしい両親の法的な結婚の式典よりも前だったといっている」となっている。ベッキーが私生児だったということを示すこの表現は削除され、次のようなコメントに置き換えられている。「そして不思議なことに、時間が経つにつれて、この若いレディの先祖たちは地位や名誉を上げていったのだ」。すなわち、ベッキーが、自分の過去についての物語を買える能力を持っているという説明になるのだ。

『虚栄の市』の新しい版は、一八五三年に作られた。それは廉価版で、イラストもなかった。本文からは、イラストへの言及がすべて省略され、植字工によって句読法はさらに改められ、少なからぬ文章が削除された。この件についても別に複雑な話があるのだが、小説のテキストは単なるテキストではないこと、たまたま手にとって読んでいる版が『虚栄の市』の決定的なテキストではありえないことを示すには、もう充分だろう。サッカレーの存命中に、五種類の異なった『虚栄の市』の版本が上梓された。最初の版だけで六刷まで版を重ね、それらの間だけでも三五〇を超すテキストの変更がある。コンピュータならこれらの版のそれぞれを再現する電子ファイルを頁順に並べ、それらを比較して変更点のリストを作成することができる。別のプログラムは時系列順に異同を提示し、研究できるようにすることができる。また別のプログラムを使えば、アーカイブに収納されたテキストを表示しながら、同時にテキストの比較も行って、読者が特定の文の別の解釈を見つけたいと思ったときにはすぐさま呼び出せるようにしたり、さらには、必要とあらば、ある文にヴァリアントが存在することに読者の注意を向けたりもできる。残念なことに、これまでのところ、これらのプログラムは独立したスタンドアロン型のものである。一つの標準的なパッケージへの統合は、まだ先の話だ。しかも、プログラムの多くは、ターゲットとなるユーザである読者ではなく、編集者の協力をえて制作されている。

だが、これらのプログラムは、私の見つけてきた第二の事例――ジェローム・マッギャンのロセッティ・アーカイブについての仕事とはうまく適合しないだろう。ダンテ・ゲイブリエル・ロセッティは、詩人であり画家であった。彼の詩は、自らの絵画や他の画家の絵画と、さまざまな関係を取り結んでいる。詩と絵とは、時に相手の付随物であり、時に説明であり、時に単に言及されているだけだったりもする。したがって、ロセッティを扱うプログラムは、テキストの複雑さのみならず、テキストとイラストの相互作用も扱えなければならない。線だけで描かれた『虚栄の市』の挿絵と異なり、ロセッティ・アーカイブの絵画には油絵も含まれている。したがって、そのプログラムが作品を間違って再現しないようにするためには、どうにかして色彩を制御するシステムも必要になってくる。だが、たまたま自分の持っているモニタの画面上を見る利用者は、その色が正しいものかどうか、どうやって判断できるだろうか？　それに、絵画とその習作の関係を提示する方法や、初期のヴァージョンや制作過程を知るために絵画をX線や赤外線で透視した写真を提示する方法も必要なのではないか？　そして絵の大きさについてはどうだろう？　『虚栄の市』に付されたサッカレーのイラストは本のために描かれたものだ。だから、もしディスプレイ上の印刷頁がオリジナルと異なっていたとしても、頁内でのイラストのサイズの割合は変わらない。だが、ロセッティの場合、絵の大きさは、印刷された詩と比べてはもちろんのこと、絵どうしの間でさえまちまちで、結局、絵のサイズは寸法についての記述から「思い浮かべる」ことができるだけだ。これは問題にはならないのだろうか。ロセッティ・アーカイブを、学術研究や教育目的のために扱うには、どうすればいいのだろうか。

最後に、ブラム・ストーカーの『ドラキュラ』の歴史を手短に見てみよう。手稿それ自身は残らなかったが、この小説のための手書きノートは残っている。ストーカーの存命中に七つの版が出版され、うち一つはストーカー自身による縮約版である可能性がある。彼はまた、舞台や映画のために脚色される際には、個人的な影響力を持たなかったように思われる。だが、著名なドラキュラの物語を語ってきたのは、舞台や映画による改変と著作権侵害の歴史、そして無許可の脚色を妨げたり制約したりしようとする、ストーカーの未亡人の空しい努力である。ストーカーの死から現在まで、印刷版、短縮版、コミックや舞台、映画のための脚色など多くの書物があり、ドラキュラの文化的な影響の大きさを物語っている。さらに、このたった一つの物語への評価と批判的研究の歴史は、バンパイア現象に対する心理学的および社会学的な研究の多くを生み出した。そしてそのなかでも、脚色されたヴァージョン、とりわけ映画は、ストーカー自身のテキスト以上に『ドラキュラ』研究のための材料となっている。『ドラキュラ』は、多くの小説がその著者の手を離れるよりも、はるかにさまざまな方法でブラム・ストーカーの所有物ではなくなったように思える。こうなると、私たち研究者は、舞台での脚色や映画のビデオを提示できるようなプログラムを欲しがることになるだろう。

図書館員、アーキビスト、学者、研究者が、与えられたテキストに関連する材料を集め、そのテキストの歴史を書く場合、その成果は標準的ではあっても柔軟なテキストの処理と配列のシステムに置かれるべきである。そうすれば、続く研究者たちがいちいち最初からやり直す必要はなくなり、それぞれのテキストとの対話行為の歴史に加えられる改善、修正、知識の増加は何年もの間に成長し、新たな関心と興味に適応できるようになるだろう。

電子テキスト処理エンジンの開発者にとって、根本的な課題は次のようなことだ。すなわち、彼らは書記行為の全要素と、そこに向けられる学術性のすべてを扱うことができるプログラムの統合に向かって努力するということ、そして電子テキストの編集者は、複雑性、耐久力、アクセス可能性、美、洗練、そして学術性を、常に心に留めているということなのだ。

第3章

書記行為理論

Script act theory

どんなに曖昧な言説であれ、どんなに奇妙な物語であれ、どんなに支離滅裂な発言であれ、何らかの意味は与えられるものだ。

ポール・ヴァレリー

複雑性は犯罪ではないが、物事を暗く、何一つ明白でないようなところまで連れて行ってしまう。さらに、暗闇に身を委ねてきた複雑性は、おのれの害毒を認めるどころか、人を迷わせるような陰鬱な誤謬をまき散らす——達成はしつこさによって計られるだとか、あらゆる真実は闇でしかないだとか。

マリアンヌ・ムーア[*1]

学問の役割は明白にすることで、単純化することではない。

ジェイムズ・B・メリウェザー[*2]

印刷文学の新たな電子的再現の開発者は、コンピュータ技術者であれ、編集文献学者であれ、何をすべきか、どんなものを作り出すべきかを知るために、書記行為の本質について、もっと十全に、もっと細かなニュアンスまで理解する必要がある。書記行為という言葉で私が意味するのは、たんに文字の羅列を書いたり、生み出したりということに含まれる行為ではない。私が意味したいのは、書かれたテキストや印刷されたテキストに関連して行われる行為すべて、あらゆる複製行為、あらゆる読みの行為まで含めたすべての種類の行為である。書くことに関連する行為をめぐる包括的な見解を記したこの章が、書記行為と、電子的なアクセスやテキストの再現をめぐる刺激的なアプローチの第一歩となり、他の研究者がさらなるアイディアや実践をつけ加えていってくれることを願っている。ここで試みる概説の含意の一つは、どの刊本も、他の刊本と同じ仕方で、作品を再現しているわけではないということである。おそらくこの本は、一つの作品の特定のヴァージョンに基づいて行われる読解を奨励するだろう――一つ一つの書記行為を、現実の、あるいは潜在的な書記行為の、持続的な、おそらくは完全に理解できるわけではない時間的・空間的配置のなかでの出来事として、書記行為の一つ一つを見ていくという読解を。

「書記行為」という言葉は、私にとって最重要の主題を指している。すなわち、書いたり読んだりする行為の一つ一つにおいて、テキストの構築、そしてテキストに対する理解の構築は、どのように「生ずる」（あるいは生じない）のか。これまで、書かれたもの、とくに文学的に書かれたものは、必ずしも意味を明確に伝達するわけではないという前提から、多くのことが語られてきた。こうした見解は往々にして、文学の書き手は読者に書いたものを特定の方法で理解してもらいたがっているという考えや、読解の成功は作者の意図を充分に受け止めたかどうかで計られる（あるいは計られるべきだ）という考えを否定しようとしているかに見える。なるほど、そうした考えを否定できれば、読解を単に作品に作家が埋め込んだ意味を「取り出す」ことだと考えた場合よりも、ずっと自由な読みの領野が広がることになる。実際、そうした考え方をひっくり返すに足る理由はいくらでもある。読者の解釈は作者が作品に込めた意味によって縛られるべきだという信念は、そもそもそうしたことが可能だというのを前提としている。だが、誰もがそれを信じているわけではないし、反駁するための根拠だって存在する。書き手にせよ人間なのだから、彼らの頭や心や意識のなかで、思考や意図や意味をもっているという事実、そして、作者の頭のなかで起こっている個人的な行為へ読者がアクセスできるのは、あくまで彼らの書いたものを通してのみなのだという事実は、読解行為が作者の意図に縛られうることを疑う一つの理由となりうる。考えることと書くこととの間のギャップはあまりにも大きい。書かれた言葉は頁の上の記号でしかなく、したがって解読され、何らかの意味が割り当てられる必要があるのだという事実は、いくら書き手が特定の仕方で理解されることを望んだとしても、その希望や願望が叶えられない可能性が高いことを示している。そして読者のそれぞれが、自分なりの個人的な考えや意図やスキルをもって書かれた言葉に向かいあうのだという事実は、必然的に次のような結論へと至る。つまり、書かれたものから読み取られる意味は、それぞれの読者が使いこなせる語彙、あるいはそれぞれの読者がその影響下にあるような語彙によって構築されるのだと。

もちろん、反対の事実もある。そのなかでおそらくほとんど議論の余地がなく、また最も重要なのは、言語が社会の慣習に応じて発展するものだということだ。そのおかげで、言語の使用に対する信頼感は、社会にとって満足のいく状態に保たれる。いや、逆のいい方をすべきかもしれない。社会にとって満足のいくような言語の使用に対する信頼感が、言語が発展していく方向性を規定するのだ。言語の使用における慣習性が、前の段落で挙げた三つの事実に示された、書き手と言葉、書くことと読むことの間のギャップや飛躍を補ってくれる。しかし、文学作品が、意味を伝えることを「意図している」かどうかということは、たいした問題ではない。より興味深く、また実りが多い特徴は、言語を使い、解釈を生み出し、記号の操作を行う書き手も読み手も、それぞれがある条件《コンディション》／状況の下に置かれているということであり、その条件を詳述したり特定したりすることが可能なのだという点だ。書き手や読み手が置かれているそうした条件が、思考を表現するやり方や、読むときの理解の方法を決定する際に影響を与えていることを示すことができるはずだ。書く際、読む際の条件を特定することが可能になれば、「誤解」が理解と同様に起こりうるのはなぜ、どのようにしてなのかを理解することができるようになる。また、書かれたものが、書き手の手を離れる瞬間から不可避的に生じるコントロール不能の状態を、書き手はどのように取り繕おうとするかを理解することもできる。そしてまた、私たちの目的にとって最も重要なのは、書かれたものをデジタルで再現しようとする製作者たちが、テキストばかりでなく書かれたものの条件までも再現するにはどうしたらいいのかについても、私たちは理解できるようになることだ。そこにはたとえば、書くこと、読むことを通じて試みられるコミュニケーションの洗練化という枠組のなかで、「書かれたものの誤解」、というか理解しようとした試みの数々が、どのように生じるのかといったことが含まれるだろう。

書き手と読み手、書くことと読むことの間のギャップやずれの問題を理解するためやり方は他にもある。一つの例は、言語学からのものだ。言語が生物学的にどの程度まで脳のニューロンのなかに「配線されている」か、というのは議論の紛糾しているトピックだが、言語という手段によるコミュニケーションにおける成功の一つの指標となりうる（かもしれない）。つまり、もしも、幼児の言語習得について研究している神経学者や言語学者たちの間ではますます広く受け入れられているように、言語能力と、言語発達・使用の原則が、すべての人間に共有される生物学的な基盤をもっているのだとすれば、言語は、ある水準においては、うまく作用するということになる。この考えはさらに、神経学者と言語学者の双方に支持されている、次の見解を導く。すなわち、思考する能力は思考を言葉にする能力に先立つのであり、知覚し、分類し、一般化し、想像し、抽象概念を抱くという能力は、意味上・構文上の規則や慣習を伴う表現言語が発達するより前に存在するのだと。[3] しかし、言語についてのこうした生物学的な見方は、もっと広く認められる見解――言語とは生物学的な根本的能力を超えて社会的・文化的に発達してきたのだという見解によって、複雑化される。なるほど個人のなかでは、言語に関する生物学的能力が、思考し、思考したものを最もよく表現する方法を選択するために機能しているのかもしれない。だが、そうした能力を増大させるのは、異なる文化のなかで、個々の文化における異なる言説共同体の間で、そして個々の言説共同体の内部における異なった個々人たちの間で、それぞれに異なって発達してきた言語使用能力によってなのではないか。したがって、言語の理解の可能性は、生物学的な基本レベルでは共有されているとしても、言語の使用者によって異なる、より高いレベルの能力によって覆されるかもしれない。

注目すべきは、言語や精神／脳の学問を勉強する多くの者たちは、思考とは、言語に先立つのではなく、言語のなかで行われると考えていることである。そのせいで彼らは、話され書かれた表現が、直接的な思考の具体化であるという結論に至っている。なかには、思考や意味は、言葉による表現――心のなかで組み立てられるものであれ、発話されるものであれ、書かれるものであれ――とは離れては存在しえないとまで主張する。ただし、言語学や脳の局所的な役割についての最近の多くの実験結果は、思考を考えることと思考を表現することは、しばしば合体したり混じりあったりするものの、まったく別のプロセスだということも示唆している。[4] まず考え、それからその考えを言葉にしようとして詰まることもあるだろう。考え、そして言葉で表現して、そしてその表現を思考のなかで批判的に判断して、あらためて別の表現を選択するということもありうる。こうした行動のすべてが話したり書いたりすることに先立ちうるし、また「最終ヴァージョン」が出現する以前に、発話されたり、草稿として書かれたりということもありうる。このモデルに従えば、いくつかの表現は、心のなかで作られたものであれ、発話されたものであれ、書かれたものであれ、思考を完全に、あるいは正確に再現するという任務には不適当であり、若干の改訂が常に必要だということになる。残念ながら、話し手／書き手が、試みた表現が不適当であることに気づき、修正が必要だと理解した場合に、次のプロセスが同時に始まることがありうる。すなわち、その話し手／書き手が、その改訂の過程で新しい思考を組み込んでしまうのだ。その結果、新しい表現は、もともとの思考を単により上手に表現したものではなく、まったく新しい思考も組み込み、場合によっては、もともとの思考を完全に転倒させてしまうものにもなる。そして、もちろん、こうして改訂された表現もまた、書き手がテキストにこめた思考や意味や意図の不適当な表現でしかないということがありうる。読み手は、直感的に、テキストには、そんなふうにして欠落があるものだということを知っているかのようだ。なぜなら読み手は、しばしば自分がテキストを理解できない理由を、本来理解されるべき内容をテキストが明白に表現していないせいにするからである。誤植や、単語・語句の脱落、またはテキストの下手な改訂、下手な伝達といった原因によって。

さて、書くという過程をこのように検討してきた結果、わかったことは、テキストとは、①理解可能性という点で、人間にとって生物学的にはほとんど障害物になりえない、言語というもので書かれており、しかし、②書き手と読み手の間で共有されていない可能性のある文化的慣習や個人的経験によって、その生物学的な公分母から離れて発展し、③そのテキストを書かせた思考を正確に、あるいは完全に表現していないかもしれないものとなり、その結果、読者によるそのテキストの受容は、④おそらくは書き手の思考の部分的な理解と部分的な誤解となるが、そこには、⑤読み手にとっては首尾一貫した経験、書き手の経験とは別の、おそらくまったく異なった経験が生じる可能性が生まれる。

読むという行為における読者の願望が、⑤の状況（テキストを読んで、それの十全で適切な理解を構築できたという満足感のある経験）によって充分に満たされるのだとすれば、さらなる行動は何も要求されない。その場合、起源である書き手から解放され、心地よくあるいは効果的に読者が利用できるテキストで充分役目を果たすだろう。しかし、もし、④の状況が、自分の理解が書き手の思考や意味あるいは意図に合っているかどうかを何とかして知りたいと思うような読者を悩ましてしまうのであれば、生の、あるいは単純な、あるいは無垢なテキスト以上の何かが要求される可能性がある。どの種の付加あるいは追加措置が有効かを知るためには、書き手による一連の行為がいかに進められていったかを理解しようと努めなければならない。すなわち、思考から意味へ、そこから表現へ、そこから意図を表現する書き方へ、そこから書いて推敲するという行為へ、そして最終的には書いたものを（通常は、頭のなかの作業と結果としての製品の間を媒介する出版というプロセスを通して）読者へと送り出すこと。そうなると、そうした読み手は、書かれた状況——書き手と、時間、空間、教育、能力、人生やそれ以前の表現における経験、実験精神や模倣の傾向などの関係——が、書くことにどのような影響を及ぼしたのかを理解したいとも思うだろう。テキストの解釈にはどういった要因が関連するのかを決定しようと試みるのは、伝記作家、歴史家、言語学者、神経学者、心理学者、さまざまなタイプの文学批評家（歴史的批評家、フォルマリスト、マルクス主義者、フェミニスト、構造主義者、ポスト構造主義者など）たちの仕事であった。こうした思想家や分析者や研究者のうち、ある者たちは、作者がテキストを生み出すにあたり何をしていたのかを知りたいという願望から、テキストに興味をもっている。他の者たちは、読者の活動の場としてのテキストにより関心を抱いている。編集文献学者や、電子テキスト、ナリッジサイトの製作者は、テキストの再現における電子メディアの能力のすべてを有効利用しようというのであれば、その両方に興味をもたなければなるまい。

強調しておきたいのは、本書が、意味生成のための無数の複雑な規則について書かれたものではないということだ。そうした規則については、発話行為論や統語論や意味論や社会言語論や語用論の研究者たちによって追究され、成果が挙げられてきた。発話がいかに作用するかについて彼らが研究し解明してきたことの多くは、文学テキストに応用しうる。作者あるいは書き手がテキストのなかで「いっている」こと（より正確にいえば、読者のイメージする作者像がいっていることだが）という観点から、ある小説について語るというのは、必ずしも実りのないことではない。そして、ある小説のなかで登場人物が話すとき、読者は、その登場人物の声は、本当は少し距離のあるものであることを容易に想像できる。なぜなら、その声とは、推定上の作者によって発せられているのだから。文学批評における受容理論は、声と話者の役割との関係に注意を払うようにと促してきた。その声は作者としてか、書き手としてか、語り手としてか、登場人物としてのものなのか。それは他の登場人物に向けたものか、虚構上の読者に向けたものか、現実の読者に向けたものなのか。読者が本当の作者を読んでいるのか、あるいはそのテキストへの対応を助けてくれるように機能としての作者を構築しているのか。そういったことは、実は書記行為の状況／条件を変化させはしないということは、はっきりいっておきたい。書記行為理論が焦点を当てるのは、発話行為理論のそれとはいささか異なったものである。そしてその理由は、議論の過程で追って明らかになっていくだろう。

今までの議論において、私は、書くこととは何らかの意味の伝達であるという考え方を退けてこなかった。「ある特定の内容を伝える」というのが、文学テキストの書き手の「意図」ではないかもしれないが、「内容を伝える気がない」という意図でさえ、伝達可能だということを理解しているからである。同時に、ある特定の内容を伝えることを意図している場合であっても、多くの読者が「それを受け止める」のに失敗するという事実についてもさほど関心があるわけではない。こうしたことは、書くことと読むことにつきまとう事実にすぎず、書くことや読むことの成功や失敗、あるいは要件だとかというものではない。興味があるのは、テキストが「意図」されていない多くのことも「伝える」のだということなどではなく、書かれる状況／条件と、読まれる状況／条件とは相似形をなしており、書き手にとっても読み手にとっても同じように処理されるものだということ――たとえ、そのプロセスを経て理解されることが、作者と読者では大きく異なっていようとも――である。本当のところ、実際には誰も、それらが異なっているかどうかさえ知るよしもない。ただ一つ重要な点があるとすれば、書くことや読むことの状況／条件を理解するということだ。これによって、印刷物の電子的再現に関する要因や要素の全体と、ナリッジサイトというコンテキストでそうするための理由が明らかになる。

書記行為理論を、次の問いで始めてみよう。もし、発話、すなわち会話や、メニューを見てディナーを注文することから宇宙旅行ツアーの相談にいたるまでの、顔を突き合わせて行う交渉などが、時間や場所、話し手や聞き手などのコンテキストと結びついて意味が決まっていくというのであれば、なぜ書くことはそうではないといえるのか、書くこととそれはどう異なっているのだろうか。書記行為理論は、発話行為理論――口頭でのやりとり（話すことに限らず聞くこと、さらにはおそらく理解すること）におけるコミュニケーションはいかに成立するのかという分析から始まった学問の一分野――からの類推にアイディアを得ている。*5 発話行為の理論家も、もちろん、書かれたコミュニケーションに大いに興味を抱いており、話すことを第一の形式、書くことを発話の派生的あるいは二次的なあらわれとみなすことの効果について議論している。それら二つを対等な、むしろまったく分離した行為でありシステムだとは考えていないわけだ。けれども私は、話すこと／聞くことと、書くこと／読むこととは、同類というよりも別種の活動として区別することが重要だと考えている。しかし多くの人々は直観的に、これらを、同じ一つの種類の行為、技能、あるいは振る舞いの二つの形式とみなしている。たとえば神経生理学者ウィリアム・H・カルヴァンは、『ニールの脳との対話――思考と言語の神経に基づく性質』において、書くことが話すことの一形式――おそらくはより人工的な形式――であるかのように、こう述べている。「書かれた発話は、本物の発話《リアルな》においては存在する、冗長な手がかりの多くを欠いている」。まるで書くことが、話すことに比べて単にリアルさが足りないだけのものだと考えているようである。「私が話すとき、私の声は上がったり下がったりする。私の顔の表情も変わり、手を振ったり、肩をすくめたりもする。これらが付加的な情報となる。一方、読むときには、書かれた言葉だけが、得られる情報のすべてである」[*6]。同様に、言語学者レイ・ジャッケンドフは、聴覚パターンを音韻構造へと転換させるメンタルプロセスが脳の異なった部分で起こることについて述べる際に、書くという、似てはいるが異なるプロセスへと話を転じて、書くこともまた発話の一形式であるかのように論じてしまう。「書くためのアルファベットのような言語も、基本的には音韻的構造をコード化したものである――人は〝語を発音する〟ことを学ぶのだ（……）」[*7]。ジャッケンドフはすぐに、このアナロジーのやっかいさに気づいたようで、まずこう付け加える。「もちろん、そのコード化は完璧ではない。英語のスペルは、ことにその特異さで悪名高い」。そして、念の入ったことに、脚註で説明する。「漢字のような非アルファベットの書記システムも、［メンタルな］変換プロセスを必要とする。ただこの場合、インプットが視覚システムであり、アウトプットも、ひょっとすると音韻的構造ではなく構文的構造なのかもしれない」。この但し書きは、書くこともまた音を伴う発話の一形式だとする本来の主張の価値を台無しにしているように思う。この註釈は、話すことと書くことを、脳の異なる部位で行われる別々の機能とし、別物として解説する場合にこそ効果的ではないのか。もちろん、書くという行為は（歴史のなかでもはや失われてしまった）最初の書き手による最初の書き込みから現在にいたるまで、テキストの創作者が存在していない時間や場所においても「語る」テキストに、相対的な永続性を与えてきた。とはいえそれは、私には、発話とは根本的に異なっていると思われるのであり、その詳細は以下で論じることになるだろう。そして、書くこととは、書記行為処理の最初の部分にすぎない。読むことや理解することもまた、対等な、必ずしも対立してはいないパートナーである。そしてこのことは、テキストの創作過程については何も触れていない。

おそらく、発話との対比において、書くことがもつ最も明快な相違点とは、そこにはイントネーションもなければトーンもないということ、また顔の表情もなければ、明示的に言葉で表現されたものを除いてはジェスチャーもなく、リズムも、アクセントもなく、ピアノやフォルテやアダージオやアンダンテといった音楽的指示もないということであろう。書き言葉では発話のこうした側面が失われることを、逆の面から驚くべき形で示した例がある。すべての言語外の要素を保持しつつ、言葉だけが失われたというタイプの失語症の症例だ。オリバー・サックス博士は、失語症患者たちが語彙を喪失していることを認識することの難しさを描いている。患者たちが、言語の理解力をいまだ持っているかのように、普通の言葉で彼らにいわれたことを理解しているように見えるからだ。博士は、その現象を以下のように語る。

したがって失語症と見きわめるために、神経科医はきわめて不自然に話したりふるまったりしなければならない。視覚的な手がかりだけでなく、言葉に付随する手がかりすべてを取りのぞくためである。視覚的手がかりとは、表情、ジェスチャー、ほとんど無意識のうちに出てしまうくせや態度をいう。言葉に付随する手がかりとは、声の調子、イントネーション、示唆的な強調やくせや態度をいう。これらの手がかりすべてを取りのぞかねばならないのは、発話を純粋な単語の集合体にするためで、フリーゲのいう「声の色あい」（あるいは「エヴォケーション」）をまったく排除するためである。そのためには、話し手の素性をかくし、声を非人格化し、コンピュータによる人工音をつかうことさえある。とりわけ感受性のすぐれた患者の場合は、

『スタートレック』に出てくるコンピュータのように極端に人工的で機械的な発話を用いて、はじめて失語症が確認できるのである。[*8]

最後の部分を、「書き言葉のように極端に人工的で機械的な発話を用いて」といいかえることもできるのではないだろうか。もちろん失語症は、話された言葉への理解が失われるという形で発病するのだから、これを実際に試してもうまくいかないだろう。しかし、発話の言語外の要素への記憶力と、おそらくは強化された感受性とについて、サックスはこう語る。「彼らには嘘をついても見やぶられてしまうということだ。失語症患者は言葉を理解できないから、言葉によって欺かれることもない。しかし理解できることは確実に把握する。彼らは言葉のもつ表情をつかむのである。総合的な表情、言葉におのずからそなわる表情を感じとるのだ。言葉だけなら見せかけやごまかしがきくが、表情となると簡単にそうはいかない」（邦訳、一五五頁）。

サックス博士が描くエピソードで特に驚かされるのは、失語症の、言葉は理解できないが表情への感受性は維持している患者と同じ病棟にいる、完全な失認症に苦しむ女性についてである。この女性は、語彙も構文も意味も正常に保っているのだが、言語外の手がかりに対する感受性をすっかり失ってしまっていた。そして、それゆえ、怒り、喜び、悲しみといった、言葉そのものから離れた情緒や感情を認識する能力がなかった。彼女は、言葉を、表情や感情や理解なしに、ただ、スペリングによって示されている言葉とカンマや点によって示されている区切りだけで頁上の言葉を読むかのように聞いたのである。サックスが描くのは、病棟の患者たちが集まって「大統領の演説」を見ている光景である。言葉を理解しないが感受性の強い失語症患者たちから笑いが巻き起こる。なぜなら、彼らはみな大統領が嘘をついていることを知っているからである。そして完全な失認症の、語彙はあるが感受性のない女性の方は困惑を示す。なぜなら大統領のいっていることに論理的一貫性が欠けているからである。そして、看護師や医者たち——言葉と感受性の両方を持っている者たちに対してだけ、「適切な」、意図されたとおりの効果が生じた。つまり、大統領の演説をつじつまも合っているし、説得的でさえもあると受け取ったのである。だが、失語症病棟の話から、サックス博士は、次のように結論づけるのだ。「われわれ健康な者は、心のなかのどこかにだまされたい気持ちがあるために、みごとにだまされてしまったのである（「人間は、だまそうと欲するがゆえにだまされる」）。巧妙な言葉づかいにも調子にもだまされなかったのは、脳に障害をもった人たちだけだったのである」（邦訳、一五八頁）。

　私は、このアナロジーが、書かれた言葉から何が失われたのかをはっきりさせるのに有効だと信じている。だが、高度なスキルを持つ、読むことに慣れた読者は、巧みにかつ明晰に、書かれた言葉から失われた話し言葉的な部分を補う。読書の際に非言語的要素を加えるという行為は、私たちの多くにとっては、ほとんど無意識のものといえるほどである。とすれば、読むという書記行為がいかに行われるのか、話し言葉に比べての書き言葉の貧しさを知る書き手は、どうやって失われるニュアンスを補おうとするのか、あるいは補わずにすませるのか——なぜならそうしたニュアンスは、いわずもがなの、いや、書かずもがなのものとして、通じることが期待できるからだ——そういったことを検討するのは、有意義ではないだろうか。

　英語の書記法が、イメージを再現するような絵文字的なシステム（中国語やヒエログリフや聴覚障害者のための手話の一部がそうであるような）ではなく、話し言葉の音を再現する表音的なシステムとなったのは、歴史の偶然なのかもしれない。厳密に表音的なアルファベットの言語を使う私たちは、ほとんど感覚的に、話し言葉の音が、書かれたテキストによって記録され、再現されたのだとみなす。それに対して絵文字［表意文字］は、パラレルではあるが異なる形の伝達・理解の形式、しばしば音の段階を抜きにして言葉が伝達・理解されるという形式を示している。だが、私たちの感覚的な理解とは異なり、書かれた英語を視覚的な意味論というか記号のシステムとして見た場合、話し言葉の音よりも、絵文字的な書記法とより多くの共通性を有しているのではないだろうか。書かれたテキストは、非音声的な文字、あるいは部分的に非音声的な文字の方と共通点が多く、実際の話し言葉とは異なるものなのだ。だから書かれたテキストは、複製されることによって、多様な声で同時に「話す」。話し言葉にとって、それが生まれた時間や空間は制約だが、書き言葉にとって、生まれた時間や空間は制約にはならない。もっとも、話し言葉の場合と同様、書き言葉が読まれるたびごとに、はっきりと認識される要素ではあり続けるのだが。ラジオとテレビ、そして音声録音技術の誕生は、発話者がメッセージを発信する際に距離と時間を超えることを可能にし、したがって書き言葉や印刷の伝統と類似点をもっている。ちょうど、電話や電話会議コミュニケーション、離れた場所の個人や小さな集団の間の「リアルタイム」な双方向のコミュニケーションを可能にするものの発明と同様に。これらの類似点は、とくにコミュニケーションがいかに失敗するかを探求する際に重要である。ただし、私の主題は主に書かれたものと印刷されたものであり、音声言語の形式に言及するのは、アナロジーや対比を見いだすためにすぎない。ここからは、発話行為ではなく、書記行為が議論の焦点となる。

本書で展開される書記行為理論は、読むことと書くことについて、二つの、広く同意が得られているとはいえない前提を採用している。一つめは、書かれた作品という概念が、以下の三つの考え方を含んでいるというものである。まず、文学作品とは、それが物質的な形を取ったもの（テキスト／本）の一つ一つにおいては、部分的にしか再現されないということ。次に、ある作品――たとえとても長いものでも――のどんな時点においても、読者はその作品の一つ以上のヴァージョンを同時に引き受け、扱うことができるということ。そして最後に、前の二点、すなわち作品の具体化したもののそれぞれは部分的でしかないという認識と、一つ以上のヴァージョンを同時に扱おうとする試みは、書かれたテキストを理解する方法を変え、高度にするのだということである。このように考えることによって生じる主な効果は、逆説的だが、任意のテキストを過去における特定の書記行為の証言として受け止める意識を高めることが、そのたびごとに現在における新しい書記行為となるもののなかで行われるということだ。

書記行為理論の中心となる二つめの概念は、どんな作品にせよ――数行以上の作品ならなおのこと――読むという行為は、いちどきに全部が行われるわけではなく、夜間に懐中電灯をもってカヌーで長い川を下るようなものだということだ。関心の焦点は、常に光のあたる先にあり、目的は、鋭敏な目でもって読むというか漂うのだ。おそらくは、いま限られた視野のなかに見えるものを、過ぎ去ったものの記憶や、来るべきものについての期待や推測と結びつけながら。この川下りのイメージは、ジョイス・ケアリーが人生という喜劇のあり方を表現したくだりから借用している。だが人生とは異なり、書かれたテキストは、何度でも読むことができる。そしてまた、初めて読むときでさえ、待ち構えている何かについての少しの記憶とともに、明かりの焦点をあてる。このアナロジーの要点は、書記行為理論は、全体としての本の理解ではなく、一度に一つだけの語・フレーズ・文・パラグラフ、あるいは一つだけの場面を書きあるいは読むという、時間的・空間的に限定された行為のプロセスに関わるのだということだ。もちろん、その焦点は、全体としての作品の意味や歴史の意味、また現在の意味などを含むコンテキストを有してもいる。しかし、いくつかの特定の行為に焦点を当てることでさえ、始まったばかりの試みにとっては充分に複雑であろう。

私のいう書記行為理論は、電子的な学術編集版を構築する、あるいは「インフラを構築する」ためのデザインを概念化する土台となることを目指している（第4章を参照のこと）。いささか単純化しすぎるが、たとえ話をしてみよう。読者はある本、たとえば『アンナ・カレーニナ』、『大理石の牧神』あるいは『評決のとき』のある版の一冊を選び、普通は、その一冊が充分に、あるいは少なくとも適切に、作品を表現しているかのようにそれを読む。その際、新しい装丁やマーケティングなどはいうまでもなく、翻訳という行為さえ考慮に入れることはまれである。書記行為理論は、ある作品の刊本のどの一冊も、独立した三種類の書記行動の場として機能することを強調する。その三種類の書記行為とは、それぞれが他のものをいくぶん阻害しあうものだ。すなわち、著述、製作、そして読解である。あるテキストの刊本は、それぞれが足跡 spoor であり拍車がけ spur である。つまり、著述と製作によって足跡を残していき、読むことによって、それらの跡を一貫した、あるいは少なくとも満足のいく方法で理解するように拍車をかける。[*9] この考え方は、それ自体、人が本を読む方法を変えることができる。この特定の場所と時間において、ある作品のこの一冊を読むという行為の特性に意識を向けさせることによって。その作品は、他のどこかでは、多くの他の（少々変形された）コピーでもって、他の多数の書記行為、似通ってはいるものの、それぞれ独特の書記行為の現場に立ち会っているのだ。作品の生成や制作や受容が重要な側面となるような文学研究のために、書記行為理論は、作品を一連の歴史的な出来事と考え、その痕跡が、草稿や校正刷や本や改訂や再版や翻訳などに記録されていると考えるための理論的枠組を提供する。

慣習——いった／いわない、意図した／理解した

文字言語を産出する人間が、目の前にいない受け手とコミュニケートするのを可能にしている書くことの慣習は、簡単なものではない。文字による伝達に長けた人々は、幼児期や青少年期に少なからぬ時間を読み書きに費やし、大人になってからも、自分たちの言語やその書かれた形式のさまざまな新しい側面を学び続ける。価値観、経験そして個人的な言語能力というのは、一人一人多種多様である。そして時が経てば、人々の集団もまた、

価値観、経験、能力が同様に異なっていく。参照枠組は、色あせ変わっていくものである。テキストは変わらなくとも、それは新しい外見をまとい、その外見や読む人々の環境の変化に応じて新しい意味を支持する。そして、英語のような一つの言語のなかにおいても、これらの慣習は、永続的ではなく、普遍的でもなく、きわめて単純というわけでもない。記号や記号体系の用法や意味は変遷していく。言葉自体もまた、その慣習や意味において変化する。たとえば、若い女性が、男の人から交際を申し込まれていることを父親に告げるとしたら、一九世紀のイギリスであれば、he had been making love to her だが、二〇世紀であれば、he had declared his desire to court her といわなければならないだろう。もし彼女が本当に父親に向かってそんなことを口にするのであれば、だが。時間の猛威に加えて、複製されたテキストは、常にそのオリジナルから、語彙的にも、視覚的にも、そして素材的にも異なっているという点、そしてそれらの相違は意味の生成や理解に影響を与えるのだという点も注意しておく必要がある。

書かれたテキストをめぐるこれらのかなり明白な見解が結果としてもたらす解釈は、文学作品の分析のなかに繰り返し記録されて、書かれたテキストが話し言葉とはまったく異なる方法で機能するということを議論の余地なく示す。こうした見解への最もラディカルなアプローチは、おそらく「脱構築」として知られている。脱構築とは、読む方法ではなく、それゆえ脱構築主義者や脱構築批評なんてないのだ、ということがいわれている。[*10] 脱構築とはむしろ、書くこと／読むことにおいて常に生じている出来事である。とすればこの概念を批判するのは不可能だということになるだろう。なぜなら脱構築は、テキストであることの所与の条件——そこでは、決定的な意味が絶えず横滑りし、しかもその意味は、異なる事柄の関連において発生したり消滅したりするように見えるという事実によって掘り崩されていく——として、提示されているからである。だとすれば、脱構築は、テキストの性質を描写する方法論、あるいは少なくともその一つのやり方として有効だろう。脱構築が生じていると認識すること、あるいはそのように主張することは、多くの読者の直観に反する、書くことにまつわるある側面を強調していることを意味すると思う。テキストの脱構築的分析は、それらがどのように構築されているか、何がその構築をその形にしているのかを示す。そのために、テキスト構築のイデオロギー、前提、無意識的側面が、テキストの含有物とギャップ、成功と失敗を露呈させるさまを明らかにする。これらの失敗は、必ずしも、著者に言語を操る能力が不足しているがゆえではない。それらは単に、言葉そのものの「意味のずれやすさ」の結果であり、誰も十全にはコントロールできないたぐいのものなのである。自らの方法論としての完全性を示すように、脱構築はまた、テキストの構築を分析しようとするそれ自身の試みさえも単なる再構築であり――そこで分析される言葉とは、結局のところ頁の「上」のものではなく頁から「離れて」いるのだ――分析の対象は、まさにその分析するという行為を通して遠ざかっていってしまうものだということを認めている。ラディカルな脱構築主義者は、すべてのテキストは失敗し、すべての書くことは間断ない失敗であると考えるけれども、この「事実」は、したがって意味の価値をおとしめるものではない。ただし、それが「明らかにする」意味は、おそらくそのように理解されることなど「意図されて」いなかったような、あるいはテキストが発生した時点では単に理解されていなかったような意味だというのがしばしばなのだけれど。脱構築は、「著者の意図」、あるいはフランク・カーモードがかつて「自発的な意味」と呼んだものを目標としていない（どころか、その優先権さえ認めない）ため、一部の読者にとっては、テキストに対する敵意をもったアプローチのように見えてしまっているようである。しかし、テキストへの敵意は、脱構築に固有のものではない――敵意ある批評家が使うと、脱構築は実にパワフルな道具ではあるが。この考察における私の目的においては、脱構築は、書かれたコミュニケーションがどのように作用する（あるいは、しない）かを検討する際、その内実を明らかにする分析道具として有効であるのと同時に、部分的で不十分ではあるものの、書記行為において従来説明されてこなかったことを明らかにするための道具でもあるのだ。

いわれたことといわれていないこととの間の差異、そして意図されたかもしれないことと意味しうるかもしれないこととの間の差異に意味を見いだすという点において、脱構築は、私の関心と矛盾しないどころか、本質的には一致してさえもいる。しかし、私の関心とは異なり、脱構築はなによりもまず、社会的プレッシャーや言語それ自体のずれ、そして作家が無意識のうちに前提としているものが、書かれたものの表面上の意味を、転覆し、拡張し、あるいは否定するという側面に関心を向ける。脱構築はまた、それが著者というものについてのある前提を持つことから始めるという点で、私の関心に、一致はしていないにせよパラレルである。脱構築主義者は、通常、テキストに対する「著者の権威」を否定するところから始めるが、それだけではなく、著者あるいは書き手といったものについて、ある想定をすることからも始めているのだ。その想定とは、書き手が、エクリチュールのいくつかの側面に対して盲目である（そして、脱構築主義者はそれを探り出す立場にある）、ということだ。その可能性は認めよう。しかし、著者というものについての私の前提は、書き手はしばしば、自分がいっていることと同様、いっていないことに対しても非常に意識的であり、熟練した操り手であるというものである。私は、言葉の器用な使い手の全員が、そして不器用な使い手の多くが、ものをはっきりといったり書いたりする際には、その間接的で秘められた「意味」が、はっきりといわれたり書かれたりしていないこととの関連において、「伝わる」ことを「意図している」のだと考えている。なぜなら、そうした［はっきりと言及されないような］言語における沈黙／不在の要素は、期待される受け手にとっては「いわずもがな」のことだからだ。

要するに、脱構築と書記行為理論には二つの共通点があることになる。すなわち、意味とはいわれたことといわれないこととの差異から派生するということ、そして、批評とは書き手についての仮定（付け加えるなら、立証不可能な仮定）から始めるのだ、ということである。著者とは、意味に対する権威を示す概念としては死んでいるのかもしれない。しかし、この誇張されて喧伝された「作者の死」は、解釈的行為における著者の役割を排除するわけではない。著者は（少なくとも）二つの形式において重要であり続ける。社会的存在としての読者は「本当」の意味を求めて、著者の墓のなかへ行き着こうとし続けるし、また、読者は、自分たちの作り出した機能としての著者と「本当」の著者を置きかえようとするのである。最初のケースにおいて、読者は不可能な課題に挫折するかもしれず、後者においては、誰もが納得のできる代替物を構築することに失敗するかもしれない。本当の著者は、「意図」を補償する存在としては、たとえ生きていたとしても、近づくことは不可能かもしれない。ところが、このことは、書くことにおける「著者の本当の意図」の機能の価値をおとしめることにはならない。「著者の本当の意図」はそこにあり、差異を生み出す。そして、洗練された読者は、自分たちの読解行為が、自ら作り上げた代理としての作者の機能に基づくものであることを充分意識しつつも、それでもその作者像をできるだけ実物に近いものとして思い描こうとするだろう。素人の読者にせよ、プロの読者にせよ、不在の著者がまるで頁から語っているように書かれたテキストを扱うという点では、同じといえなくもない。素朴にであれ、洗練された形であれ、そうしたことは行いうる。おそらくたいていの読者は、著者が書かれたテキストのなかで、あるいはテキストを通じて、話しかけているように思えるという感覚を証言することができるだろう。私の目的は、こうした見方をする人々を、迷信から解き放つことではない。そのような常識的な見方は、たとえ、書かれたテキストとはそれ以外の方法で、そのうちのいくつかはその常識的な見方とは対照的な方法で、機能するのだということを、どれだけ証明されようとも、読者の経験の要素として残り続けるものなのだ。

私の意図は、書記行為のあらゆる側面に深く新しい分析を加えることでもなければ、高度な専門知識を要する既存の学問分野についての概説を行うことでもない。かわりに私が望んでいるのは、書記行為に含まれる重要な要素のネットワークを、わかりやすい仕方で描くこと、そして、書くことによる伝達行為のための企ての複雑さと多様さを俯瞰するような図を提供することである。私が探ろうとするのは、個人個人の読むという行為が、いかに巧妙に、書記行為の一つの、あるいはもっと多くの要素を取り上げ、焦点を当てているのかということであり、同様に、他の点については、取り上げたり考慮に入れたりするのにいかに失敗しているのか、ということである。多くの読者は、そのための用語や概念についてよく知っているはずだ——読むことを学び始めた最初から、それらを勉強し、使っているという理由からだけでも。しかし、リテラシーの発展のほとんどは、言葉を使っている読み手や書き手の技能を向上させようと企図されたものであり、その結果、使っている方法への、すなわち読むことを透明な活動としている方法に関心を向ける必要性を減じさせている。ここでの目的とは、反対に、熟練した言葉の使い手が、文字の意味や影響を追求する過程で、ふつう何気なく見ている、あるいは自動的に、意識することなく使っているシステムや慣習にもっと多くの注意を向けさせることである。そうすることの先にある目標は、印刷された文学の電子的再現に適用させることのできる書記行為の機能を明示することである。

時間、空間、物質性

動詞としてのライティング（書くこと）と名詞としてのライティング（書かれたもの）、すなわち、技能を必要とする行為と、物質的な成果の両方が、どのように時間、空間、物質性といった概念と関係しているのかについて探求するために、新しい特別な用語はほとんど必要ない。「ライティング」を、時間、空間、物質の観点から見るということには、書くという行為の瞬間の状況だけでなく、書かれた記号の時間を超えた物理的な永続性、そして異なる時間、異なる場所、異なる物理的形式で繰り返され多様化される受容の行為の状況も含まれている。

たいていの読者にとっては、書く行為や読む行為が生じるコンテキストの多様性を考慮するということも、新しい試みではないはずだ。ただ、一部の読者には、コンテキストという考え方の広がりを理解するのは、難しくはないにせよ、慣れないことかもしれない。ここでいうコンテキストとは、書記行為（著述、製作、読解）のなかの歴史的、経済的、政治的、地理的、伝記的要素だけではなく、テキストそれ自体のドキュメントが持つコンテキスト（執筆、改訂、製品化、再製品化、流通、受容）といった流れで辿られる、原稿と刊本の生成の歴史の展開も含むからだ。書かれた作品とは、何らかの形で記録されたドキュメントとしてのテキストの形で表れる。手書きの草稿や別の版のように、作品がまとうさまざまな形式の歴史として、そして読者が書き残した反応として。こうした生成的なコンテキストは、時に作品のスナップショット（個々のヴァージョンがそれぞれにある種の完全さを示している）を飛び飛びにつなげたものとして、作者の心境の変化、あるいは受け手やマーケットの変化といったものに促されて、それぞれの時点で変更された意図との関連において眺めてみると有意義かもしれない。またはこのコンテキストを、作品が衝動的に生み出される発端から、ある完了されたゴールへの展開、つまり継続的な創作の過程で進化していくような、流動的な存在として見るというのが、時にはさらに有意義かもしれない。

偶発的な歴史的、個人的、文献的なさまざまなコンテキスト——それらは書かれたテキストの意義（機能的な意味）に影響する要素を踏査する過程の始まりにすぎない——に加えて、書くことのさまざまな形式、とりわけさまざまな文学形式は、ジャンルとテーマの両面において、書くこと、読むことの双方に関連するコンテキストを形づくっている。「インターテクスチュアリティ」という言葉は、一部の読者にとっては、目新しい用語かもしれないが、そんな術語がなくても、目の前にあるテキストのなかに、構造、引喩、応答、あるいは不安といったものを通して、それ以前の複数のテキストが含まれていることを、たいていの読者は充分に経験済みのはずだ。インターテクスチュアリティとは、昔の文学作品の影響のもとで、新しい小説や詩や戯曲が書かれ読まれるという、継続的な文学的会話を指す言葉である。それはまた、文学作品とは、来るべきものに影響を与え、またそれによって影響されるものだということも表している。それが注意を向けるのは、一つのテキストが、別の新しいテキストによって、必ずしも最初に書かれたり生み出されたりした時には想定されていなかったような形で、形式、テーマ、文体、議論に対してコメントを加えられ、反応を返されて、結果として意味を変えていくということだ。

文学作品のテキストの生成、あるいはそれに続くテキストの再物質化がもつ社会的、ジャンル的、テーマ的、歴史的コンテキストに関与する受容行為〔読むこと〕は、不可避的に、それ自体がコンテキスト化のもう一つのタイプを付加する。それはすなわち、個々の読者にそれぞれ特有の、読むという経験そのものである。確かに読むことは、読み書きのできる人間にとっては単純でほとんど本能的でさえある活動だという面がある。だが別の点では、作品の生成や出版や再出版を促した動機よりも、はるかに文化的で歴史的で思想的な次元を備えた、非常に複雑なものにもなりうるのである。

テクスチュアリティの多くの側面は熱く議論されている。テキストが意味しているのは、著者が意味させようと意図したことだけであり、賢い読者や敵意のある読者、あるいは意地悪な、または能力のない、または非社会的な読者がそこから読みとろうとした意味ではないという常識的な見方も少なくはない。著者の意図についての立場がどうであれ、次の二つのことは、かなり明白だろう。一つは、テキストの解釈を支配する要素としての意図という概念にいかにラディカルに反対したとしても、意図を持つ行為者〔作者とは限らない〕によるある種の意図の存在は、いかなる読解行為においても避けがたいものだということだ。テキスト自体は、意図ももっていなければ意味ももっていない。それは、無生物の物理的現象である。もしテキストが目的をもっているのだとすれば、そこに著者がそれを与えたか、さもなくば読者によってそこにあると考えられたからである。第二点。正確に意図を確定し説明しようという試みは、たとえそれがそのテキストに向けられた読者や註釈者の意図だったとしても、完全かつ最終的なものとしては達成できず、実現もできないということである。著者と読者のあいだを分かつ溝を共感によって越えようとする読者でさえ、コミュニケーションを減じさせる「著者の死」という事実から逃れることはできない。書かれたテキストの意味が、その起源あるいは創作者の推定上の「意図」を越えて拡散していくさまざまなあり方を無視することは誰にもできない。とはいえ、こうした見方にしても、テキストの自律性を確証するには不充分だ。なぜなら、この観点に対抗する、次のような事実があるからだ。すなわち、「解釈の要素としての意図」を認めないような、最も強情な敵対者でさえ、テキストに意味をもたらす行為者を仮定的に構築せざるをえないという事実が。著者は、どんなに努力したとしても、意味を支配することはできなかったし、あるいは彼らは進んでその支配権を放棄してしまったのかもしれない。いずれにせよ読者は、意識的にせよ盲目的にせよ、著者性や意図といったコンセプトを発見したり、作り出したりすることによって、書記行為における権威をめぐるゲームに参加しており、そのうえで、その権威を無視したり、逆らったり、受け入れたりしているのである。読者が書き手の意図を、無関心からにせよ、悪意をもってにせよ無視できるという事実は、書かれたものが意図された意味をもたないものだということを示してはいない。一方、読者が友好的に書き手の意図が何であるかを突き止めたがっているという事実は、彼らがその探求に成功できるということを示してもいない。

ここで少し立ち止まって、確認しておきたい。いわゆる「［著者の］意図重視派」の編集文献学者は、著者の意図というものについて、ここで述べてきたよりも繊細なライン引きをしているのだということを。彼らは、「意図の誤謬」に陥っていると広く非難されているけれども、その批判は曖昧だし、おそらくは的外れである。意図の誤謬とは、著者が評価されたいと意図したものに従って作品を評価すること、あるいは著者が意図したとおりにその成功を判断すること、あるいはテキストが著者の「心のなかに」もっていた意味をうまく伝えていると信じることを指している。編集文献学者は常に、こうした曖昧で錯覚をおこさせるような意図の概念を避け、そうした意図を決定したり拒絶したりすることは読者の側に委ねてきた。とはいうものの、手稿や下書き稿やゲラや印刷物といった物理的な証拠によって、その頁上にあるeらしき文字が、どうやらiを意図したものらしい、あるいは冠詞が脱けているのはうっかりミスらしい、あるいはある略記が、印刷の段階ではその文字で始まる何らかの考えとしてきちんと全部表記されるはずだったらしい、といったことが示されている場合には、編集文献学者は、そのテキストはこうあるべきという著者の意図を実現させる充分な理由を有しているのである。単に「実際に書かれたもののみを転写」しようという試みにおいてさえ、頁上のしるしが何を「意図した」ものかについての批判的な判断を含んでいる。さらにいえば、手稿での著者の明らかな仕業が、第三者である編集者や植字工によって変更されているとき、編集文献学者は、著者の言葉とテキストの変化に関わった著者以外の行為者による言葉との間で、何らかの明確な選択を頻繁に行っている。そして、著者の考えを見抜くという思考を拒否し、代わりにドキュメントに忠実であることを選ぶ編集文献学者は、その選択により、著者とテキストの変更の別の行為者との仕業をミックスさせた読解の組み合わせに頻繁に関わることになるのである。このように、選択しないという選択であってさえ、そこにはすでに必然的に解釈的行為を伴う。意図のレベルにおいては、いかなる編集行為も、そこに何らかの意図が含まれることから逃れようがない。しかし、これはいま問題にしていることから少し外れた事柄である。

多くの批評家が、「作者の死」に反応して、本質的なふるまい自体は変えないものの、話し方を変えて、「著者の意図」や「著者の意味」という言葉の代わりに「テキストの意図」や「テキストの意味」という言葉を使い始めたのは、意義あることである。似たようないいまわしに、「文の意味」や「発話の意味」というのがあり、それらは「発話者の意味」という語の対義として、より好まれて使われているが、その理由は、前二者の方が、意味の行為者としての人間の意図を脇に置いている感じがするからである。そして、だからこそ私は、テキストは意図ももたなければ、意味ももたないという主張を繰り返すのである。人間だけがそれを持つのであり、著者がそれを持ち、植字工や読者がそれを持つのである。ところがテキストは、知覚力のある行為者が働きかけないかぎり、不活性なものである。身体性のない意図あるいは人間的な行為者から独立したテキスト固有の意味といったものを仮定したとしても、単に曖昧模糊とした概念にしかならない。[*11] もちろん、読むことの慣習あるいは「ルール」は、読者に、所与のテキストから好き勝手に意味を引き出すことを禁じているのだが、想像力と愚かさが結びついて、ときおり驚くほど説得力のない読解を生じさせることもある。

書かれたテキストは、ドキュメントの基本的なレベルにおいては、何らかの配置の法則（文法）に従って並べられた記号あるいは符号のシステム（多くはアルファベット）からなる分子（通常は紙とインク）で成り立っている。つまり、それらは、単語や文や節でできているわけではなく、それらの概念は、人間がそのドキュメントにインクで残された記号の配置から理解したものを指している。著者は、単語や文や節を生み出す法則に合うような慣習的パターンにしたがって記号を配置する。出版者やそれを助ける者たち（編集者や植字工や印刷工など）は、著者が成したものを、複製し、標準化し、美しくし、数を増やして、新たに紙とインクで成り立つ多くの物体を創り出す。彼らにそれができるのは、彼らが、テキストの印刷や伝承についてのルールや慣習に通暁しているためである。[*12] これらの物質としてのモノを受け取る読者は、認識できるパターンを目にしながら、自らが学び、かつ著者や出版者たちとも共有しているルールや慣習に当てはめて、意味を構築する。こう考えていくと、著者によってコード化され、出版者によって配布され、読者によって受容される意味のコミュニケーションは、かなりの精度で予測可能な、すっきりしたプロセスであるかのように見える。複製の際に書き損じや誤植などの間違いにさらされやすいものではあるけれども。

これがそのようなすっきりしたプロセスでないことは、テキストを誤解し、後になってから誤解が起こったことを悟った経験のある者には明らかである。おそろしいのは、私たちが理解していると思っていることのうち、いったいどれだけが、後に誤解だと判明することになるかがわからないということだ。さらに悪いのは、前に思いこんでいたのは誤解だったと新たに理解したとしても、その新しい理解もまた誤解でないことを知る確かな方法は何もないのである。

書かれたテキストがいかに作用するかをめぐるこの議論は、プラトンの時代から私たちの時代まで繰り返されている。プラトンは、著者とは自分の書いたものが何を意味するのか尋ねられてもしばしば不明瞭にしか答えられないものだと記し、それゆえに著者は自分が何をしているかをはっきり認識しているというよりは、インスピレーションによって書いているのだと結論づけた。[*13] だとすれば、著者は何を意味しようとしたのかということや、その作品は誤解されたのか否かといったことを追求することは、無駄なように見える。おそらくは、だとしても、著者が無意識にせよいったい何からインスピレーションを得たのかといった観点から意味を追い求めることには、依然価値があるのかもしれないが。プラトンはさらにこう記している。ひとたび書かれたテキストは、不適切な、何も考えていない読者によって読まれ解釈を受けることで傷つけられやすいものである、と。そういう読者とは、そのテキストから、本来彼らが受け取る資格がない知識を得る者であり、あるいはまた著者によって「そこに置かれた」わけではない意味をでっち上げようとする者であり、そもそも適切な――あるいは、慣習に正しく従うことのできる、というべきだろうか――受け手には読み取れないような意味を創り出しているような者である。[*14] つまりプラトンは、著者が自作について特別な知識を持っていることを信じておらず、テキストがエリートによって支配されることに賛意を示していたのである。

プラトンは、テキストにまつわるさまざまな困難のうち、二つの要素を取り出してみせる。そうしたさまざまな困難のせいで、人々は、テキストは決定不能であり、自律的であり、あまりに多面的なために「誤解」することなどありえない、なぜならあらゆる解釈が必然的に誤解である以上、どれも正解と同じ価値を持つのだ、等々の考えを抱くようになったが、プラトンはテキストについてのそうした現代的な考えを採らなかった。彼は、その他の人々がしたように、書くことや書かれたテキストを、「正しい」読み方を知っている、同質の精神を持つエリートの解釈共同体の内部に留めておくことを良しとしたのである。プラトンは私たちにとって愛すべき存在だが、真理はもっとそうだというわけだ。

二〇世紀の学問の世界、ことに大学の哲学科や文学科では、書かれたものがどのように作用するか（あるいはしないか）について考えることは、知的な議論と縄張り争いがごたまぜになっていた。当時を振り返ってみると、現代の学者は彼らの議論をあまりにも単純化しすぎ、誤解しているように私には感じられる。しかしそうはいっても、要するに、書かれたテキストは「歴史的な出来事のコンテキストのなかで読まれて」こそ理解されうるのだという主張は、二〇世紀の最初の数十年に文献学を支配していた研究活動のなかで、使い切られてしまったといえる。同様に、書かれたテキストはその著者が誰であるかを知ればよりよく理解できるという見解は、世紀半ばの伝記的批評や精神分析的批評による研究活動のなかで使い切られてしまった。早くも一九二〇年代から始まっていたニュークリティシズムと実践批評は、同時代の主潮に抗い、歴史や著者に向けられていた注意を、テキストに集中させようという試みだった。ウィムザットとビアズリーのエッセイ「意図の誤謬」のなかで、意味を保証してくれる存在としての著者の意図に媚びを売るような、感情的かつ非論理的な方法としておぞましいもののように描かれた、「意図の誤謬」というレッテルは、文学史家や伝記作家たちの仕事を中傷するための効果的な専門用語となった。歴史主義に対する似たような反発は、言語学の領域でも展開された。それは、言語の恣意性を強調した、C・S・パースやフェルディナン・ド・ソシュールらの先駆的な業績に端を発している。同様に、ニーチェや後期ヴィトゲンシュタインまたクロード・レヴィ＝ストロースの社会学理論から生じた哲学の傾向は、物事が本質的に何であるか、あるいは何であったかということよりも、物事の間の構造的な関係に注目していた。こうした思想は、ミシェル・フーコーやロラン・バルトやジャック・デリタに影響を与え、作者の死、読者の誕生、意味の無限の差延、テキストの自律性といった、彼らの強力な発想へと繋がっていった。しかし、デリダとフーコー、すなわち、読者の自由を強調する解釈戦略に、最も頻繁に結びつけられている二人は、はっきり次のようなことを言明しているのだ。テキストは誤解されうるし［つまりどんな読みでも正当化されるわけではない］、テキストは有限で、そこからどんな意味でも引き出せるようには作られていないし、テキストの有限性を画する境界は、ずれを含み大まかなものであるにせよ、見えないわけでも存在しないわけでもないのだ、と。また、あらためてウィムザットとビアズリーを読み直してみると、読みようによっては、彼らもまた、意図には近づきえないと主張しながらも、テキストは決定的な意味をもっているという考え方に肩入れしているように見えるのだ。

影響力のある『開かれた作品』の著者であるウンベルト・エーコは、これまで同書の読者が、「開かれた」という箇所を強調するのに性急なあまり、彼のテーゼの「作品」の部分にはほとんど関心を払わなかったことに対して不満を述べている。*15 読者は、テキストが何かを意味しうるかという可能性において制限を受けているというのだという点に関する彼自身の考え方は、『解釈の限界』ではっきりと展開されている。*16 そこでは、テキストそれ自体が読みの可能性を制限し、誤解を暴くそのあり方に焦点が当てられている。エーコのやり方は、意味生成の限界に対する、語彙的・統語論的なアプローチである。一方、私の議論は、読者がテキストに自分の思いどおりのことを意味させようとする「読者の自由」を擁護するものでも、それに反対するものでもない。初めに私は、多く読者とは、何であれ自分たちの望むことをテキストから作り出すものだという事実を述べた。ただし私は、多くの読者は、著者がそのテキストに意味させたことに対応するようなかたちで意味を作り出すことを好むことにも注意を促しておいた。個人的な意見だが、誰にも前者の態度を止めることはできないし、後者の態度が正しいと保証することもできない。私は、どちらかの方法に向かうべきだとか、読者の自由を支持する人々や、著者や社会の意図した意味を好む人々の間に割って入って議論するつもりもない。特定の単語、語順、句読法といったもののみが、テキストから抽出しうる、あるいはテキストのなかに構築しうる意味の可能性に制限をかけるという立場の人々に対して、自分がとるべき立場がどこにあるかもわからない。こうした見方は常識的ではあるが、意味を構築する行為の複雑さについてやや鈍感だという気もする。読むことの「正しい」方法や「必要な」方法を論じる代わりに、私が尋ねたいのは、読者はどのようにしてテキストから意味を構築するかということである。この問いに対する、私にとっては説得力がある答え、そして本書における思考と提言を支える答えはこうだ。すなわち、理解の過程とは、手に取ったテキストの言葉でもって始まるのであり、それが充分な権威のある版であろうがなかろうが、その言葉が、読みの現場において、読者が意味を構築するためのテキストの語彙的、視覚的な根拠になる。加えて、こうした意味の構築は、入り組んだ複雑な過程だということもいっておきたい。テキストの意味の構築とは、読者が、テキストの言葉の用法を、自らの経験に照らして検討することから始まる。そして、それらの言葉の用法についてより幅広く示唆してくれるであろう辞書に頼り、さらにそれまでの人生における読書歴のなかで獲得してきた、構文や意味についての経験・技術までも動員していくものである。こうした活動は、仮定され、想像され、あるいはテキストによって供給された意味素のなかで行われる。その意味素が、特定の意味の構築の範囲を定め、決定し、可能にもするのだ。作中の話者、トーン、状況、時間、場所、そして想定された読者（層）といった要素を用いて、読者の目的にとって最も満足のいく意味を決定するために。私が強く主張したいのは、これらの要素は、読者がテキストに向きあう姿勢にかかわらず、読者が過激な読解（あるいは誤読）

を正当化するような筋書きを自由に作れると感じている場合であれ、あるいは逆に、著者の意図、あるいは歴史的な意味を［忠実に］再構築しようとしている場合であれ、読みの行為に影響を及ぼすということである。

広範ではあるが限定的、つかみどころがないものの束縛を受けているという性質を持つテキストの意味の概念について、二〇世紀において最も明晰に思索していながらあまりそのことが認識されていない論者が、E・D・ハーシュJrであり、その代表作が『解釈の妥当性』である。[*17] 一九六〇年代後半に書かれた同書において、ハーシュは、解釈の補助手段として歴史や伝記や著者の意図を用いないと主張する一派の議論を検討し、精査し、反駁した。彼はまた、テキストの自律性を擁護する議論を分析し、粉砕した。ハーシュは、読者の仕事、とくに大学でそれを専門に職を得ている読者の仕事は、著者の意図を探し出すことだという考えを支持していた。そしておそらくその試みは、結果として、どんなテキストの解釈も決定的に著者のものとはなりえないと示すことに終わる。彼は、ある解釈を著者のものだと実際に証明しようとする希望をすべて退けた。彼はいう、結局のところ、著者の意図の証明などありえない、と。ただし、ある解釈が著者のものではないということは、証明できるかもしれない。一九七〇年代から八〇年代にかけてポスト構造主義理論を奉ずる流れが席捲するなかで、ハーシュはアメリカの文学研究者によって見捨てられてしまった。また後期の自民族中心主義めいた著作によって、彼はさらに陰に追いやられることになった。[*18] しかし、彼の初期の著作は、私にいわせれば「無意図の誤謬」というか「無意図に関する誤謬」に陥っている多くの批評家のものよりも、はるかに知的、哲学的であり、読者による解釈戦略の分析としてもずっと実り多い。ハーシュは、後進の者たちの多くよりもはるかに優雅に解釈のパイを切り分け、書かれたものが、書き手が意識している意味だけではなく、書き手が意識していない意味までも含むものであるということさえ示している。そうした意味を、冒険的で器用で自由奔放な、しかし要するに誤解としか呼べないような意味と区別した。

ハーシュの議論のいくつかは、本書でふたたび展開されることになるだろう。ただし、彼がおそらくは立脚していた観点、すなわち読者は著者の意図を理解し解釈する義務があるという観点は採らない。私が本書で探り出したいのはむしろ、書記行為の動作原則とでもいうべきものだ。とりわけ、書記行為のなかで「いわずもがな」であるがゆえに省略されている部分について、そして、書記行為から意味を作り出す必要上、読者はテキストのなかには「いわれなかった」「書かれなかった」部分があると仮に想定するわけだが、そうした読者の想定やふるまいが、どのような結果をもたらしているのかについて、考えてみたいのである。

古くから区別されてきた、書くことにおける説明的機能と文学的機能について、ここで確認しておくべきかもしれない。簡単にいえば、説明的な書き方とは、言葉における飾り立てや詐欺的用法を避けながら、可能なかぎり直線的に、読者が著者の伝えようとする意味にアクセスしやすいように書くことである。たとえば、使用説明書や契約書や裁判における意見陳述書といったものの書き手は、典型的にこの種の簡潔な明晰さを追求し、しばしば悲しく悲惨なまでの短さに陥りながら、しかし書かれたことが明確な意味を示すように書く。他方、文学的な書き方とは、やはり簡単にいえば、わざと曖昧で、間接的で、意味ありげで、複雑で謎めいていて、比喩に満ちたものを書くということであり、結果として、明確な意味をもつよりも、むしろ複数の解釈が可能なようなものを書くということである。この区分はなるほど有用でありよくできてはいるが、私には欺瞞的なものに思われる。というのも、このような考え方は、文学テキストの批評家から、複雑なコミュニケーション行為の完成というか実現としての解釈を正当化する責任を免除するようなものだからだ。その結果としてテキストを弄ぶ自由が得られるわけだが、これは明快で開かれた分析によってではなく、巧妙なごまかしによって獲得されたものである。特に問題なのは、こうした考え方が、文学テキストの著者は、「伝えるべき」メッセージを持っていない、あるいはよしんば持っていたとしても、関係ないと示唆していることだ。文学作品の著者は、言語の明確な効果を生み出す能力よりも、その豊饒な意味生産力の方に興味をもっているということが、こうした考え方の前提になっている。同時にこうした考え方は、すべての文学テキストの書き手が、自分の著作は、読者に開かれた自律的なものだという「意図」を持たなくてはならないという見解を受け入れ、利用しているということさえ示唆している。そんなことがありえないといいたいわけではない。私がいいたいのは、説明的な書き方においても、文学的言語がもつすべてのツールを自由に使っているのであり、逆に文学的な書き方をしている場合でも、しばしば著者によって、説明的な効果が意図されているということである。つまり、この二つのジャンルは相互に排他的なわけではない。著者と読者の間で、明確な効果を伝達することに成功するようなテキストの概念や方法を、書くことについて回る条件が強いる限界をきちんと踏まえたうえで探っていくのは、有意義だろう。別のいい方をしてみよう。説明的なものであれ文学的なものであれ、真剣に書かれたものならば、コミュニケーションを成り立たせつつ、言葉を巧みに用いることによって、美しさ、優雅さ、複雑さ、豊かさを生み出すこともできるのだ。そして逆に、芸術作品に見られるような暗示、ジョーク、嘘、謎かけ、ほのめかし、曖昧さなどの要素は、真剣に伝達を成立させようとする書きものでも使われうる。そして、今述べたような場合のすべてにおいて、単純明快なテキストであろうと、曖昧、微妙なテキストであろうと、完全に理解される可能性もあれば部分的に理解される可能性もあり、それればかりか誤解される可能性すらもあるのである。

モノとしてのテキスト

書かれたものの視覚的な側面は、読者によってしばしば無視される。大事なのは、どんな単語が使われ、それがどう並べられているかだと信じられているからだ。アルファベットのような音声文字の言語ではなく、絵文字的な表意文字を使う言語においては、見た目に対していっそうの注意が向けられているのではないだろうか。ただし、英語でも、視覚的に韻を踏んだ詩とか、あるいはコンクリート・ポエム（詩の形それ自身が図像的なもの、たとえばハーバートの「イースター・ウィングス」）は読者にその種の注意を要求するし、おそらく書き手や出版者も視覚的な質に関心があるだろう。なかには驚くべき例外もある。むろん例外というのはまれにしかないから驚くべきなのは当たり前なのだが（ホイットマンの『草の葉』やピーター・ケアリーの『ケリー・ギャングの真実の生涯』が念頭にある）。しかし、実際には、たいていの本は、言語的なテキストが販売可能な商品のなかに収められているものとして、書き手と出版業者によって、前者と後者の要素が別々に、そして運がよければそれなりに適切に、取り扱われている。書き手は単語やいいまわしや文の構造を正しく選択することに注意を向け、編集者は文法やスペルや句読点やスタイルに注意を払う。そしてしばしば書き手に、編集作業の際に意味が変わってないかどうか確認する。だが、書き手にしても編集者にしても、いったんそのテキストを装丁家なり印刷業者なりに渡してしまえば、次にチェックするときは、そうした製造工程で、言葉としてのテキスト、すなわち、スペルや句読点や語順に変化が加えられていないことを確かめるだけだ。活字のフォントや大きさ、頁上での配置、スペースの空け方やマージンの取り方、紙の質、本のカバーやジャケットといったものは、しばしば製造工程まかせにしてしまうか、せいぜいがテキストの意味とは関係のない副次的な美的要素とみなされるぐらいである。話し言葉には、視覚的な要素がないと考えられがちだが、しかし、実際に話を聴いている人は、話に伴う表情や身振り手振りが、言葉からなる「テキスト」にニュアンスや力を与えていることに、はっきり気づいている。話し言葉にせよ、書き言葉にせよ、その効果は単語と語順だけで与えられたものではない。どちらの場合にも、理解に影響を及ぼすような「アクセント」を言葉につけ加える方法があるのだ。読者は、自分ではそれと気づかないまま、テキストの図像的・書誌的な側面を認識している。子どもの本は、いかにものカバーと書体とイラストがあしらわれ、遠くからでも一目でそれとわかるという経験が、誰しもあるだろう。教科書は光沢のある紙、恋愛小説は派手な色のソフトカバーで覆われている。詩集は薄くて固いボール紙で作られて、もちろん韻文にふさわしい改行がなされている。書かれたものはそのタイプに応じて、こうあるべきという外観をもっているものなのだ。だから、逆にそこに違反、たとえば、モダニストが私家版で出したものや、行間が極端に空いたビートニクの詩人の詩集、コンクリート・ポエムの詩人による人工的な改行などが生じると、書かれたものの視覚的要素への注意が喚起され、言葉の羅列としてのテキストが「透明なもの」ではなくなってしまう。多くの読者や出版業者が相変わらず、テキストの視覚的要素を、純粋に装飾的なものか、さもなくば無意味なものだと考えているのは、詩のアンソロジーを見れば一目瞭然だ。アンソロジーのなかでは、詩は、ほとんど常に、同一のフォント、標準化されたフォーマットに押し込められる。つまり、詩の元の形における「ボディランゲージ」にあたるものが拭い去られてしまうのだ。

　書き言葉のボディランゲージが、満足のいく形で適切に伝えられている場合もある。ウォルト・ホイットマンが自ら選んだ緑のカバーで包まれた『草の葉』がその例だ。一方、悲惨というか憤懣やるかたないケースもある。ゲイリー・マイヤーズの「今、そしてつねに」は、アウシュビッツを訪れた記憶を歌ったもので、〔犠牲者たちの遺体の〕灰についての痛切な言及を含んでいた。それが『ニューヨーカー』紙に掲載されたとき、その数インチ横にあったのは、ホウキとチリトリが描かれた、埋め草のような小さなイラストだった。[*19] 編集、レイアウトの担当者たちの、おそらくは無害な「意図」のなかには、崇高な詩の横に、それに当てつけるような滑稽な絵が描かれているのを見て、読者がどう思うかといったことは、ほとんどなかったのだろう。注意してほしいのは、著者や編集者や制作現場のスタッフの意図が、この詩のテキスト、この詩の意味に皮肉で冷笑的で不敬なコメントを加えることではなかったということだ。この事例が示しているのは、読者がこの詩から意味を読み取ろうとするとき、言葉からなる側面だけでなく、視覚的な側面においても、「意図」という概念が働いているということだ。想像するに、「これをやったのは誰だ？　どういうつもりだ」という問いが、チリトリのイラストに気づいたすべての読者の脳裏をよぎったのではないだろうか。たとえ、それが答えのない問いだとしても。

これまで述べてきた主張、また以下においてさらに解説される別の主張に関していっておきたいのは、それらが目指しているのは書き言葉によるコミュニケーションの詳細な分析であり、その分析は、印刷テキストと電子テキストの差異について包括的な探求を活気づけるに違いないということだ。なぜなら、それらのテキストは、さまざまな形態におけるテキストの創造、流通、消費に関する私たちの知見によって光を投じられるからだ。電子「本」という言葉が何を意味するのかは、ある程度は伝わるが、それは私たちが印刷された書物を知っているためであり、その知識があるからこそ、電子「本」は印刷「本」とは違うもの、というふうに理解できるのだ。逆にいえば、印刷本は、電子本の登場のおかげで、たんなる「本」ではなく「印刷本」という呼称を手に入れたのである。エミリー・ディキンソンの詩に、「本のような軍艦は他にない There is no Frigate like a Book」という一節がある。その最後の単語の「本」に、いつの日か「ここでいう〝本〟とは印刷本のこと。ディキンソンの時代には電子本はなかった」という註釈がつくという事態を想像できるだろうか？

意味の生成——書かれたこと、書かれていないこと、理解されたこと

書記行為理論の最大の命題は、テキストの意味とは、テキストが語っていることと、テキストと、可能性のあ

る選択肢ながらテキストが語っていないこととの間にある差異から生じるということだ。一つ例を挙げてみよう。「本書での私のテーマは、グーテンベルクの時代からグーグルの時代にいたる、テキストの複製技術の発展の歴史ではない」。一方、「本書は白鯨を追って世界中をまわる物語ではない」という言明は、なるほど事実ではあるけれど、可能性もないし、役にも立たない。この二つの文の差異とは、前者の「いわれていないこと」は可能性のある選択肢だが、後者はそうではないということだ（とはいえ、今ふと気がついたのだが、読者のなかには、本書での私の主題の追求と、エイハブによるモービィ・ディックの執拗な追跡との間に並行性や対照性を見出そうとする人もいるかもしれない。ほんのわずかな努力をするだけで、どんなものでも別の何かと結びつけることができてしまうのだ——ちょうどカオス理論で、ブラジルでの飛んでいる蝶が、どういうわけかシカゴの天気に影響を及ぼすように）。本書の題名だけでなくテキスト全体が、本書が印刷機械やデジタル技術の歴史に「なりそこねた」ことに関連づけて理解される可能性もありうる。なぜならそうした歴史は、確かに本書のテキストの重要な、しかし語られていないバックグラウンドではあるからだ。

　意味の生成に関するこの命題について、もう一つ例を挙げてみよう。たとえば、outという単語は、さまざまなコンテキストで使われ、そして可能性としてありうるさまざまな選択肢から意味を引き出す。簡単にいえば、この単語が意味することを正しく意味できるのは、outという語があるためではなく、別の単語がそこに入っていないということによってなのだということだ。もし、辞書でoutを引いたとしても、He is outという文の意味を決定するための助けにはならないだろう。それでは、その単語が慣習的に伝えうる意味の範囲が確かめられるにすぎない。ここで私が、このHe is outという文を右側の頁の一番下のところにくるように印刷させて、読者がその先をちらりと見ることができないようにしたとしよう。そのうえで、読者にこう尋ねてみるのだ——あなたが思うこの文のoutという単語の意味を、この場合に可能な、他にありうる語を補うという形でもって示してください、と。He is ——という文が、いまだ書かれていない選択肢として提示されることになる。ここがもし本当に頁の一番下の行になっていたとしたら、おそらく九〇パーセントの読者が in と答えるということに私は賭ける。つまり、He is out という文は、話し手が He is in と口にしなかった場合に、それが意味するものを意味しているのだ［この場合、仮に訳をつけるとすれば、「彼は外出している」／「彼は在宅・在室している」ということになる］。あるいは、ありうる選択肢というのであれば、もう少し形式張ったやり方で、He is NOT out と答える人もいるだろう。その人々が間違えているということがいいたいわけではない。重要なのは、彼らがなんら手がかりがなくても、なぜか〈ありうる選択肢〉を推測できてしまうということの方なのだ。

意味生成が行われているこの世界において、たいていの人々は、共感を寄せながら、できるだけ話し手や書き手の意味に近づこうとする。そして、何も手がかりがない場合には、最もなじみの深い、あるいは最も慣習的にありえそうな意味をとるという傾向がある。考え考えゆっくり話すタイプの人であれば、自分がしゃべっている文章の最後の部分を、相手が引き取ってしゃべってくれるという経験をしたことがあるだろう。そのとき相手が続けた内容は、かなりの精度で話し手の意図を当てているが、しかし、外れてしまう場合もままある。さっきの例にしても、［in や not out を選ばなかった］残り一〇パーセントの読者は、正当にもこう答えるのではないか。その答えは、誰が、どこで、どんな状況で、誰に対して話しているかによりけりだと。野球の審判が「彼はアウトだ」He is out といったとしよう。そのとき私たちは、その out の意味を、審判が「彼はセーフだ」He is safe といわなかったということから理解する。けっして、審判が「彼は家にいる」He is in といわなかったから、という方向から理解はすまい。たとえ、審判はもしかしたら、もうプレイしていないという no longer IN play ということを意味していた可能性があるにせよ、この［野球の試合という］状況では、out の代わりにありうる選択肢としてあえて in を挙げる人がいるとは思えない。しかし、もし病院の受付で、He is out といわれたら、その out を in とはいわれなかった意味での out ととるだろう。つまり、オフィスにいない not in the office という意味として。野球でもこの意味で使われることがありうるが、そのときは誰か他の選手を試合に入れるinために、当該選手を外したoutという選手交代の状況でなければならない。ただし、その場合はこのHe is outの発話者は、審判ではなくコーチということになるだろう。同様に麻酔科医がHe is outといったら、それは彼は意識があるHe is still consciousの反対の意味になる［「彼は意識を失った」］。そうなると、正確ではないけれど、ボクシングの実況アナウンサーが、負けたボクサーを、すなわちＫＯ勝ちしたボクサーの対戦相手を指すときに使う場合と同じ意味になる。コンテキスト次第では、He is outが、「彼はゲイだ」とか、「彼は引退した」とか、あるいは「彼はどうでもいい存在だ」といったことを意味しうる。つまり、He is outというテキストは、コンテキストからいわば野放しにされると、何の意味もなくなるのであり、もはやコミュニケーションという出来事の一部を担うこともなくなり、決定的なというか決定可能な意味はもちえなくなるのだ。

野放しにされたテキストは、どんなことでも意味することができるが、そのためにはまず、意味を決められるような、機能的／虚構的なコンテキストが必要になる。本書での私の関心は、煮るも焼くも自由な野放しのテキストではなく、鎖で縛られたテキストの方である。それは、その起源とコンテキストに結びつけられつつも、時間を経て新たに刊行・復刊されるごとに、新しい起源やコンテキストに繰り返し結びつけ直されるように見えるテキストだ。確かに、今まで私が挙げてきた例は全部、書き言葉ではなく話し言葉のテキストだった。話し言葉は、時間と空間というコンテキストから「野放しにされる」ことにはなりにくい。一方、書かれたテキストは、容易に野放し状態になる。書かれたテキストを手早く理解しようとするとき、私たちがしばしばテキストのなかに一貫して存在すると自分たちが信じる意味を確定してくれるような時間、空間の概念——実際には、私たちの読みの仮定で与えられたにすぎないもの——を性急かつ安易に作り上げてしまうことは、見落とされがちだ。

テキストは、そこでいわれていない、可能性のある選択肢とは反対のことを意味する。だとすれば、読み手も聞き手も、そうしたいわれず書かれていない選択肢を補いつつ、その選択が適切かどうかを判断していかなければならない。つまり読み手と聞き手は、テキストに適切な意味を生じさせるような対抗テキストを選んで補うために、自分たちの歴史的な知識・経験・状況への洞察や想像力を総動員させなければならないということだ。野放しにされたテキスト、つまりコンテキストのないテキストというのは、詩やジョークにさえ使えないということに気をつけてほしい。「作者の死」を標榜する批評家たちは、詩には実質的に作者などないものだということをしばしば主張したがるのだが。詩が機能するためには――これはジョークも同じことだが――機能コンテキストが前提とされているのだ。だからこそ読者の期待が生まれ、またその期待への裏切りが可能になるのだ。私たちの多くが、詩やジョークを、何ら手がかりもなく、その結果理解することができないまま、読んだり聞いたりした経験を持っているはずだ。そしてまた、多くの人が、話者の意図していない、それどころかまったく不適切な機能コンテキストを思い浮かべながらジョークに大笑いし、結果として的を外してしまったり、あるいは、場違いに笑って、自分自身を笑いものにしてしまったりしたことが、あるのではないだろうか。

例を一つ挙げよう。私はオーストラリア人の友人からこんな話を聞いた。前にキャンベラに滞在した時、彼はキャンベラで「タイヤをパンクさせ」、勤め先のＡＤＦＡ（オーストラリア国防大学校）まで歩いて行ったというのだ。アメリカ人である私は、キャンベラで、急いでいるのにタイヤをパンクさせてしまった人がＡＤＦＡまで歩くのは簡単なことだし、何の問題もないと思っていた。ところが、すぐにわかったことだが、彼は毎日歩いて通っていたのだ。彼はフラットに住んでいたのである［He had a flat は「フラットを持っている」とも「タイヤをパンクさせてしまった」とも解釈できる］。書かれたテキストは、しばしばこうした大胆な解釈にさらされやすい。ジュリエットの悲しげな「あなたはどうしてロミオなの」を、情報を求める質問だと解釈したり、イェイツの「ラピス・ラズリ」の「彼らはハムレットとリアが陽気《ゲイ》だと知っていた／陽気さが恐ろしいものすべてを作った」を、

「ハムレットとリアはゲイだった」などと解釈して困惑してみたり。

これらの例から、二つの命題が生じてくる。一つは、読み手や聞き手が補う、別の言外の選択肢は、書き手や話し手が念頭に置いているものとは同じでない可能性があるということ。そして二つめは、うまいこと誤解してしまうと、少なくとも最初のうちは、ちゃんと理解したのとほとんど同じように感じられるということだ。その結果、時には誤解がずっと保持され、実際に気づかれないままということもありうる。この可能性については、「文学研究における無知」と題された第10章で取り上げることにしよう。それと密接に関係しているのが、書き手の考えている選択肢と、読者の思う選択肢との間には潜在的に断絶があるという事実だ。書き手は、書かれたものに関連のある選択肢を思い浮かべているが、読者は、常に自らが想定する選択肢が、歴史的に重要なものかどうかを判断できないままでいるのだ。もし［読者の考える］選択肢が歴史的に重要でないとすると、読者にとっての意味と書き手にとっての意味が一致することなどほとんどありえないだろう。また、もしそうだったとしても、読者は、それが確かに合っていると確信することができない。この潜在的な断絶が、「意図された意味」を、どうせ到達できないのだから重要でないのだとばかりに等閑視する解釈の戦略を勇気づけてきた。たしかに、意図されている意味はこれだと実際にはっきりさせたといくら空威張りしても無駄だろう。これは、書き手の意味と読み手の意味の間に断絶が起こりうるというだけではない。よしんば断絶が起こらなかったとしても、読み手にはそれが実際に書き手の意味と一致していると確信することができないということなのだ。

となれば、いったいなぜ、読むときに望ましいゴールとして「意図された意味」などにかかずらうのか？ おそらく、一致することを期待するのが間違っているのだ。とはいえ、「説明的」な状況では、たとえば契約書や協定書にサインしようとする人は、そのサインによって、そこに書かれている言葉の意味をお互いが一致してとらえているということを証明しようとしているといえる。そうした場合、後日読み手がその意味を決定していいとか、時間が経てば読み手が意味を変えていいとかという意見に与する人はいないだろう。「文学的」状況において、意味の確定がどうでもいいわけではないといっておきたい。たいていの説明的な書きものより、書き手にも読み手にも言葉を操る巧みさがはるかに求められているのかもしれないが。たとえば、無数の開かれた結論を誘発するものとして「意図されている」文学テキストがあるとする。それは、実際には「閉じた意味をもつように意図されている」のではなく、「無数の意味を誘発するよう意図されている」ものではないのだろうか。その意図を読者が理解することは、そのテキストに対する反応に、その意図を認識するのに失敗した場合と同様の影響を与えるだろう。

しかし、もっとわかりやすい事例は、文学作品において読者の意味を著者の意味に一致させようと試みる場合に見いだせる。ここで大事なのは「試みる」という言葉だ。こうした事例は、両者の間で意味の一致が達成できることを証明するものではない。だが、著者と読者の意味をめぐる状況を一致させようとする試みが、それを試みない場合に得られるものとはまったく違った結果を生じさせるのだということは示すことができる。今から論じていくが、この相違は、ありうる解釈の山にまた一つ何かを積み上げるということではない。それは、読むことと書くことの歴史において、ある特別な場所を占めている。理解の働きそのものを理解するために、方法への自覚が必要とされるのと同じように、テキストにおいて意図されている可能性がある意味を、そうでない意味と区別するためにも、自覚が必要なのである。ただし、書記行為の複雑さと不確実性とを踏まえておかなければ、そうした努力も時代遅れの大義に無駄に忠誠を尽くすだけに終わってしまう。そうすることで、本書において目指されているのは、電子的なナリッジサイトにつけ加えられるべき情報の種類を示すことであり、結果として、テキストのなかで「いわずにすまされている事柄」、しかし、書き手や同時代の読者が、テキストの意味を理解する際に使われていた事柄を読者が構築するのに必要な情報を見つけ、使うことができるようにすることだ。

説明のための例を一つ挙げよう。W・M・サッカレーの『虚栄の市』(*Vanity Fair*, 1847–48)で、ウォータールーの戦いが描かれている分冊の終わりに次のような箇所がある。初版本では、最後の二文は次のようになっている。

ブリュッセルにはもはや砲声は響かなかった——追撃戦は何マイルも先で展開していた。戦場と町とに闇の帳が降りて、アミーリアはジョージのために祈ったが、彼はそのころ、うつぶせで死んでいた、心臓に銃弾を撃ち込まれて。[*20]

この箇所ではかなり多くのことがいわれており(町と戦場、ジョージの死、アミーリアの祈り、遠くで立ち消えになっていく戦闘と戦争)、その結果、多くの読者は、「闇の帳が降りて」The darkness came down という箇所が何を意味しているのかという問いを見逃してしまう。おそらくその意味として明白なのは、「もう昼間ではない」とか「夕方になった」とか「太陽がでていない」とかということだろう。しかし一部の読者は、こうした夜の訪れというのに加えて、その暗さに、シンボリックな比喩的な意味を、すなわち、アミーリアを包み始めた影、そして戦争がヨーロッパ全土に投げかけた暗さを読み取るかもしれない。しかし、このスケールの大きな含意は、読者の豊かな想像力の産物にすぎないかもしれない。それは、意図されていた意味なのだろうか? ある種の解釈戦略においては、そんなことはどちらだっていいことだといわれるだろう。ではもし、その文が Darkness came down と始まっていたら、つまり最初の冠詞がなかったら[The darkness ではなく Darkness だったら]どうか。読者は自分の読みにもう少し自信をもって、スケールの大きな含意はやはりテキストに埋め込まれていたのだと思うことだろう。実際、一八五三年の改訂版では、読者は Darkness で始まる文を眼にしたのだ。Dが大文字なのは、文の最初なのでたまたまかもしれないが、しかし当初は The darkness だったのが後に Darkness になったということを、私たちはすでに知っていることになる。テキストに作用する行為者、つまり話し手、書き手、テキストの産出者、おそらくサッカレーが、The darknessをDarknessに変えたことを理解している。となれば、もはや、Darknessが大文字で始まっているのが、たまたま文の最初だったからとはいえない。この表現が、The darknessとは「いわない」と熟慮した結果だというのがわかっているからだ。それを知った読み手はもはや、暗くなって夜になったというだけではなく、アミーリアを覆う暗さがヨーロッパに波及しはじめたという読みを、独創的な解釈だとは感じないだろう。その代わり、著者の意図をうまく理解できたと感じるはずだ。私たちは、テキストから意味を構築するだけではなく、テキストに生じた変化からも意味を構築しうるのだ。

要するにこの場合、初版と改訂版のテキストがそれぞれ何を意味するかを考えるよりも、「The darknessからDarknessへの変更が何を意味するのか」を考えた方が、解釈としてはより実り多いように思えるということだ。とりわけ、初版のThe darkness came downという表現ではなくなったということに基づいて、改訂後のDarkness came downは何を意味するのかと考えるのが役に立つだろう。このケースでは、歴史が私たちのために、選択肢を、書き手にとって意味があった選択肢を残しておいてくれたのだ。この観点からいえば、読者がまるで「間違えた」ものより正しいものを読みたがっているように、どちらのヴァージョンで読むのが「正しい」かなどと問うことは愚問ということになるだろう。サッカレーが最初の表現（The darkness）を間違いだとみなしているのだと理解するにしても、それは私たちが、改訂された（というか訂正された）表現と相互に突き合わせて解釈した結果、その確信を得たということだからだ。その変更を知らないかぎり、どちらかのヴァージョンが間違いだと判断する理由はないといえる。

『虚栄の市』のこの一節は、テキストが「いわれていない」こととの関連で自らの意味を明らかにするという命題に関して、他にもさまざまな示唆を与えてくれる。書かれたテキストが、文章の意味を実質的に変えてしまうような、書かれていない選択肢との対照において意味を明らかにする場合——審判が「彼はアウトだ」と告げるかわりに「彼はセーフだ」と告げる場合のように——とは違い、次に見る例は、修辞的な違い、すなわち本質的に同じ言葉がいわれていても、その修辞的な効果が根本的に異なる場合があるということを示す。サッカレーがアミーリアについての一文、「ジョージのために祈ったが、彼はそのころ、うつぶせで死んでいた、心臓に銃弾を撃ち込まれて」を書く二ヶ月前、彼は母親から、アミーリアが利己的だと非難する手紙を受け取っていた。サッカレーは、福音主義的な母に対して、次のような弁明をした。彼のもくろみは、

神なしで世俗の世界（これは決まり文句にすぎません）に生きる人々を作り出し、彼らが欲深で見栄坊で吝嗇でほとんどの点で自己満足しきっていて、自分たちの思考の美徳にあぐらをかいているさまを描くことだったのです。今までのところ、ドビンと哀れなブリッグズの二人だけが、真に謙虚な人物です。やがてアミーリアもそうなる予定です。彼女の悪党の夫が、腹黒い腹に銃弾を受けてのたれ死んだ時に……。*21

私たちは現在、『虚栄の市』の同時代の読者が知らなかった事実を知っている。出版された小説にあったいいまわし「うつぶせで死んでいた、心臓に銃弾を撃ち込まれて」は、少なくとも部分的には、手紙での「腹黒い腹に銃弾を受けてのたれ死んだ」という表現を使っていないという点で意味を生じている。道具は同じであり（銃弾）、結果も同じだが（ジョージが死んだ）、刊行されたテキストの、平坦でニュートラルな調子は、手紙のなかの修辞的に誇張されたフレーズ（「腹黒い腹に銃弾を受けて」「のたれ死んだ」）に比べ、ジョージの性格についての読者の知識と、男としてまた夫としてのジョージに対する私たちの評価とかなりかけ離れている。母に宛てた手紙に見られるように、作家は、ジョージと彼の死に対して感情を揺さぶられていると、正確にいうなら、少なくとも

母親には自分が感情を揺さぶられているのだと思って欲しいと願っている。ただし、小説の著者としては、その感情に浸ることを潔しとはせず、読者に、読者なりの感情を抱いてもらおうとしている。

この話には続きがある。小説が完成した数ヶ月後、サッカレーは、スミス嬢からディナーへの招待状を受け取った。しかし彼は、その日は「我が親愛なる友、第〇〇連隊所属ジョージ・オズボーン大尉の忌日」であり、外にディナーに行かないように決めているといって断ったのだ。返事の便箋の余白に、彼は、行進する兵士たちと、騎乗のナポレオン（「大慌てで逃げるボニー」）、それからうつぶせに倒れた一人の兵士の絵を描いた。その兵士の顔には、「オズボーン大尉死す、銃弾で心臓を撃たれて」。このコミカルなイラストと、そこに添えられたコックニーなまりの文は、小説が用いなかった——意図的に用いなかった——バーレスク的な選択肢を示している。そして、このヴァージョンと付き合わせてみることで、本になったテキストが、どれだけレトリックとしてうまく書かれたものであったかが、つまり、正義感ぶることなく怒りを、そして滑稽になることなく洒脱さを表すものであったかが、一層よく理解される。

書記行為理論にとって本質的なもう一つの命題は、書かれたテキストや書記行為が生み出す意味の一部は、それがとる構造的・物理的な形態に由来するということだ。ジャンルという意味においての形式については、かつて（フォルマリストや構造主義者たちによって）、語や文と同じぐらい重要なものとして取り上げられたことがある。単純にいうと、ラブレターのなかに使われているのと同じテキストが、冷蔵庫や掲示板に貼られているメモや、あるいは詩のなかに使われていたとしたら、それらはまったく別物のように見えるということだ。本書で、フォルマリストの関心事を再度取り上げるつもりはない。それでも、意味生成におけるこの側面は非常に重要なものであり続けているということと、ここでの議論との関連でいうなら、可能な選択肢である、別の慣習的なジャンルや構造「ではない」ことによって、意味が生み出されるのだという知見とみなすことができるということには注目しておきたい。

同様に、ある作品の物理的形式というのも、その意味や効果の大事な側面を決定する。「書誌的コード」とも呼ばれる書記行為のこの側面は、往々にして書き手＝著者のコントロール外のものであり、意図されなかった意味のニュアンスを伝える可能性がある。テキストのいわば「ボディランゲージ」の重要性はしばしば論じられてきており、なかでもD・F・マッケンジーとJ・J・マッギャンの研究が重要だ。マッギャンが示してくれるわかりやすい例は、ジョージ・ゴードン・バイロン卿の有名な詩『ドン・ジュアン』に関するものだ。同書はもともと、高価で美しい装丁の本としてジョン・マレー社から上梓された。だが、この尊敬すべきロンドンの出版社は、そのタイトル頁に自社の印を入れることを固辞した。このような形態をとった本は、それを買えるごく少数の裕福な人々の間で、美術品のように賞翫されるという効果を持った。なるほどコミカルで皮肉で痛烈な詩ではあったが、それでも概して、英国の詩文学への重要な貢献とみなされた。ほとんどすぐに、たくさんの海賊版が世に出回った。小さくて、貧相で、いかにも急ごしらえのその本は、禁断の果実のような印象を与え、この版なら買える多くの人々は、その果実を手にとって、きわどく淫靡なアンダーグラウンドな詩として読んだのだ。元の版にせよ海賊版にせよ、なかのテキストは、実質的には同じである。海賊版の方が誤植の数が多いので、そのぶん余計に、秘密のものに触れているという感覚を呼び起こしたかもしれないけれど。ただ、ジョン・マレー版と海賊版では、書誌的な特徴は大きく異なる。そして、どちらの版の読者にしても、もう片方の版で「なかった」方のヴァージョンで『ドン・ジュアン』に出会ったことを意識していたことが、彼らの解釈の一端をなしていたように思われる。そして現在、この現象を振り返ってみる私たちは、二種類の物理的形式の双方を目にしていることによって、この詩の理解の一部を得ているのだ。[*22]

知識、不確かさ、そして無知

「いわれていないこと」あるいは差異のどちらを指標にしても、どの解釈が「意図された意味」を反映しているのかを正当化することはできない。ただし、それらは、歴史的な解釈や意図の解釈、要するに、現代の大胆な解釈とは対極にある解釈、の可能性の幅を狭める。歴史的なものであれ現代的なものであれ、あらゆる解釈は、所与のテキストと「いわれていないこと」との間に想定されるコントラストから生じているように思われる。そしてこのことは、書かれたときの歴史的状況や、話し手・書き手の意図や願望を示すテキスト外に残された証拠などと無関係に想定され、あるいは捏造された「いわれていないこと」についてさえも同じようにいえる。そうはいっても、『虚栄の市』の一節の読解が示したのは、書かれたテキストを、記録に残された別の選択肢、別の版や、草稿や手紙といった「選択されなかった」ドキュメントに残された選択肢との関連で読むのが有益だということだ。

さらに、書記行為が実際にモノとしての形を取って流通していくさまざまなありようについて歴史的に考えることは、テキスト受容と再書き込みの歴史に記された、誤解や新たな理解や流用などを理解するのに役立つ。「バターの平方根は黄色だ」という一文を例に取ってみよう。この有名なナンセンス文は、読者の想像力が、元々のコンテキストから「野放しにされた」テキストに対して、どのように興味のあるコンテキストを想定して補うのかという例を示してくれる。私がこの文を初めて聞いたのは、言語何とか哲学といった授業のときだった。シンタクスとしては成立しているのに、なんら論理的な意味を伝えない文の例として紹介されたのだ。私がこの文を耳にしたのは、すでにこの文に意味がない《ナンセンス》んだという「意味」が与えられていたコンテキストにおいてだったということを強調しておきたい。すなわち、その授業におけるこの文の意味は、「文法的には正しいが、認識できる意味をもたないもの」だったわけだ。だが、この文はナンセンスだと宣言されると、私は挑戦されたような気になった。そしてこの文が、明確なアイディアを伝えるばかりか、機転を利かせた適切ないいまわしに思えるような、そんなコンテキストを考えることにした。子どものころのマーガリンにまつわる経験を思い出しながら、私は一人の科学者を想像してみた。時は第二次大戦中。物資が不足し配給が続くなか、その科学者は、クラフト社やプロクター・アンド・ギャンブル社のような大企業の食品部門に勤めている。バターは品不足だ。しかしマーガリンは、ラードのように白く見栄えが悪いため、売れ行きが芳しくない。マーガリンをバターの色らしく見せる染料は有機性だったから、消費期限が短くなってしまう（ちなみに、こうした想像が本当にあったことかどうかは知らない。私のようにマーガリンの本当の歴史を知らない人間にとっては説得力がある話だというので充分だろう）。科学者は、いいアイディアを思いつく。マーガリンのプラスチックのパッケージの内側に、適切な分量の赤い染料の入ったプラスチックのアンプルを付けておくのだ。マーガリンを買った人間が、そのアンプルを押し破って、マーガリンを練ってやると、ラードのように白いマーガリンに赤色が染み通って、クリーミーなバターのような黄色に変わるという仕組みだ。科学者は、この作戦を開発チームの同僚に見せて説明する。そして、最後に誇らしげにこう締めくくるのだ。「つまり、バターの平方根は黄色なんだ」。話の構造はいささか「作り込みすぎ」かもしれない。たいていの人は、巧みな「意味の作り手」だから、もっと楽に、似たような意味を持つ話を仕立てられるだろう。私たちは、意識しなくてもできるくらい、意味を生み出すコンテキストを補うことに長けているのだ。

読者がテキストに向かいあって、それを「理解する」あるいは解釈するプロセスには、コンテキストを想定する作業が含まれている。そうしたコンテキストは、ふつうはテキストに含まれていないが、そこから推測可能な、あるいはそれに帰属させることができるものである。歴史の知識が豊富な読者であれば、その読者が想定した

「いわれていないこと」が、テキストの産出者によって巧みにいわれないですまされたことと同じ、あるいは非常に似ているという可能性が高い。読者と書き手の考える意味が一致したかどうかを確実に知ることはできないのは事実だ。だが、そうだとしても読者は、たいていのテキスト（実用的なものの多くと、美的なもののうちのいくばくか）から、意図された意味を共感的に読み取ろうとするし、しばしばその試みがうまく行ったかのように、自分の解釈の結果にしたがって行動する。読者は、プラトンはこういったとか、ディケンズはこう意図していたと平気で語るし、シェイクスピアの劇やフロストの詩について、まるで作者が目指していたものを知っているかのように、その効果について論じるのだ。歴史的な知識の足りない読者は逆に、かなり奔放な想像力に基づいて意味を捏造することに、きわめて高い能力を示すだろう。キーツの「ギリシャの壺に寄せるオード」のなかの「おお、アッティカの形象 Oh, Attic Shape」という一節について、こう叫んだ学生がいた。「そう。うちのおばあちゃんの屋根裏部屋 attic にも、とっても素敵な花瓶がある」。ジェローム・マッギャンはこの手の学生たちに共感を寄せようとしている。[*23] 歴史の知識のある読者であれば、これに対して、この Attic は、大文字で書かれているのだからギリシャの地名を指しているのだと反論するだろう。だが、その学生は、「いわれていないこと」、この場合は「おばあちゃんの屋根裏部屋と花瓶」を想像し、意味を作り出すという能力を示し、キーツの「アッティカの形象」を「理解した」のである。どちらに軍配を上げるかとなれば、おそらく、こういう奔放な解釈より、歴史の知識に基づいた読みの方だろうが、だが、なぜそのように判断するのかは考えてみる価値がある。「意図された」意味よりも、「想像された」意味の方を好むような解釈戦略においては、「おもしろい」あるいは「機転のきいた」読みの方が重要視されるのだ。前世紀のニュークリティシズムの批評家たちは、意図されたことを読むよりも、「一貫性のある読み」を重視した。歴史は、潜在的な一貫性を引き出すための材料の一つとして使えるにすぎないというわけだ。ただし、だからといって、歴史的な証拠から意図に沿っていると考えうる解釈よりも、自由な想像に基づく解釈の方が、常により面白く、より一貫しているというわけでもない。

たとえば、非常に教養豊かな読者なら、エミリー・ディキンソンの詩を読む場合、あの「蝿がうなるのを聞いた——私が死ぬとき」という一節を、歴史上よく知られたいいまわしである「彼は死ぬ時、天使のコーラスを聞いた」と比較して理解する方を、[24]この詩が「テキサスの黄色い薔薇」のメロディーにうまく乗るぞ、という読み方よりも興味深いと思うはずだ。エミリー・ディキンソンはもちろん、その歌を知らなかったのだから。清教徒の多いニューイングランドには、死の床をめぐる物語があふれていた。もしかしたら、「蝿のうなるのを聞いた」も「黄色い薔薇」も、ディキンソンの故郷の教会で歌われる賛美歌と同じ、歌いやすい四×四のありふれた韻律だと指摘すれば、いくらかは興味深い読解になるのかもしれない。それでも「黄色い薔薇」のテキストはディキンソンの詩とどんな並行関係もないし、歴史的なコンテキストも与えないのだ。どちらの読みも、ある意味では真実を衝《つ》いている。だが、歴史的な解釈の方が、論理的にも感情的にも適切であり、もう一つの解釈は、ジャンク批評に属するものだ。[25]

書記行為をめぐる概観である本章の目標は、印刷された文学を電子的に再現する際、このメディアの特性を活かして、歴史的な意味、いやそれどころか著者の意味を、解読する可能性を高めるための方法を作る、その道程を示すことだった。その考察を、テキストとは、書き手によって残されたそれ自体は不活発な足跡 spoor であり、読者を意味の創出に駆り立てる拍車 spur でもあるという、あの足跡と拍車 spoor and spur 説から始めてみよう。そうすれば、読者の最上の努力に任せようという以上のことができるはずだ。書き手がどのように意味をコード化し、読者がどのように意味を生み出すかを理解すれば、印刷テキストを電子的に再現する際に、歴史的な意味に興味をもつ読者のためにどんな情報を供給するべきなのかが突き止められる。伝達行為の成り立ちと、機能面に注目した解釈の方法論に関する基本的な了解さえあれば、書かれたテキスト（自筆であれ、筆写であれ、活字で印刷されたものであれ、タイプされたものであれ、スキャナーで写し取られたものであれ、他の何らかの方法でデジタル化されたものであれ）を、二つの対照的なやり方で扱うことができるようになる。すなわち、一方では出来事として、話し言葉がそうであるように、時間と場所とそれを生んだ人とに繋がれたものとして取り扱うことができるし、他方では逆に、元々のコンテキストから野放しになって時間のなかを漂うタイムマシンとして、「他の悲哀のなかにとどまり続ける」キーツの詩のなかの壺のように、「年老いて今の世代が滅びた時には」新しい世代に仕えるものとして。実際、同じテキストを複数の方法で取り扱うことができるというのが、私たちにとってのよい判断の基準なのだ。*26

書記行為理論の要素

書かれたテキストが「繋がれた」熟慮の末の行為として扱われる場合には、それは書き手による創作行為が終わった後も、その行為の証人たる「足跡」として残り続け、同時に、その後に続く数え切れないほどのテキスト受容行為の一つ一つにおいては、読み手を駆り立てる「拍車」として役に立つ。そう考えると、あるテキストの一冊一冊の本は、ある意味で手に取られたその本を作り出した行為の「足跡」でもあり、その分だけ、テキストそのものの創作行為や他の刊本の生産行為の証拠としては弱くなる。したがって、書かれたテキストに対する反応とは、今まさに手に持っているその本への反応であって、さまざまな刊本、さまざまな版の全体によって表現されている、作品そのものへの反応ではないことになる。このように厳密に考えることは、重要そうに思えるかもしれないし、たいして重要ではないように思えるかもしれない。読者は、自分が読んでいる版が、他の版とどう違うのかという情報がないことに、すっかり慣れきっていて、普通は、そこに大きな違いがあるとさえ思わなくなっている。編集文献学は、一般の読者に対しても、学者の共同体に対しても、そうした見方が間違った不適切なものだと証明することに、たいていの場合は失敗してきた。たいていの場合、編集文献学者は、文学研究者には、間違いのない確かなテキストを作り出すサービスを請け負っている存在だと考えられてきた。古い適当な版を使ってとんでもない間違いに陥ることから読み手を救い、信頼のおけるスタンダードな版を使っていると示すことで、箔を付ける役目を担っているのだ、と。しかし、テキスト批判に携わる者たちは、研究者たちや一般読者の批評意識に対して、作品のある刊本に対する反応は、他の刊本に対する反応と同じでない可能性があるということを納得させることもできていないし、その理由や具体的な事例を説明することもできずにいる。[*27]

書記行為理論の諸要素を吟味していくと、次の二つの命題が明らかになる。一つは、書かれた作品を、一つ一つは目立たない書記行為が歴史のなかで連なってきた結果だと見ることは、作品の読み方を変えるということ。二つめは、関連する書記行為の情報をすべて一つの場所に収めて、ある作品の電子的エディションまたはデジタル・アーカイブ、あるいはナリッジサイトとして提供するというのは、非常に大変な仕事であり、一人の研究者では、一つの文学作品についてですら、成し遂げることができないということだ。

書記行為の第一段階を取り出して、それがどのような要素から成り立っているかを見てみよう。書き手（テキスト創造の行為者）、文書（物質的なもの）に書き込むこと、創作の時間あるいは期間（時間的要素）、創作が行われる場所あるいは複数の場所（空間的要素）、創作の一つあるいは複数の目的（動機あるいは意図の要素）、受け手として誰を想定するか、その相手はどの程度の知識をもっていると期待できるか（ターゲットである読者）、一定の技能の幅のなかで使われる、一定の範囲内の言語的、語彙的、意味論的道具（言語の要素）。このリストは、結果として書かれたものが、ある特定の意味を伝えているのだとか、その目的や機能が意図されたものに合致しているとか、その意図によって制限されているとかいうことを示すものではない。このリストが示すのは、書記行為とは、ある行為者が、特定の時間・特定の場所で、何らかの目的のために書かれた文書を生み出すものなのだということに過ぎない。だがここには、テキストの生成行為に影響を及ぼしたであろう、コンテキストの繭、あるいは意味分子とでも呼ぶべきものが示されている。[*28] この分子のなかには、テキストそれ自体も、テキストが収められる形式・容器や、書き手がいわずにすませている、意味生産を可能にしているさまざまな付随事項も含まれる。

一方、受け手の側からすれば、書記行為は以下のような要素から成り立っている。ある読者（テキストの意味生成というか解釈というかパフォーマンスの行為者）、そして読む行為の起こる時間・場所、それから読んでいる作品の材料やタイプについて想像し、言語的、語彙的、意味論的道具を能力の及ぶかぎり発揮すること。このリストは、読者が、書き手がテキストを生み出したときに「心に抱いていた」ことを理解するのに、成功するとも失敗するともいっていない。このリストが示すのは、読者もまた、書き手と同様、偶発的なコンテキストの影響を受けるということだ。読者は、言葉からなるテキストのジャンル上の形式や、あるいは本としての形式に気づくかもしれないし、気づかないかもしれない。彼らは、いわずにすまされている言語的、社会経済的、あるいは政治的な付随事項に接近するかもしれないし、しないかもしれない。しかし、確かなのは、知識あるいは想像力によって、読者は、テキストが自分にとって「意味をなす」ように、あるいは「作用する」ように、付随事項の組み合わせを想定して、コンテキストを補うということだ。

こうした二つの書記行為の間に、製作行為――これも書記行為である――の領域が広がっている。そこには、手稿、タイプ原稿（そういう段階があるのなら）、校正刷、雑誌や分冊形式での連載（もしあれば）、初版とそれに続くすべての版が含まれる。そのそれぞれの段階の製作にかかわる、伝達と（不可避の）変更を行う行為者や行為者たち、さらには作業が行われる特定の時間と特定の場所が含まれ、さらにそこに、単語、綴り、大文字使用、フォント、頁のレイアウト、装丁に関わる、さまざまな言語的な道具や言語的スキルといったものが加わって、特定の読者が手にとって読み始める特定の一冊を製作していく。テキスト伝達をめぐる作業の大部分においては、そこに関わる人々（秘書や編集者や植字職人）は、まずテキストを解釈し、何らかの形で理解しなければならない。そうすることによって初めて、製品化されるべき新しい形へ向けてテキストを再構成し、伝達することができるのだから。したがって、これは機械的なプロセスではなく、精神が関わっているのだ。だから製作に関わる人々は、まず受容行為を行う読者として行動し、その後で新しい形を生成し創造する行為者となるわけだ。これらの行為がもたらすものは、通常まったく顧みられることがないか、さもなければ学術編集版の編集資料《アパラタス》に記録されて、それっきりになってしまう。[*29]

結局、ウェブサイトや図書館にきちんと収蔵されたドキュメントとして生き残ったテキストの画像や転写にアクセスできるというだけでは、「作品」そのものへの読者のアクセスを可能にしたとはとうていいえないのである。編集されたテキストは、上で述べたようなさまざまな行為者のうちの幾人かを選んでその仕事の痕跡を辿り、必然的にそれ以外の行為者の仕事は省略している。したがって作品に対しては、編集者によって仲介された、ある一つのアクセス方法を提供してくれるものだ。テキストの異なる諸版へのリンクによって、読みを相互に関連づけることが可能になるかもしれない。コンテキスト的な要素も、さまざまな方法で読者に与えることができるだろう。テキストの歴史、変遷、脚色、流用についての物語もまた、そのアーカイブがもたらす豊饒な解釈への導きの糸として使えるだろう。

もっともこれらのことは、印刷本の世界でそうであるように、普通の読書をしているかぎりは問題になるまい。というのも読者は、言葉だけ読むように訓練されていて、書かれたテキストのそうした側面、情報としてすぐに飛びつくことができないような側面は、無視するようになっているからだ。[*30] 書記行為という複合体、すなわち書かれたテキストと、著者や生産者がいわずにすませている（あるいは、かつていわずにすませた）諸要素の複合体は、新しい社会・文化のなかの読者が陥っているジレンマを浮き彫りにする。読者は、著者や、創作をめぐる状況や、同時代の、あるいはもともと想定されていた読者、本の製作過程をめぐる変遷などの、たまたま手元にある一冊の本のテキストに影響を与えたかもしれないさまざまな要素を無視することに慣れている。また、すでに説明してきたとおり、読者は、解釈のために、何らかの一貫したコンテキストを自分で想定することに長けていて、（しばしばかなり奔放な解釈をしつつ）満足できる読書体験を容易に生み出す。だが、書記行為理論の論理にしたがえば、たとえ読者が、現在検討している作品の版（もしくはいくつかの版）について、テキストが生み出され、製品化され、受容される行為に関わる証拠の現存するすべてにアクセスしようと望んだとしても、それは無理なのだ。なぜならたいていの版は、書記行為のなかでいわずにすまされている要素を、やはりいわないまま（書かないまま）ですませているからだ。この点を克服することこそ、電子編集の、あるいはナリッジサイトの挑むべき仕事であろう。

第*4*章

書記行為を再現するための電子的インフラストラクチャー

An electronic infrastructure for representing script acts

印刷された頁面《タイプフェイス》は、人間の顔《フェイス》と同じように、性格を示す固有の特徴を持っている。

マーシャル・リー『ブックメイキング』（*Bookmaking*, 1965）

人間／技術は

けっして単なる「善」対「悪」――あるいはもっとひどいいい方をすれば、

「本物」対「不自然」――という対立関係ではない。

そうではなく、人間と技術の境にある曖昧な領域のどこかに、私たちの「習慣」が

広がっている。「習慣」こそ、頭脳が虹を目指すための最良の方法なのだ。

W・N・ハーバート「複雑になる」（"Get Complex" from *Cabaret McGonagall*, 1996）

この章は二つのセクションに分かれているが、それは私にとって、欲望と充足、理論と実践の間でバランスを取るのが難しかったということを反映している。最初のセクションでは文学テキストの電子的再現のための概念空間を綿密に計画し、二番目のセクションでは、まだ解決されていない実践的問題、特定の事例のカオスを検討する。

I　電子ナリッジサイトのための概念空間

かつて、文献学であるか文学であるかを問わず、研究者たちがテキストに同じ一つのものを期待していた時代があった。すなわち、著者がテキストに込めようと願っていたものを正確に再現すること。このパラダイムにおいては、著者は神であり、テキストは聖典だった。著者の意図に忠実なテキストは真実を含んでおり、それがテキストを正しい物にするためのあらゆる努力を正当化していた。このモデルにおいては、編集文献学は二つの相補的な、しかし方向性は正反対の計画に力を注いでいた。一方では、テキストを、変化から守らなければならない。テキストが、時間や、不注意あるいは悪意ある操作の餌食にならないように保護すべきなのだ。しかしその一方で、テキストは原書の純粋性を取り戻すために変化させなければならない。テキストの純粋性は、無関心と時間の経過によって失われてしまったからだ。こうしたタイプの仕事においては、「正確さ」と「管理」が合い言葉になる。

作品やテキストに対してこのような見方をしている場合、作られる学術編集版の典型例は、「真のテキスト」を反映させて批判的に編集されたテキストに、付録として権威のあるソーステキストのなかから異なる表現の一覧を示し、さらにこれまでの編集上、書記上の推定箇所やコメンタリーをあわせて収めたものである。

そして神は死に、ほどなく作者も死んだ。著者の言葉を正しく受け取り、その意味を正しく理解するという点で、かつて編集文献学者と文学研究者は共同作業をしているように思われていたのだが、まず仕事が分断され、ついには目的さえも分かれてしまった。文学批評家たちは、著者の意図を正確に再現することの困難と不可能性を前にして、そうした計画を捨て去り、むしろ喜んで、テキストの流用、読者の反応、そしてテキストが、実際に何を意味するかではなく、何を意味しう︎るかを研究することなどで代用しようとした。他方、編集文献学者たちは、後退戦をしているように見えながら、テキストは単に正解と間違いだけで成り立っているわけではないということを発見していた。テキストの形は流動的で、著者による改訂や、新しい要請、新たな読者層、検閲、そして新たな時代の趣味に応えようとする編集者の作業によって影響される。こうしたテキストの変更の歴史や、その変更の文化的な含意を跡づける作業は、文学研究者たちによる、新たなテキストの読解（誤読）の探究と並行関係をなしていた。

こうした新たな風土においては、かつてのパラダイムによる学術編集版（学術版）では充分でないであろう。だが、限定されたプロトタイプはたくさんあるものの、新しいパラダイムはまだ設計されていない。新しいパラダイムについていくつかの問いを立て、それに答えなければならない。

学術版のゴールは何か？
学術版はどのようにすれば構築できるのか？
学術版はどのように出版されるべきか？
出版された学術版を使うのは誰か？
その学術版はどのように使われるのか？
そしておそらく学術版の編集者のために最も重要なのは――
誰がこの作業を統括できる、あるいは統括すべきなのか？
誰が、テキストの研究や構築や流通に対してお金を払ってくれるのだろうか？

こうした問いには、正しい答え、というか時代を超えて変わらぬ答えがあるわけではない。現代では、テキストはさまざまな視点とさまざまの使用法に答えなければならないのだから、すべての目的について他のいかなるテキストよりも重要であると主張しうるテキストなど、本質的には存在しない。したがって、最終的《ゴール》なテキストとして全員が納得できるような、唯一の版としてのテキストもない。エミリー・ディキンソンがどんな賛美歌を知っていたかを知りたい利用者は、会衆派教会で現在使われている賛美歌集のなかにその答えを見いだそうとはしないだろう。現代のシェイクスピアのペーパーバック版が、一八世紀の読者がどのようにそれらのシェイクスピア作品を理解していたかを知る参考になるとは思えない。学術編集版のゴールは、それがどのような用途に向けて作られるかによって変化する。ある種のテキストは、ある種の用途にとって不適切なのだ。
こうした観点からすると、扱うのがいかなる作品であれ、学術編集版のゴールは、普遍的なテキストではなく特定のテキストへのアクセスを可能にすることだといえるだろう。

そしてもちろん、それぞれの学術編集版を構築し発表する場合は、どれがどのテキストであるかを限定的に明示すべきである。そうすることによって、読者が、自分がその作品について調べたい事柄次第で、それにふさわしい特定の版はどれなのかを、複数のテキストから選択することができる。このように特定の利用法に適するように作られたテキストをすべてまとめ、利用者を混乱させないようにしつつ、一つのデジタル・アーカイブとして供給することは可能だろうか？

「学術版はどのようにすれば構築できるのか？」という問い、そして「学術版はどのように出版されるべきか？」という問いへの答えが、次第に明確になってきた。学術版は電子的に構築され出版されるべきなのだ。印刷された版は、一つのテキストで満足するか――不誠実にも、たった一つであらゆる目的に役立つテキストとして提示される場合であれ、あるいは正直に、複数の可能なテキストのうちの一つに過ぎず、ある種の批評的な目的には不適切な版だと明示している場合であれ――、あらゆるヴァリアントを収録して、一つの作品が何巻にも及んでしまうか、そのどちらかである。この条件は、複数の巻にわたる出版を維持するだけの資金や知性や労力を集められるほどの威信がある大作家たちにとって有利に働く。なるほど、確かに電子版も、大規模な印刷版で必要とされるのと同じだけの調査や作業を必要とするだろう。それどころか電子メディアは、印刷版よりも多くの情報を与えるための実用的な方法と空間を提供するわけだから、費やされる労力はいっそう大きいかもしれない。しかし、主に二つの理由によって、電子版こそ、大規模な学術編集版プロジェクトのための、現在において実用的な唯一のメディアであるといえる。第一の理由は、電子メディアを使えば、プロジェクトには終わりがなく、最初の編集者が引退した後にも、追加や変更を行えるということ。そして第二に、利用者が自らの研究や関心に最も適した一つまたは複数のテキストを選ぶことができるようになるのは、電子メディアを通してだけだということだ。

電子的な方法には、さらに次のような可能性もある。素材としてのテキストとツールを与えることによって、末端の利用者でも電子版を所有できるようになるのだ。そうすれば利用者は、自分なりの方法で、テキストを豊かにし、自分に合った形に変えることができるだろう。現在、印刷された本の頁の隅を折ったり、下線を引いたり、メモを挟み込んだりしているのよりも、いっそう効率的に。利用者がそれぞれの立場から版をカスタマイズできるというこの考えは、編集者たちの間に二つのかなり異なった反応を呼び起こした。まず一つめの反応。もしそうなったら、利用者が好みのテキストを選んで自由に使えるようにしさえすればいいのだから、編集者は、さまざまなテキストを含むアーカイブを提供する以上のことはしなくてもいいのではないか、というものである。この考えは、実際には編集作業をしたくないと考えている編集者や、編集作業は所詮お節介なのだとか、編集者の仕事は舞台裏に隠れて読者からは見えないのが望ましいのだとかいう考えを公言している編集者にとっては魅力的だろう。私の考えでは、こうした編集者たちは利用者に「適切に編集された」テキストを与えるという責任から逃れようとしているし、頁を揃え、校正し、事実をチェックする作業すべてを喜んで引き受けるような利用者が存在すると信じている点で間違っている。そのような読者がもしいるとしても、それは需要全体からすると無視できる程度の数でしかないだろう。仲介なしのテキストのアーカイブというこの考えは、「利用者が自由に使い、豊かにし、自分に合った形に変える」版を作るという目標には不充分だ。ここから、利用者が自由にコントロールできる版というアイディアに対する、編集者たちの第二の反応が生じる。すなわち、編集作業は、厳密で困難なディシプリンを通して正確かつ包括的なテキストを生み出すものであり、技能も厳正さも注意力も欠けた連中によって劣化させられることからテキストを守らなければならない、と。私の考えでは、人々はテキストを自分の好きなように扱うのは確かだが、しかしそもそも、そうしたいからこそ人はテキストを手に入れたがるのではないか［それを否定したら、編集したテキストを提供する意味自体がなくなってしまう］。人々から守るべきものは、テキストそのものではなく、厳正な編集作業の成果である。利用者に素材としてのテキストとツールを与え電子版を所有させても、編集者の側では完璧な編集を成し遂げることが可能なはずだ。ここで想定している利用者のためのツールとは、学術編集版を作るためにドキュメントを分析・編集するための基本的な道具ではない。そうした仕事は編集者によってなされるのだ。読者に可能な作業とは、その版に関連した電子的道具を使いながら、編集者の作業を修正し、改訂や再改訂を行いつつ自分の持っている版に註を補ったり変更したりし、リンクを張り、引用を挿入し、テーマを辿っていくことである。読者は、安いペーパーバックで頁角を折り曲げたり、下線を引いたり、余白にメモを書き付けることよりも、電子版でそれに対応する作業をするほうが容易だということを理解するようになるだろう。

以前のパラダイムでは編集によるコントロールが絶対的であったが、新しいモデルに従った版では、テキストとともにコントロール権もまた利用者に委ねられるべきである。かつては編集者が、あるテキストがどんな形であるべきかという一般的な合意に近づけたテキストを提供し、それによって読者の主要な関心に答えることができた。「標準的なテキスト」とか「確立されたテキスト」という言葉が一般的に通用する意味を持っていた時代のことである。だが現在では、利用者たちがそれぞれ異なる特殊な必要性を持っているのだ。この状況は、何も文学批評家たちの多くが、使用するテキストの真正さやコンディションに興味を持っていないという事実や、一部の批評家たちが、テキストの完全性の観念に原則として反対しているという事実によって影響されるわけではない。ただし、そうした事実にもかかわらず、文学研究や評論においては、しばしばどんなテキストが使われるかが重要なのだ。セオドア・ドライサー『シスター・キャリー』のジェイムズ・L・W・ウェスト版の出版は、一部の批評家たちの間に騒ぎを引き起こした。なぜなら、ドライサーの友人だったジョージ・ヘンリーによる変更や、出版社の編集者がテキストに加えた変更を取り除くことによって、八〇年の間知られてきた『シスター・キャリー』とはまったく異なる『シスター・キャリー』をウェストが「作りあげた」からだ。この小説が出版された当時の書評を理解しようとする際にウェストが新しく「確立した」テキストを使えば、混乱をきたすだろう。当時の書評家たちはこのウェスト版を読んだわけではないからだ。[*1] テキストに基づく証拠によって、ある作品に対する根本的に異なった見方が語られるようになると、論争が、それどころかおそらくは怒りの声さえもがわき起こるものだ。そうしたなかで、近年最も有名なのが、『リア王』のテキスト条件に関する議論と、スティーヴン・クレインの『赤い武功章』のビンダーとパーカーによる手稿版の出版をめぐる議論だが、[*2] こうした事例は、問題となるようなテキストの異同がより少ないものまで含めると、枚挙にいとまがない。[*3] 今まで知られていなかったテキストの来歴やテキストの相違の数が少なければ問題にはならないかといえば、そうではない。小さくても重要なヴァリアントの例が多数、ジョウゼフ・カッツによって『プルーフ』誌上に連載された、学生用テキストのレビューにおいて示されている。[*4]

重要な点は、議論の土台としてどのテキストを使用するかについて意識的な批評家にとっては、そうした用途にふさわしいテキストの方が、単に「標準的」なテキストよりもアクセスの対象としては好ましいということだ。標準的なテキストは、最も興味深い要素を排除してしまっているからだ——編集者がそうした利用者が現れることを予期していなかったか、あるいはそうした探究の仕方を認めないせいで。

以下に述べられることの大部分は「学術版はどのようにすれば構築できるか?」という問いの問題点と、ありうべき答えを分析するものである。ただ、論の中心は、ハードウェアあるいはソフトウェアについての技術的または実践的アドバイスではなく、書記行為理論を充分に理解することによって、再現形式が必要とされ役に立つものともなるのはなぜか、ということになる。

電子技術がテキストの性質を変えたという主張が広汎になされている。第3章の役割は、書かれたテキストの性質を、ある角度から説明することにあった。テキストが紙に関わるようになって以来、グーテンベルクの［活字印刷の］時代を通じて、テキストの性質は制約を受け続けてきたという結論を引き出すことができるかもしれない。手稿であれ印刷テキストであれ、その「話し方」は、基本的には直線的かつ単線的である。紙に記された形のテキストにはそうした制約があるわけだが、それでも、複数の声を同時に上げさせたり、コーラスをさせたり、放射的に話させたり、索引をつけてランダムなアクセスを可能にしたりといった工夫は、印刷テキストにおいても驚くほどうまく機能していた。そして、意欲のある少数の読者は、そうした工夫に通暁し、複数の指を使って、本のあちこちの頁を押さえながら頁を繰るといった芸当さえできるようになった。一方、そこまでの意欲がない大多数の読者にとっては、単一的、直線的なテキストがもたらしてくれるスリルだけで充分だったのである。このような二種類の読者がいるという状況は、今後も変わらないのではないか、という疑問はまだ答えが出ていない。ただ、編集者や監督による解説や、コメンタリー、別ショット、未公開シーンの映像などを付録にしたDVD映画が普及しているところを見ると、充分に容易かつ自動的にアクセスできるようになれば、学者のみならず一般の読者でも、作品のさまざまなヴァリエーションや「メイキング」に関する情報に対して関心をもつようになるのかもしれない。そこで、テキストが、印刷という制約のある形式のなかで、はたしてその本来の性質を十分に発揮できるのかどうかということが問われなければならない。

それでももちろん、テキストは印刷技術によって制約を受けていたわけではなく、ただ、すぐれて印刷技術に適合するような形で作られてきただけだ、と論じることは可能だろう。この立場からは、次のような論が展開しうる――なるほど電子メディアは、コンピュータ時代の小説家や詩人に対しては何をどのように書くべきかについての新しいヴィジョンを与えることができるだろう。だからといって、印刷デザインを念頭に書かれた（それどころか、印刷以外の他の「存在様式」がありうるなど考えもせずに書かれた）昔のテキストまで、印刷の制約から解き放つべきだといって電子環境のなかに引きずり込むのは、不適当ではないか。無理にそんなことをしようものなら、それは電子「編集版《エディション》」どころか電子的な「再　現《リプリゼンテーション》」でさえなく、むしろ「脚色／翻案《アダプテーション》」と呼ぶべきではないか、と。けれども私は、こうした議論が、電子版の可能性と条件とをあまりにも単純ですっきりしたものにし過ぎていると思う。以下の部分で、私は、印刷テキスト――（現実の、あるいは電子的な）テキスト・アーカイブのなかに鎮座している――の歴史的な条件と、創作・生産過程のプロセスとして、そして書記行為の歴史の実例として、テキストを研究する際の道具の使用とを区別している。電子的学術編集版において「電子化されて」いるのは、テキストそのものではなく、テキストとテキストに関して集積された学知へのアクセスなのである。このことが持つ可能性は、深い意味でテキスト的だといえるだろう。読者のテキストとの関係を変えるという点で、そして読者によるテキストの解釈と使用法を変えるという点で。

今日学校や大学で教えられている読解の戦略や、考えうるあらゆる方法でテキストを流用し歪曲する行為を説明し正当化する文学理論は、テキストの不備を補おうとしているのだともいえる。つまり、テキストは、印刷という形式によって曖昧さや不確かさを押しつけられ、結果として、印刷形式という限界のなかで不器用に踊ったり歌ったりしなければならないのだから。巻物状の書物は、その形態ゆえに、作品のリニアな性質を強調する。巻物は、コンパクトな形で収納することができるのがメリットだが、作品のある一部から別の一部へと移動するときには厄介きわまりない（相互参照マークや脚註がついた巻物を想像してみてほしい！）。それに対して冊子体（巻物とは違い、一枚一枚の紙によって構成されている書物）は、コンパクトな形態やリニアな性質は保ちつつも、ランダムアクセスを可能にした。読者が、指をいろんな頁の間に挟んで巧みに参照できるかぎりにおいて、ではあるが。[*5]テキスト本来の「性質」がどのように発揮されるのかが、書物の形式によって異なるということを説明するために、比喩を用いることができるのなら、冊子体は、テキストにとって、きわめて限られた自由度しかないとはいえ、建築物としての住処を与えたのだ、と言えるだろう。[*6] 多様なフォント、脚註、欄外見出し、傍註、補遺と索引、イラスト、表、グラフ、地図などによって、さらに最近では、音源、映像、マイクロフィッシュ、CDなどを付録にすることによって、冊子体形式は、情報を組織化し、パッケージ化し、読者を誘導するという方向において、自由度を実現すべく創意工夫を重ねてきた。にもかかわらず、結局のところ、印刷の世界においては、あらゆる書物が〆切や、編集スケジュールや、出版予定日などに縛られており、いつかはその生成過程が終わりを告げるのだ。ひとたびそうなれば、テキストのあらゆる部分は固定され、他の部分との関連も動かしがたくなってしまう。冊子体は、フレキシブルであり拡張可能でもあった。しかしそれは、建築物という比喩が示すように、限られた範囲内でしかなかった。建物同様、一度建てられてしまえば、増築や改築は、可能とはいえけっして容易ではないのだ。書物であれ建築であれ、構造そのものを変えるためには、土台からの出版/生産行為が必要となる。印刷本の読者が、オリジナルと改訂版の両方を手に入れた場合、まず片方を、それから別の方を、それから最初の本をというように、交互に見ながら利用することもあるかもしれない。けれども読者の標準的な反応は、改訂版を元の版の代替物とみなすというものだろう。家が取り壊されて、そして再建されたかのように。建築物は、だから、テキストという概念を閉じ込めるには相応しくないメタファーだ。おそらく、建築というのはヴィジョンとして小さすぎるのである。

そこで、「インフラストラクチャー」というメタファーを試してみたい。道、街路、路地、橋、下水処理施設、電力網、交通信号、壁のソケット、自由に利用可能なさまざまな道具などを含む「インフラストラクチャー」というメタファーは、その開放的な性格によって、人間の行動の質を高めてくれるような新しい組織原理や新しい道具の発明を促しはしないだろうか。電子的な環境は、テキストのためのインフラストラクチャーとして機能することを目標としうるだろう。そこには、テキストを構成する要素とは何なのか、どのような種類のアプローチが有効であり可能なのか、テキストに向きあう人間の行動の質を高めるためにはどのような装置が発明されるべきかといった問題について、異なるさまざまな考え方を許容する余地がある。もしテキストが、食物や水、きれいな空気、清掃手段のように、心と精神の維持に必要な糧として、人間の行動を養い、浄化し、魅了し、強くしてくれるものだとしたら、テキストはさまざまな手段で私たちの元にもたらされるべきだし、それを使う手段も複数用意されているべきだろう。参照で挙げた、ディキンソンの詩の一節「本のような軍艦は他にない There is no Frigate like a Book」という言葉は、電子テキストについてはいくらかあらためなければならないだろう。だが、どのように？　書かれたテキストにとっての電子的な建築なりインフラなりが構想され実現されて、テキストがその居住条件を変えたり、テキストの新たな性質となるものに向きあったりするかどうかは、今の段階ではわからない。

建築物やインフラといったイメージには、そこに人間による計画、戦略、目標設定があり、そのために人間が開発した手段を用いることが暗示されている。だが、テキスト性に関しては、サンゴ礁の方がより有効なメタファーだという意見もある。[*7] 特定の人間のコントロール下にあるわけではなく、ある意味で自然な生成発展、共生関係、相互に独立した成長過程が、非常に複雑な自然の相互作用を起こし、最終的には息を呑むほど美しい光景が広がるというのは、なるほど、一つの魅力的なヴィジョンでありうる。だが、私はこのメタファーには同意しない。テキストは人間の発明品であり、人間が考案した記号システムや機械的な生産・分配手段によって成り立っている。テキストの慣習は、人間によって作られ、合意されてきたものだ。だいいち、人間はサンゴ礁を作るのではなく、むしろ破壊する者ではないか。言語がアカデミー・フランセーズやウェブスターの辞書［それぞれフランス語・英語の「正しい形」を定め、固定しようと試みた］を無視して成長し、変化するのは確かだ。だが、人間が言語の慣習を意図的に操作して非常に複雑で精妙なテキストを作り出していくかぎり、それらのテキストの機能や意味や目的や、さらにはそれらが創造・作成された意図さえも、理解するための能力を高める意識的な方法を用意しておくことが必要ではないか。適した環境のもとであれば、サンゴが人間の作った建造物にくっついて成長していくことはありうるし、それを妨げることはできない。また、道具の誤用——ドライバーをハンマーとして使ったり、家を暖めるためにガスレンジを使ったりすること——を妨げることもできない。予期せぬ結果や予期せぬ使用法は、人間の行動においては避けられないのだ。だが、私たちがもし電子環境におけるテキストの潜在的な可能性を探ろうと思うのなら、そうしたことをすべて偶然に任せておくわけにはいかない。インターネット上に溢れるテキスト群を見れば明らかだろう。カワホトトギス貝のようにうじゃうじゃとはびこり、信頼できる情報の交換を阻害している。テキストのサンゴ礁のなかでは、プロジェクト・グーテンベルクとロセッティ・アーカイブとチョーサーのCD－ROM版『カンタベリー物語総序』を区別するのは困難だろう。[*8] モニタ上のテキストは、質において大きな相違があったとしても、驚くほどよく似て見える。そして検索エンジンによるリストアップは、テキストへの洞察や信頼性とは無関係の要素によって優先順位をつけがちだ。

本章の目的は、第一に、豊かになり、もっと精妙になった電子版のメディアが、テキストの再現に、そしてより重要なこととして、文学作品の受容の評価にどのような相違をもたらすのかを解き明かすことだ。そして第二に、アーカイブとしてだけでなく、どのような読み方でも可能にしてくれるナリッジサイトとしても機能するような電子版を展開するための空間や形を示唆することである。私がこれから説明を試みる空間や形は、テキストのアーカイブが学術版のベースとして役立ち、その学術版が、他のすべての文学研究の成果と協力して、現在進行形の学問のためのナリッジサイトを作り出す場であり、そしてそのナリッジサイトが、教育用のツールとして機能するような場である。そうした環境においては、利用者は任意の入口から入ることが可能で、役に立つコンテキスト的資料を適切に組み合わせて選ぶことができ、そして（多くの印が付けられ、隅が折られた書物の代わりとして）作品と、その人独自の関わり方を持てるだろう。そればかりか、いつでも元のテキストに再接続して、さらなる情報や異なる見解を得ることが可能になるだろう。

電子テキストというメディアにおいて、すでにいくつもの先行例が作られているにもかかわらず、私たちが電子テキストの能力を充分に理解したり利用したりしてきたとはいえない。私たちがこの新しいメディアになかなか適応していかない理由は、一つには印刷文化において身についた、テキストに対する狭い考え方のせいであり、もう一つは印刷物をわずかに改善された電子形式へ変換するという、実は第一段階でしかない仕事を終えただけで、あっさり満足してしまったせいだろう。あらゆる電子テキストの版を表示できるように規格化されたソフトウェアの開発が遅れているのも、目の前の作品の編集プロジェクト用に特化され、他のテキストにまで拡張したり適応したりするようには設計されていない、閉じたシステムの構築に労力をかけすぎているせいだ。いずれにしても、従来の試みは、有望そうに見えて、実際には限定された、というか、他には拡がりようがない、行き止まり状態のプロジェクトが多数生まれるだけに終わっている。

今日までの電子学術編集版の開発者に共通しているのは、大規模な電子学術編集版を糾合するための、対話的で互換性のあるツールが全面的に欠如しているということである。電子版の作成に関して今までに私たちが知りえたことの大部分は、それぞれが特定の学問的プロジェクトのために孤立して働いている、個別の学者や小グループによるものだ。だから、パズルの破片はちりぢりで、おまけにしばしば矛盾さえしている。それぞれのプロジェクトは、それぞれ特定のプラットフォーム上で構築されている（マッキントッシュ、ウィンドウズ、サンなど）。テキストをアーカイブ化するために独自の書式を用いている（ワープロ、タイプセットあるいは整形プログラム、HTML、SGML、XMLなど）。テキストもまた、固有のさまざまな特徴を備えている（何百枚もの筆写だったり、著者による唯一の手稿だったり、少数の印刷された資料だったり、著者による複数の手稿だったり、清書されたものだったり、何度も推敲された手稿だったり、等々)。そうしたテキストから、特定の方法で構想されたエディションを作ることを目的としている(言語学のためのデータベースなのか、手稿のアーカイブなのか、「最も真正な」あるいは「最も重要な」ドキュメントの貯蔵庫なのか、批判的に編集されたテキストとしてなのか)。説明のための視覚資料(絵画、挿絵、彫刻、建築、地図、図表)が付いている場合もあれば付いていない場合もあり、テキストの流動性を示そうとする場合もあれば安定性を示そうとしている場合もある。それぞれのプロジェクトが、編集される材料の性質に合わせ、あるいは編集者や予期される読者層の学問的関心の性質に合わせて、異なるソフトウェアや配列法やアクセス法を選択したのは、驚くべきことではない。こうした複雑な状況はこれまでも指摘され、現在も指摘され続けているが、誰もが認める解決法はいまだ存在していない。ただし、大いに希望が持てるのは、異なったツールが同じデータにアクセスできるように、データファイルとマークアップを標準化するコード化言語であるTEI(Text Encoding Initiative)とXML(Extensible Markup Language)によって、互換性が高まるだろうということだ。

いま説明した事態の現状の主な特徴は、独自に展開してきたそれぞれの学術的プロジェクトが、固有のツールやマークアップ規約とかなり緊密に結びついていることである。ある研究者のデータに別の研究者のツールでアクセスするのは難しいし、データを新しい利用法や別のデータ構造化法のために変更するのも困難だ。これは、一つには電子化されたテキストや学識が、それらとともに使われるソフトウェアと同じように専有化されているからである。著作権もこの問題に密接に関係している。たとえば、ジェイムズ・ジョイスの『ユリシーズ』について、初稿から書き込みの入った校正刷、そして後の版における改訂まで、すべての残存している原稿を再現したファイルのアーカイブを含む新しい電子版があるとしよう。*9 そのアーカイブには、さまざまな異稿にアクセスできるように、完全な相互リンクが張られているとする。そして、それが著作権付きで販売されるようになったとしよう。そこで、別の研究者／IT技術者がソフトウェアを開発して、その『ユリシーズ』アーカイブの、任意の箇所の執筆過程を閲覧できるようにし、その箇所が成長し変化していくさまを好きな速度で見られるようにしたと想像してみよう。このソフトウェアは利用者がVCRを、巻き戻し、中断するような操作を可能にし、コメントを加えるための欄も用意されているとする。さて、この新しいソフトウェアは、『若い芸術家の肖像』やベケットの『まだもぞもぞ』やケアリの『馬の口』やストッパードの『汚れたリネン』などの「『ユリシーズ』に関心を持つ利用者が同じように関心を持ちそうな」作品のアーカイブに対しては利用可能なのだろうか？——すでにマークアップされ、そこにさらなるマークアップを加えることで質が向上するような状態で、そうした作品のファイルがアーカイブ化されているとしたら？

電子学術編集版の世界はその方向に動いているであろう。しかしまだ条件は整っていないのだ——マークアップされたアーカイブや、マークアップされた論評と註釈、テキストの変更や生成のマークアップされた分析の開発に、学識をモジュール化して投入するための条件は。そうした方法が開発されれば、研究の成果はモジュール化された形で利用可能になり、さまざまなツール——固定したテキストを表示するもの、ダイナミックなテキストを表示するもの、テキストを選択するもの、テキストを操作するもの、論評や註釈にアクセスするためのものの、批評用、歴史研究用、言語学用、文献学用など、用途に合わせて版をカスタマイズするためのものなど、さまざまなツールを利用することができるわけだが、そうした条件はいまだ整っていないのである。

現在提供されている電子版は、ほとんどの場合、すでに完成されたそのプロジェクトと基本的な特徴が共通する作品に対してでなければ、新しい版を構築するためのモデルとしては役立たない。だから、『ベオウルフ』から『リア王』、サミュエル・ベケットやマーカス・クラークの作品まで、スタンドアロンの電子版は、主要な学術編集版のテキストや研究成果を収録するだけでなく、それらを使用するための電子ツールとして交換不可能なものばかりを作り、蓄積していった。結果として、素材はもちろんのこと、保存や検索の方法においてさえ、それぞれのプロジェクトは孤立したものになってしまう。電子テキストの、共同のプロジェクトやセンターにおいてさえ、結果は限定的で、そればかりか他の可能性を限定してしまうものでもあった。たとえば、ピーター・ロビンソンの、チョーサーについての素晴らしい仕事の周辺で行われる編集プロジェクトは、ダンテや新約聖書など、チョーサーに似たテキスト史を持つ作品について行われる傾向がある――シェイクスピアやジョイスやサッカレーについてではなく。同じように、ヴァージニア大学の人文学先端研究所（IATH）で生まれたプロジェクトは（ブレイクやロセッティなど）視覚材料が大きな役割を占める作品に集中する傾向がある。そこでは、アーカイブ化、イメージ化、論評といった概念の方が、批判的編集より重視される。これらのプロジェクトが、もっといいものにできたはずだというわけではない。そうした蓄積がなければ、どのように改良したらいいのかを考えることは困難を極めたはずだ。

こうした電子化プロジェクトはまだ始まったばかりでしかない。にもかかわらず、より精巧なプロトタイプ版の製作に関わる人々の熱狂ぶりが、次のようないい方に表れている。「私は非常に多くのことがXMLやXSLでできると考えている。現在の私たちのインフラに欠けているものは、おそらくXPathとXQueryをサポートするようなよくできた無料のXML検索エンジンであろう。もしそうしたものが存在していれば、現在聞かれる多くの不満もなくなるだろう[*10]」。そう、たしかにそうした検索エンジンは手にしていない（少なくとも私がこれを書いている時点では）。そればかりか私たちは、他にも重要なものをいくつも持っていない。あるいは持っていたとしても、孤立し、共有不可能なプラットフォームに依存した形式でしかない。今後の技術の進歩を考えれば、現在私たちが持っている技術もこの先ずっと使い続けられるわけではない。それどころか、学問的な必要性にも適合しておらず、これまでも決して適合してこなかったではないか。いくつかのプロジェクトを考えてみよう。IA

TH[*11]の、バーミンガム大学のチョーサーその他の中世プロジェクトのために、ピーター・ロビンソンがテキストの照合と美しい提示法とを非常に複雑に両立させた版[*12]を、電子版によって非常に巧妙かつ美しく再現するプロジェクト。オーストラリア国防大学校において、照合・変換のツールや認証処理を扱った、ポール・エガートとフィル・ベリーによるプロジェクト。[*13]図表、地図、タイムスケジュールその他の言語的、図像的註釈を大量に含み、素晴らしい出力能力を備えた、エリック・ロシャールによるARCANEオーサリングプロジェクト。[*14]そして、ハイパーニーチェ・プロジェクトによって計画された、資料とアクセスの包括的な組織化。[*15]こうした種々のプロジェクトを、もし一つにまとめることができたならどうだろう。つまりそれは、知識領域のドキュメント、提示における美しさ、画像処理、同時進行の照合、信憑性に対する絶えざる自己診断、執筆者がリンクで註を付けるためのツール、複数の出力形式（画面、プリンタ、XML、WORD、TeX、PDF、その他）、音、動作、適当な速度、適当な保存容量、ユーザーフレンドリーなインターフェイス、（三クリック以下で）どんなところも開けるような迅速なナビゲーション、そして学問的な質といった多数の要素を、学問的かつ包括的に統合することである。しかもこうした機能を、類似のインターフェイスでどのプラットフォームでも動作可能なプログラム群によって、作者、追記者、読者という三つのモードのそれぞれにおいて使用可能にし、プログラムの使用法を学んだり、ある機種から別の機種に乗り換えたりするのを容易にし、さらには、あるアーカイブのために開発されたツールが他のアーカイブにおいても容易に適合できるようにするのだ。ここまでやって、初めて誇りうるだけのものを持ったといえるのではないか。そうなれば、永久に使えるマニュアルに書くべきことも出てくるだろう。しかし現時点では、私たちの目の前にあるのは数々の実験でしかない。そのいくつかは、たとえば、ステイン・ストレゥフェルスの『ウォーターホークの没落』の、デ・スメートとヴァンホーテによるオランダ語電子版[*16]のように、作業の根幹を点検している点や、改善点を明示している点で、非常に優れた仕事ではあるのだが。

電子版の方法が、ソフトウェアとハードウェアの両面においてまだ急速に発展する途上の幼年期にあるために、学術的電子版をどのように作るべきかという議論は、技術的な問題についてばかり行われてきた。編集プロジェクトが、主として、テクノロジーについて素人だが電子的な再現や流通を望んでいる文学研究者によるテキスト研究の一つと定義されている場合は、テキストに関する複雑な問題に対しては、かりそめの技術的な解決法しか見出せずに終わることが多い。逆に、新たな編集プロジェクトが、主としてテキスト的というよりむしろ電子的なものとして定義され、文学や文献研究においては素人である技術者のものとして位置づけられるときには、美しく雄弁な技術的デモンストレーションが、テキストに関する問題においては、自明だったり、単純だったり、欠点があったりする考え方を示してしまう。*17 表面的な観察者は、実際に学術研究を利用するわけではなく、ただ単に見るだけなので、文学者によるテキストの複雑さやニュアンスよりも、むしろ技術者による工夫の方にいっそう強い感銘を受けるだろう。ナリッジサイトの進化は、そのような観光客の反応では測れないはずである。

全面的な電子学術編集版は、その使われ方に影響を与えるような、作品に関する利用者の質問に、素早く簡単に答えられるようにすべきである［左頁表］。

電子版はどのようなものでありうるのか。それについて、誰もが合意しうるゴールや理論や分析がないため、学術版の編者たちは、それぞれが努力を傾けて作っている電子版のシステムが最終的に共通のゴールを目指すということについての共通の感覚を得られずにいる。そして、ＴＥＩとおそらくＸＭＬを例外として、電子版の設計と構築のための交換可能なモジュールという考えを促進してくれるはずの「業界標準」という感覚も――広く一般に受け入れられているものなのに――電子テキストの世界では発達していない。*18 結果として、特定のソフトウェアとハードウェアについてのアドバイスはあっという間に時代遅れになってしまう。そして、どうしたらいいのかについて、すべての答えを知るものは誰もいない。

A　文書記録
1　この作品の、重要な歴史的文書記録となる形式は何か？
2　自分の読書（リーディング）テキストとしてある特定の歴史的文書を選択できるか？
3　自分の読書テキストとして作品の批判的編集版を選択できるか？
4　そのテキストのあらゆる形式を写真イメージで見ることができるか？
5　どんな版でテキストを読むときでも、任意の箇所で中断して、他のヴァージョンのテキストがその箇所で何を語り、どのようになっているかを見ることができるか？　つまり、相違点が明示され、リンクされているか？
6　どんな版でテキストを読む場合でも、主要なヴァリアント、あるいはあらゆるヴァリアントの存在に注意を喚起してくれるか？
7　どんな読書テキストでも、利用者が自ら修正したヴァージョンを反映させて作りかえることができるか？
8　それぞれの文書の由来に関する記述を読むことができるか？
9　文書のさまざまなヴァージョンについて、それぞれの相対的な長所や重要な特徴に関する編集者の詳しい意見にアクセスできるか？

B　方法論
10　編集されたヴァージョンの基礎として、ある歴史的テキストを選択したことについての編集者による理論的説明を読むことができるか？　また、編集の原則に関して編集者の説明がされているか？　そして、編集者によるすべての手入れの箇所が、何らかの方法で示されているか？
11　その作品の創作、改訂、出版に関する説明があるか？
12　ある読書テキストを他のヴァージョンより優先させた結果についての論拠が示されているか？
13　ヴァリアントが掲載されている時、それらについての編集上のコメントも利用可能か？
14　イラスト、コンテキストを説明する作品、手紙、個人的な書類、新聞記事のような補助的なドキュメントが、説明的な註釈つき、あるいは完全なテキスト形式で利用可能か？
15　［元のテキストから電子テキストへの］転写の正確さは保証されているか？

C　コンテキスト
16　その作品の創作過程や主題に関連する文献目録、手紙、伝記、歴史や、あるいは著者による解釈を理解するためのガイドはあるか？
17　作品刊行当時の書評から、最近の学術研究や批評まで、既存の解釈的な仕事のガイドはあるか？
18　活字･映画あるいは他のメディア向けにアダプトされたヴァージョン、抄録版、検閲された版などのうち、興味深いものを取り上げてあるか？

D　使い勝手
19　電子版の全機能を示したチュートリアルがあるか？　また、初心者のためのガイドはどうか？
20　頁の隅を折ること、下線引き、余白への書き込み、相互参照、将来引用して使いそうな箇所を記録しておくなど、書物に対して行ったのに対応する電子的な方法は用意されているか？　そのサイト上で、フルテキストによる裏づけと参照のために、電子版の該当箇所にリンクを張りながら論文を書くことは可能か？
21　その版を用いて、他にどのようなことができるか？

村をあげての仕事

電子版は一人の作業では作れない。一人の人間にはまず習得不可能な、さまざまな技能を必要とするからだ。学術版の編集者は何よりもまず、編集文献学者である。彼らはまた書誌学者でもあり、文学的、歴史的な研究方法も知っている。しかし彼らは通常、図書館員、植字工、印刷職人、出版者、本のデザイナー、プログラマー、ウェブ管理者、システム分析者のいずれでもない。印刷の時代に、学術版の編集者がそれら生産上の役割のいくつかを担当したように、コンピュータ時代においてもプログラミングやインターフェイスの設計を試みる編集者は存在する。本のデザインの場合であれ電子的な再現の場合であれ、テキストについて持っている学識にくらべると、学者というのは美しさや精巧さを達成しようとする技術的な試みにおいてはアマチュア程度の能力しか持っていない。それでも多くの場合、テキストの創作、改訂、出版、伝達を調査することが本分であるはずの編集文献学者が、(ともかくも作り出された、あるいは学術的な品質管理の下で作り出された)テキストに関する自分たちの労働の成果を得るために、そうした他の役割を身につけなければならなかった。電子化時代においても、電子的問題の専門家になることを編集文献学者の義務であるかのように考えている人々もいる。おそらく、かつて同じ理由のために、編集者が植字工になったのであろう——つまり、必要なチームの支援が欠如しているときには、彼らがしなければならないことを行うのである。他方、非常に熟練したプログラマーやインターネット技術者が、アマチュア程度の編集文献学の知識に対して、専門だけにデザインの美しさだけははるかに上を行くような電子版の作成を引き受けたこともあった。このような人々も、同様にチームを必要とするはずだ。専門知識が分断されていることによって、現在の状況が導かれてしまったのだ。つまり、技術的な答えが、特定の一つの学問的なプロジェクトや、一つの領域の類似のプロジェクト群にしか適用できないという状況が。

以下に提示した、（アーカイブや学術編集版とは反対のものとしての）ナリッジサイトの可能性のチャートに見られるように、[*19]このような学術プロジェクトを維持し、継続するためは、プロジェクトの創作者たちの生を越えた、生命を持ったコミュニティが必要とされるだろう。創設者が死んだあとに、蔵書、学術論文誌、専門的研究機関を維持していくための共同体が生まれたのと同じように、ナリッジサイトの周囲にもそれを支える共同体が生まれるであろうと私は信じている。もしグーグルのような検索エンジンが情報にアクセスするためのモデル——そこに、高等なものから下等なものまであらゆる種類の生命が受け入れられる、真にサンゴ礁のようなモデル——であるなら、ナリッジサイトは、創設者より長命な協同作業の成果として、知的な関心や見識や流行の変化に伴って成長し発展し、先行する仕事を置き換えるというよりむしろ拡大または修正するようなかたちで、新たな知識を受け入れることが可能である。[*20]

厳密にいえば編集文献学は、テキストの創作、改訂、出版、伝達の研究に焦点を合わせるものだ。しかし、編集文献学者たちも、コンピュータ技術について精通していることが望ましい。それは、最終的な再現や機能性の目的、目標を達成するための方法に関する知識が、研究の始まりからプロジェクトの最終的な拡大ないしは放棄までになされる決定のすべてに影響を与えるからだ。同様に、編集文献学はインターネット技術者のサービスを必要としてもいる。そして［編集文献学者とコンピュータ技術者の］どちらのタイプの専門家であっても、読者が複雑なテキストを吸収する方法について考えている人々からのアドバイスを必要としている。複雑なテキストの状態を単純化したり、安易なものにしたり、簡単にするわけではない。テキストの複雑さに向けて、障害の多い道ではなく、ハイウェーによるアクセスを提供することが目指されている。求められているのは単純さではなく、明快さである。

　これまで「学術版編集の目標とは……」で始まる文を口にしたことがあるすべての編集文献学者は、その後に続く意見がどれほど一般的で穏やかなものであろうと、非寛容的だとか強情だとかいう理由で非難されてきた。とはいえ、他にどんな要素――書物、CD、ウェブサイト、記録されたテキスト、それらを組み合わせたもの、まだ生まれていない新たな考えなど――が含まれていようとも、電子学術編集版やナリッジサイトの目標とは、ある作品の一つまたは複数のテキストの提示を含むことができ、含むべきである。そして提示されるテキストは、その作品の存在様式に関する編集者の理解に基づき、きちんと明示された原則や方法により編集されたものでなければならない。もっとストレートないい方ができるかもしれない――それは、学術版編集におけるまごうかたなき真実である。すなわち、テキストと、テキストのヴァリアントと、それらの起源と、製作過程と、受容とを、そうしたテキストの問題に対する注釈とともに提示すること。だが、こうしたストレートな見解は、非常に多くの疑問を回避し、残存している歴史的ドキュメントのようなテキストの証拠は、客観的、中立的な方法では処理できず、書き写せず、呈示できないということを認めないように思える。編集者というものは、意図的であれ無意識にであれ、自分が適切だと判断した残存する形式のテキストすべてを特定し分析したあとで、特定の「テキストに対する志向性」に従って、転写し、編集し、註を付けていくべき関連事項を決定する。拙著『コンピュータ時代の編集文献学』において、そうした志向性のうち、「書誌的なもの」「ドキュメント的なもの」「著者としてのもの」「社会学的なもの」そして「審美的なもの」という五つを説明した。編集者は、これらの志向性のいくつかを組み合わせて自らの根拠にしようとするかもしれないが、編集行為の一つ一つの過程においては、一度に一つ以上の志向性に従うことはできない。ある一つの志向性を達成するのに必要なやり方でテキストを提示すると、別の志向性をもってテキストにアクセスしようとする人々から見た場合、資料を歪めることになる。この違いは些細なものであることもあるが、時には非常に重要な場合もある。[*21]また、電子サイトで作品を公表する際、すべての関連テキストを選択せずに取り込むことを意図している編集者でさえ、それらのテキストを分析しなければならず、またそれらの相互関係も説明しなくてはならない。となると、テキストを一語ごと、一文字ごと、句読点ごとに比較することや、紙の上に表れた図像的な違い、書体、頁や表紙のデザインなどを比較・分析することなしには不可能である。もっとも、編集者たちはすでに、電子的な形式でしか存在しなかった［新しい］作品も扱うようになっており、そうした場合には、彼らの関心はいま言及したものとは異なってくるだろう。ここで展開するナリッジサイトの概念は、残存しているテキストのすべて、そしてテキストに対する志向性のすべてに適応した方法を与えようとしている。

電子学術編集版は、編集者と編集版の利用者の双方に、印刷版で可能であった以上のことを、すでに提供可能であるか、あるいはまもなく提供可能にすることを約束している。すなわち、印刷版は出版事業の経済面による限界と、単純だがしっかりしたテキストを望む一般読者と、テキストの来歴のすべてを必要とする少数の学者族の、相反する要求に応えようとしたことによる限界に常に直面していた。実際、印刷版は、すべての人のためにすべての必要を満たすことはできなかった。ここで構想されているナリッジサイトは、研究者の「村」でモジュールとして構築された諸要素が提供されてできあがるもので、決してその全体を印刷物として提示することはできない——もちろん、その構成要素の大部分は、より小さいユニットとして、これまで印刷されてきたものであり、今後印刷することができるものだとしても。現在では、学術編集版を作ろうというのなら、それを電子的なナリッジサイトとして構築し、そこに資料や付随する研究成果にアクセスするためのさまざまなツールを補うのが合理的であるように思われる。今後、印刷された学術編集版が作られ続けるとしたら、それは電子版の派生物としてであり、長期の詳細にわたる研究ではない、読書や教育といった場面で用いられるためであろう。なるほど、歴史的には印刷版が電子版より先行している。だが、電子テキスト開発の初期段階にすぎないにもかかわらず、印刷学術編集版を作成してから、それを電子版に変換することはもはや時代遅れになりつつある。

編集文献学におけるこの一八〇度の転換にはいくつかの理由がある。最大の要因としては、コンピュータ支援による学術版編集によって、すでに転写、照合、校正、記録保管といったすべての段階がコンピュータ化されていたということである。手作業による学術編集版の作成は現在ではまったく行われていないといっていい。一九六〇年代に標準的だった装備と手順を使って、いま学術編集版を作り出そうとする人間がいるなど、想像もできない。おそらく、電子データから印刷版を作成することはなくならないだろう。しかし現在では、研究の開始時点から、完全な学術的成果のためにより大きな可能性を持つ電子出版を目的とすることが合理的だと思われる。印刷学術編集版を作ろうとするのは、今では時代遅れであろう。なぜなら印刷版は、どの材料を採りどの材料を捨てるかについて、ほとんどすべての段階で妥協し、決断しなければならないからだ。一方、電子版なら、そうした作業を考えなくてもいい。妥協や材料の省略の代わりに、電子版ではナビゲーションについての決定がなされなければならない――どのレベルで、どのような手段によって、深遠な情報のビットにアクセス可能となるのであろうか?

もし大規模な電子ナリッジサイトのプロジェクトからの派生物として印刷版を考えるなら、特定の対象やマーケットを狙うことになる。テキストに関する問題の必要かつ充分な知識に基づきつつも、余分な要素を刈り込んで形を整え、特に一般読者や学生利用者などにとって、求める作品への最良のアクセスが可能になるようにするのだ。

しかし、すでに刊行された印刷学術編集版や、印刷版として計画されている進行中の版のなかにも貴重なものが数多くある。だから、印刷テキストを電子化する問題や、すでに印刷された版への補遺として電子化製品を使用することを考えるのも有益だろう。現在、印刷版として刊行中の編集プロジェクトにとっては、この作業は必然的に印刷版から電子版への移行を意味する。したがって、こうした過渡的な段階は、ほどなく終わることだろう。

業界標準とモジュール式構造

前に述べたように、一般的に今日までに電子学術編集版の業界標準として唯一同意を得ているのはTEI標準マークアップ・システムである。また、WWWとXMLは、広い範囲で標準的な環境となり、編集者やプログラマーや利用者が、テキストや関連する研究成果を提供し、それらにアクセスすることを助けたり、テキスト分析やテキスト操作のためのツールを開発し、使うことを可能にしたりしている。私の定義では、これらは標準的な規格とみなしていい。簡単な話で、これらはさまざまなプラットフォームを跨いで稼働し、多様なソフトウェアで使われるからだ。どうすればこれらが統合できるのか、どうすればアクセスが可能になるのか、どのようにツールを作り、使っていくのか——これらの問いについては、いまだ手探りで答えを求めている状況である。

大いに喧伝され、非常に役に立つ潜在力を秘めてはいるのだが、XML（そしてその前にHTMLとSGML）標準の重大な欠点は、「階層《ヒエラルキー》のオーバーラップ」と呼ばれるものを許容しないことだ。「階層のオーバーラップ」とは、すなわち、一つの作品を構造化し、検討する際に、同時に二つ以上の方法を用意する能力のことである。たとえば、タイトル、章、パラグラフ、文をユニットとして、作品を分割することを考えてみよう。その場合、物体的な側面（平判、折り丁、紙片、頁など）に基づいて作品を分割することができなくなる。一つのパラグラフは、始まったページとは異なるページで終わる可能性があるからだ。ＸＭＬでは、新しいカテゴリーを開く前に、一つのカテゴリーのなかで開いたものをすべて閉じることが必要になる。だからもし、あるパラグラフがあるページで始まっていた場合、パラグラフの続きを読むためには、そのページを閉じて次のページを開く前に、パラグラフ自体を一度閉じ、次のページを開いてからふたたびパラグラフを開かなければならない。エッセイや章はパラグラフだけで成り立っており、それがページ上でどのように配置されているかは重要ではないのだと誰もが合意しているのなら、構わないわけだが、しかし私たちは同意しない。想像力豊かな人々が、この制約を何とかしようと、多かれ少なかれ不器用な方法を開発したが、必要なのは「階層のオーバーラップ」を可能にするような言語とマークアップのシステムである。けれども、本節の目的は現在のシステムを非難することではなく、論理的かつ明確かつユーザーフレンドリーな形式で、複雑なテキストを提示するための技術的な環境と構造を構想することである。おそらく構想さえ立てられれば、実際に作成することは可能だろう。

学問分野を問わず一般的にいえることだが、業界標準の欠点は、研究と開発が進むにつれて、その標準が定められたときには予見できなかったことや、従来の標準では不可能なことをしようと研究者たちが望むようになるということである。一方、標準の利点とは、もし充分にフレキシブルかつ融通が利くものであれば、全体や他の部分の機能に影響をすることなくサービスを共有し、部分を交換することが可能になるということである。

電子的な版／アーカイブ／ナリッジサイトの機能に対するモジュール式アプローチは、私たちが求める柔軟性や互換性をもたらす助けになるかもしれない。編集や読解のための機能や、編集したり読んだりする過程に影響を及ぼすような素材、情報のタイプについてのアウトラインを提示することによって、どのような領域でソフトウェアが必要とされているのかを明らかにしたい。すでに多くのソフトウェアが存在している——つまり、目的とする仕事を処理するコンピュータの能力はすでに証明されてきたのだ。ただし、これらの解決の多くは、電子版／アーカイブ／ナリッジサイトの資料にアクセスしたり操作したり付け加えたりコメントしたりするためには、ソフトウェアを動かすために、まずパソコンをマッキントッシュやUnixプラットフォームに変えたり、テキストをXMLやWORDからTeXやQuarkなどへ変換したりしなければならないというような不便なやり方で開発されている。このようにしてすでに開発された解決法や、データへのアクセスや操作に関する問題についての新たな解決法は、データ（テキストと註釈）がXMLコード化された形式に移しかえられ、異なるさまざまなプラットフォームでこのようなデータを扱うためにツールが作りかえられるのに従って、変化している。

このアウトラインを提示する前に念を押しておきたい。私は別に、一人の読者が、一度にこれらすべての部分を利用したり対応したりする意志があるとも、それが可能だとも思わない。重要なのは、常に進歩し続ける電子的ツールを使うことによって、同じ基本的な材料から、異なる読者が異なるときに異なる要求を満たせるようになることだ。[*22] さらに、このアウトラインは文学作品が取りうるあらゆる形をカバーしようと試みたものだということ、そしてどんな文学作品でも、資料のいくらかが欠けていたり、それを扱う際には特定の箇所を強調するものだということを念頭に置いていただきたい。さらに、プロジェクトというものは、しばしば中心人物が最も重要だと考える部分から始められ、他の部分は未来の学者のために手つかずで残されているものだ。ここで構想された構造は、あらゆる方向に開かれ、拡張可能である。[*23]

テキストの研究に基づく、人々がどのように読みまた読むことができるのかということについての情報は、これまで充分に与えられてこなかった。私たちはテキスト批判や電子的プログラミングの専門性を補完するような新たな専門性を必要としている。おそらくそれは、情報学の新たな領域として見いだされることであろう。それはテキストの受容についての研究であり、人々がどのようにテキストを読みかつ研究しているかについてだけでなく、どのようにテキストを研究することが可能かについても探究するものになるだろう。こうした探究の領域は、電子テキストの提示のデザインを発展させるだろう。すなわち、テキスト性のなかに含まれるあらゆる素材とあらゆる意味の層に向けて、どのようにユーザーフレンドリーなアクセスを用意するのかという問いに促されて。おそらく、コンピュータ人文学だとか人文的コンピュータ学などといった学科が、このような専門領域のための場となるだろう。しかし、ここでの私の主な主張は、電子版やナリッジサイトのすべての部分に興味を持つような読者集団、ないしは一人の読者の進化を考えることではない。さまざまに異なる要求を持つ異種混交的な読者層が、たった一つの、しかし複合的なナリッジサイトから必要なものを手に入れ、そのサイトはまた任意の作品の特定のテキスト群へのアクセスや、自由に使えるツールも提供してくれる、そういったものがイメージされている。電子的な学術「ナリッジサイト」は、あらゆる読者に対応しなければならない——たとえ読者が、一人ではこのナリッジサイトの能力すべてに対応できないのだとしても。

材料、構造、能力

次頁の表では左の列にナリッジサイトが提供可能な能力として求められる資料やツールや関係性の範囲を示しており、右の列には先ほどの表に列挙したように、読者が行いそうな質問や行動が示されている。

問題は、資料を収蔵することと、ナビゲーション可能なウェブを作るインターフェイスやリンクを提供することだ。そして、ナリッジサイトの成長や発展が促されるように、容易な方法でのアクセスを可能にすること、個々の利用者が、作品に対する自分たちのアクセスを、自分用にカスタマイズできるような道具を提供することである。

I　基盤としてのテキスト

基本的なデータ
物的証拠
文書データの転写：手稿と印刷テキスト上のもののデジタル画像

読者は現存するドキュメントを、それぞれ独立に、そしてすべて、転写としてか、デジタル画像としてか、あるいはその双方で、読むことができなければならない。

導出されたデータ
批判的に作られたデータの転写、編集されたテキスト
新たなテキストのためにデザインされたページのデジタル画像

テキストの新たな批判版が利用可能でなければならない。それは一つとはかぎらない。書物（たとえばPDFファイル）のような固定化されたフォーマットを持つ形式と、検索可能な転写の双方が必要だろう。

内部のデータ間リンク
照合：ヴァリアントの間をリンクする
批判的に編集されたテキストにおける修正点
付加的な物的事実（ハイフネーション、書体、書式）

読者が、現在どのテキストを読んでいるかにかかわらず、ヴァリアントに──画像と転写の両方で──アクセスできるべきである。また、［オリジナルの］文書テキストについての諸事実も、利用可能でなければならない。

書誌学的分析
手稿の物理的な特徴の記述
印刷版や、印刷、異刷りの書誌的記述
デザイン、書式、筆跡、活字などについての記述と歴史

読者が、当該テキストを含む手稿や、校正刷、書物といった物体の生産・作成について情報を得ることができる。

テキストの分析
改訂箇所の記述
テキスト間の異同の説明
出所とテキストの来歴
テキストに対する行為者の同定（誰が、いつ、どのように、どこで、何をしたか）
成立過程の分析：創作、改訂、生産、操作、検閲、流用など

テキストの成立・流用・翻案《アダプテーション》の過程のあらゆる段階における、創作と改訂に関する情報を提供する。誰が変更を行ったのか、いつ・どこで変更が行われたのか、そして変更の動機となったコンテキストについての情報を、可能なかぎり明示する。

II　文脈と展開

コンテキスト的データ（テキストの存在のそれぞれの段階におけるものを個別に）
歴史的背景の説明
伝記（著者や、編集者、創作、出版など）
説明的な註釈
言葉の分析──文体、文法、単語選択、ジャンルなど
社会的、経済的、政治的、知的な環境
手紙・日記・付随資料のテキスト全文のアーカイブへのリンク

著者が「いわずに済ませた」、しかしテキストの受容に影響を与える事柄に対して、可能なかぎり多くのアクセスを供給する。こうした資料がないと、読者は、自分が扱っている書記行為［の結果としてのテキスト］とは関係ないかもしれないことを作り上げたり、想定したりする傾向がある。

間テクスト性
作品の素材、類似物、影響関係、偶然の一致などへのリンク

扱っている作品が書かれる時に意識していた作品や、関連する作品へのガイドを提供する。

言語学的分析
独特の表現
書名、船名、強勢、外来語などにおけるイタリック体の使用
引用符や同上符号の使用
名付け
シンタクスの構造

言語学的・文体論的な分析で、珍しい使用法について説明を与える。

Ⅲ　解釈的な相互作用

受容の歴史
書評と批評
文学的な分析
物語構造
ジャンル
ジェンダー、人種、地域、宗教、政治などに関するイデオロギー
文化的な分析

作品の受容の歴史は、作品に対する読者自身の対応にコンテキストを与えることができる。

脚色／翻案《アダプテーション》
翻訳
抄録
演劇
ラジオのための潤色
映画
その他の利用

その作品がどのような変容を蒙ってきたのかの歴史を提示する。フルテキストでないのなら、少なくとも詳細な記述によって。音声と動画を処理する能力が利用可能であることが必要。

Ⅳ　利用者による拡張

新しいマークアップ

読者や研究者がテキストに新たな分析用のタグを挿入可能。

テキストのヴァリアント

歴史的なヴァリアントを組み合わせたり、新たな修正箇所を導入したりすることによって、読者が新たなヴァージョンを修正・創作できる。

新たな説明的註やコメント

読者がシステムに情報を付加できる。

個人的なメモスペース

読者がメモを書き込んだり、テキスト・音声・静止画・動画の引用を取り込んだりできる。

経費を分析することや、このアプローチに資金を融通する方法を提案することが私の意図ではなかった。私が目指していたのは、書記行為の機能を分析することによって、読者や文学研究者の要望やニーズをより広く深く明らかにすること、そして、電子的な再現によって可能になった、「テキストと濃密に関わっていく」ことが可能な環境を構想することだった。だが、もしそのコストが法外に高く、システムをサポートするメカニズムが不適切なら、こうした構想はSF小説を地でいくものでしかなくなり、私たちが考慮するに値しないものとなってしまう。以下に述べることは、資金調達に関して考える方法として、有用かもしれないし、そうではないかもしれない。

Ⅱ　実践的な問題

資金をどのように調達するのか？

私見では、財政的な問題は四つの要素から成り立っている。それぞれの要素は別々に取り上げることができるが、最終的には調整されているか、調整可能でなければならない。

最初のカテゴリーには、ソフトウェアのIT開発、ソフトウェアの調整、ナリッジサイトのコンピュータファイルの保守、そしてシステムやその内容を新しくよりよい技術に移しかえたり使わなくなった技術を切り離したりという、終わりのないニーズなどが含まれる。情報の流通のための方法も、他の側面は第四カテゴリーに属しているものの、ここに含まれる。このカテゴリーには、人件費やインフラ設備費も含まれる。

第二のカテゴリーには、それぞれのナリッジサイトにおける資料の学問的な開発がかかわっており、大規模な書誌的、文献学的、解釈的な仕事、それらを織り交ぜた仕事、データの校正、テスト版の試行などの仕事が含まれる。このカテゴリーには、人件費、旅費、写真代、そしてパーソナル機器の費用も含まれる。

第三のカテゴリーには、小麦を殻から選り分けるように、新たな情報の査読や審査や参入の管理を行って、ナリッジサイトの内容の品質を保証するということが含まれる。このカテゴリーには、人件費と通信費も含まれる。

第四のカテゴリーには、認可料と、著作権料、特許使用料が含まれる。一つしか残っていない一次資料や、著作権つきの資料をナリッジサイトからアクセス可能にするためには、図書館、出版社、著者その他、資料の占有権を持ち、その資料の公開を差し止める力をもつ人々に対して、現実的に交渉することが必要だろう。つまり、知的なコミュニティに対する好意と理解を求めるよりも、料金を払うという方法で解決することになるだろう。財政的に実行可能な計画による情報の流通に関する問題は、第一カテゴリーで述べた技術的な面を除いて、ここに含まれる。

二つの点について、最初に触れておく価値があるだろう。まず、印刷時代にも、知識社会は、上に上げた四つのカテゴリーと似たような出費に対して、資金を供給する方法を見つけてきたということである。出版の世界は、テキストや図像を印刷する装置に莫大な額を投資し、回収してきた。学問の世界は、ナリッジサイトの構築のために必要となる、すべてではないにせよほとんどの研究を含む、大小の学術プロジェクトを支援してきた。学術の世界は学術出版社と協力して、学問の質を維持するために、広範囲な審査と管理のネットワークとを作ってきた。そして図書館、アーカイブ、書物や手稿のコレクション、著作権の世界は、金と引き替えに生きていくことを学んできた——そうしなければ自らの存在がおぼつかないからだ。最後に、印刷知識の開発や維持を司る巨大なネットワークの商業面に加え、政府や諸機関や個人の世界によるコンスタントな財政支援が、知識の世界に対して行われている。

そこで第一の点として、「ナリッジサイト」の名の下に、学術的な仕事の表現、再現形式が印刷から電子に変わっても、上に上げたような種々の「世界」は、変わらず重要な役割を演じ続けるだろうということである。こうした「世界」は、知識、知識の産出、そして知識の普及を支援する。印刷における現実は、電子的再現の場合と同様、中味ではなく媒体にかかわるというのが実際のところだ。モノとしての本の販売のように見えるものは、本来は知的価値のあるテキストの販売である。なるほど、出版社のなかには、誤ったあるいは価値の低いテキストを含む書物を売るものがあるのは確かだが、その現実は知識の世界とはまったく関係ない。おそらく、苛立ちの種になるということを除いては。真の知識というものが備えている質は、真の出版にとって必要不可欠なものである。真の出版社、真の図書館、真の学者は、何よりも知識の質に貢献しなければならない。とはいえ、彼らもまた、財政的に維持可能でなければならない。

第二の点は、民主的にアクセスできる（すなわち、たいていの人々に入手可能な）電子ナリッジサイトを開発し維持していくためには、書物とデータベースの世界で行われているのとは異なった価格体系が考案される必要があるということだ。本のように決まった価格によって販売・購入される方式ではない。定期購読方式でもない。資料を入手したり、許可がないとアクセスできない閉じたデータベースを利用したりするときのように、一回または特定期間の使用料を払うわけでもない。そのいずれとも異なるアプローチが必要とされるだろう。

学術機関や基金組織でさえ、学術版編集者の小さい世界と同様に、大規模学術プロジェクトの資金調達、訓練、開発、保守、流通をめぐる複雑な問題に対して全面的解決を見出すことにまだ成功していない。もちろん、『ケンブリッジ版イギリス文学書誌』、『英国人名辞典』、『オックスフォード英語辞典』など、目を見張るような例外もある。また、資料収集に関しても、世界的に有名な図書館における何百ものコレクションが示すように、やはり目を見張るべきサクセス・ストーリーがある。けれども民主的な学生や学者の立場からいうと、これら驚嘆のコレクションは地球上の限られた場所でのみアクセス可能なものでしかない。そうした学生や学者は、コレクションを獲得したり、コレクションの在処《ありか》まで旅していったりするための資金がないために、手書きのあるいは印刷された知識へのアクセスが制限されている。

必要とされる人員を供給し、彼らの生計を支えるだけのインフラや社会システムと、電子ナリッジサイトでの真の進歩を可能にするような長期サポートとは、これまでのところまだ一体化していない。必要とされるのは、何百年にもわたり印刷された知識の周辺で発展してきた学術コミュニティが、電子的なナリッジサイトの創造に結びつくことである。小さな村がいくつも集まって大きな町へと成長していくのと同じように、ナリッジサイトの境界は融け合って、相互に作用しうる。これは、文書資料を土台にした学問領域の学者すべてが――今まで常にそうしてきたように――協力しうるプロジェクトだ。そこに、基金組織や学術出版社、図書館システムなど、既存の支援システムも加わるのである。とはいえ、書物の出版、流通、維持から、電子ナリッジサイトの構築へと力点を移す必要がある。それが機能するためには、学者や既存の支援システムのほかに、新たな役割を担う存在が必要になる。つまり、世界規模でメジャーとなることができるブラウザや検索やリンクのシステムで、無限の成長と、光の如き速さ、恒久的な保守点検、世界的な流通やアクセスなどの能力を持って、利益を生み出すものだ。そう、本の出版が利益をもたらしているのと同様に、ナリッジサイトも利益を上げなければならない。なぜなら、もしナリッジサイトが自らを維持していけなければ、知識と学問の世界を維持することもできないからだ。

現在に至る五〇〇年間の大部分において、私たちのすべてのテキスト生産技能は印刷メディアに向けられてきた。そのため、これまでのところ電子形式でなされてきたことの多くは、印刷物をそれに相当する電子的媒体へ移行することに尽きていた。電子化によって何がなしうるかという探究は、これまで写真や映画産業、それに図書館員たちによって促されてきた。また、自己を維持するだけの収入を生み出す方法の探索は、書物の生産と販売の歴史と実践によってなされてきた。私見では、最も有望な収入源となるのは、資料の販売や定期購読方式によるものではなく、利用者の払う使用料だろう。使用許可をライセンス制にしたり、CDやデータベースのアクセスを販売したりするのでは、利用者が受け取る価値や、利用することによって生じた価値を反映しない。そうした集金方法は、ありうる使用価値を前もって予測していることになるからだ。だが、ヒット数を調べて「購読者」に請求する課金システムは、いまや技術的に充分発達している。だから、一ヒット当たり一ペニーか半ペニーで充分、それが世界中で使われていけばいい。そうすれば、（どれほど巨大だろうと）一つの図書館だけでは購入・所蔵が不可能なほどの知識を備えた、包括的で利用しやすい電子的な倉庫に対するアクセス権を、さまざまな図書館の利用者に提供できるようになるだろう。そして、ナリッジサイトに貢献している出版社、図書館、研究者への著作権料も、著作権を買い取ったり初回一回かぎりの課金をしたりするのではなく、やはり使用状況の追跡に基づいて支払われるようになるだろう。つまり、推定された価値ではなく、実際に使用されるかどうかが収入を左右することになる。利用者の側からすれば、いつでも最も進歩し、常に更新された状態のサイトにアクセスすることになるから、昨年の売れ残りの品を押し付けられることもない。さらに、ナリッジサイトに寄せられる情報は、学術の世界による審査を通過したものだけになるから、サイト内の資料は一般のインターネットに見いだされるものよりもいっそう信頼性が高いであろう。広範囲の資料を所蔵し、多数の利用者がいる非常に大きな図書館は、このシステムに対する多大な使用料を支払うとともに、自分たちが所蔵する独自の資料への世界中からのアクセスによって、多大な支払いを受け取ることになろう。そうした図書館が独自の資料を所有し続けるかぎり、そのアクセスに対する支払いは続けられる。出版社と著者もまた、著作権が有効である限り、使用料収入を得る立場にあるだろう。使用料の一件一件は雀の涙ほどだが、それが世界中から集められることによって、限られた数の図書館への本の販売によって現在得られている収入を遙かに超えるであろう。

このシステムの長所は、オープンソースと両立可能なところだ。それに、ナリッジサイトへの無料アクセス——著作権がないもの、唯一の版でないもの、またはパブリックドメインに寄贈された資料へのアクセスに対しては料金請求が不要だからだ——とも両立しうる。課金システムは、利用者が保護された情報にアクセスしようとしたときだけ、起動することになる。その際の料金は、よほどのケチか貧しい人でなければ気にならないほどの、非常に少ない額であろう。

もちろん、これ以外の他のやり方が試みられたり提案されたりしており、その多くが今機能している。私は何も、この提案が最良だとか実現可能な仕組みだとか主張したいのではない。ただ、複雑で包括的、世界的で電子的な表現であるナリッジサイトを作り出すことが可能であり、それが財政的に自立していれば長期間にわたって進化し継続し機能していくことができることを示したかったのだ。それはおそらく、グーテンベルクの五〇〇年と同じか、それ以上の期間にわたって機能するだろう。

言語とソフトウェアによる解決策のいくつか

その欠点にもかかわらず、TEI準拠XMLは、転写その他のテキスト資料のための、現時点で最良の言語・マークアップを提供してくれている。その主な欠点のいくつかは明示されていて、修正されることが期待されている。このコンセプトに馴染みのない人々のために説明しておけば、マークアップとはテキストファイル内のセクション・部分・項目に付されたタグ、つまり目印のシステムのことである。単純な例として、文字と空白と句読点が作る文だけで構成されているテキストファイルを考えてみよう。マークアップは、さまざまなソフトウェアがそのテキストに対していろいろなことができるように、識別の道具を与える。それによって、書体（イタリック体など）、書式（見出し、字下げ、脚註、リンクなど）、特徴（音韻、形態、語彙など）、そして関連するアイテムのすべて（ヴァリアント、註釈、指示など）を識別するのだ。マークアップは、ごく初歩的なものにとどまることもありうるし、豊かなものにもなりうる。書誌や言語や歴史など個々の要素に関わるだけのこともあれば、書式に関わることもある。あるいはそうした要素を組み合わせたものにもなりうる。同じようにマークアップされたファイルにアクセスする場合でも、ソフトウェアが異なれば、ある系統のタグに注意を集中し、それ以外のタグは無視するかそもそも「見ることができない」ということになる。

イメージ化は、［具体的な方法に関しては］現時点では採りうるオプションがあまりに多いため、その目標を示すことにしたい。求められているのは、少なくともオリジナルと同じぐらい読み取りやすい画像となるような高い解像度である。実験のなかには、電子画像の方がオリジナルより読み取りやすい場合すらあった。異なるコンピュータ画面上でも忠実に再現できるように、色のシステムも求められる。複製の複製を検討しなければならないこともあるだろうが、一般常識からも専門的な知識からも、オリジナルから画像を作成する方がよりよいことが示されている。どんな手段の場合でも、それが一時的であったとしても、利用者は画像の元になったのが何であるか（オリジナルなのか複製なのか）を知る権利がある。利用者はまた、どんな処理が行われたか、その結果画面上の対象の外観が変わっている可能性があるかどうかを知る権利もある。これは画像がテキストのみを再現したのか、それともそのテキストが印刷されている物体（原稿や本）の画像なのかどうかを知ることを含んでいる。おそらく、高解像度の複製であっても、それを本物と間違えるほどナイーブな人はいないであろう。ロゼッタ・ストーンの本物そっくりの複製を見た時でも、人々は本物を見たなどとはいわないものである。

テキストを照合するソフトウェアは一九七〇年代初期から存在するが、学術版編集用に最もよく知られ、汎用性も高いのはPC-CASE、MacCASE、COLLATEである。後者二つは、ヴァリアントの間にリンクをつけるための仕組みも備えている。他の照合プログラムはヴァリアント表示は可能だが、編集を行うためには、他のプログラム、たとえばジョン・ダン異稿集成プロジェクト［二〇〇九年四月現在 http:// donnevariorum.tamu.edu/resources/down/］のために作成されたものとの連携を必要とする。より高度な照合プログラムJuxtaが、現在開発中である［二〇〇九年四月現在 http://www.juxtasoftware.org/］。

私の知るかぎり、学術編集版のために開発された、最も汎用性が高い提示用ソフトウェアはANASTASIAで、ドキュメントの画像、転写、ヴァリアント間のリンク、テキストに付随するすべての要素、イントロダクション、説明的註釈へのアクセスを提供する。それに比べると、JITM（Just In Time Markup）は、現時点では開発が進んでいない。こちらは、リアルタイムでのテキストの照合とテキスト認証機構を組み込んでおり、高度なマークアップ機能を読者に提供する。JITMはモジュール式なので、資料をコントロールできるようになり、読者のアプローチにある種のフレキシビリティを与えてくれる。だがその潜在的な可能性は完全には実現されておらず、ユーザーインターフェイスについても、二〇〇四年現在では多くの要望が残されたままになっている。開発中の多くのプロジェクトはXMLを採用し、学術編集版を提示するための実験的な方法を組み込んだ、新たに設計されたインターフェイス（画面上での表示とメニューとリンクの選択方式）を含んでいる。*24

フリードリヒ・ニーチェの作品に関心を持つ学者たちのコンソーシアムが、ハイパーニーチェと呼ばれるプログラムを開発している。そこでは無料で、基本的テキストや研究成果を収蔵したり、リンクを張ったり、作ったりすることができる。使われているマークアップシステムは、TEI準拠の要素を持つSGMLの一種である。また、そのネットワーク接続システムは現在、すべての利用者に無料アクセスを保証するコピーレフトと引き換えに、利用者全員に著作権《コピーライト》を放棄するよう求めるという、「オープンソース」のコンセプトと結びついている。こうして開発されたこのソフトウェアと、文化や学問によるさまざまな付加価値を通じて、原資料から知識が「構築」されることが可能だというそのコンセプトは、本書において展開されている原則と一致する。このプロジェクトに参加する人々が、引き続きシステムを無料で維持していけるのかどうかは、まだわからない。このシステムの健康状態は、助成金と参加者の善意にかかっている。このプロジェクトがニーチェ以外のナリッジサイトの発展を促すような形で成長していけば、その名前はハイパー HYPER、ハイパーリサーチ HyperResearch、あるいはハイパーラーニング HyperLearning といったものになるであろう。

エリック＝オリヴィエ・ロシャールの ARCANE は、主に歴史的な版のために開発された、包括的ではあるが閉じたシステムである。それは個別のドキュメントへアクセスできるようにし、利用者にコメントを付加できるような機能を提供している。チャートやマッピングや時系列に沿ったテキストの変化の用い方は、私がこれまでに見たどのシステムよりも創造的である。さらに、モニタや紙への異なるかたちでの出力や、異なる形式のファイル（.tex、.pdf、.doc など）に出力できるようになるはずだ。だが残念ながらこのシステムには、ヴァリアントにたどり着く手段が欠けている。

こうした例を列挙していっても、求められる解決法には近づくまい。それに本当のところ、私は一つの包括的なソフトウェアによる解決が望ましいとも思っていないのだ。ここで取り上げたのは、最も期待が持てるアプローチである。それはこれらが学術的使用というヴィジョンに基づいて構築されているからだ。そしてまた、これらのプロジェクトは、電子版には、印刷版で可能であった以上のことが、より便利な形で行いうるのだということを示してもいる。あらゆるプロジェクトに適応できるようなクッキーの抜き型を発明しようと試みる前に、個々の学術プロジェクトを、扱う資料の性質や、その領域における知識への有効なアプローチに応じて発展させていくことが重要である。けれども同時に、それら個々のプロジェクトは、[巨大な学術編集プロジェクトの]モジュールとして展開されるように促されるべきだ。つまり、電子版の部分部分が独立して使用可能であるように構築され、さらには作られたテキストが、他の人々によって他の目的に使われうるという可能性にも配慮することが求められる。必要なのは、利用者が、手持ちのインターフェイスでさまざまなナリッジサイトにアクセス可能になり、その際に個々のプロジェクトが、異なるマークアップ言語や異なるファイル構造を使っていることからくる問題点を気にせずにすむようになることである。このような考え方のなかに、希望があるように思う。

新しいプロジェクトと遺産《レガシー》プロジェクト

現在は過渡期であり、電子形式が「印刷された書物」の支配に挑戦している状態において、編集文献学者は、電子版の開発で直面する問題のタイプによって二つのグループに分けられる。一方のグループは、経験豊かな編集者や、そうした編集者の遺した研究資料の継承者であり、多数の関連するテキストの電子ファイルを持っているが、それらは電子サイト向けに整備されておらず、電子テキストに変換するための適切なマーク付けや、完全な校正や修正がなされていない。もう一つのグループは、新たなプロジェクトに取り組んでいる編集者たちである。彼らが向きあう研究資料は、どれも印刷物や手稿なので、まずそれらをコンピュータで読み取り可能なファイルへと変え、電子サイト上で使用可能にするための分析ツールやファイル取り扱いツールを見出すことが必要になる。結局のところ、後者のグループだけがここでの学術版編集の問題に関わっているといえるのかもしれない。しかし私はまず、印刷や記録目的用に開発されたコンピュータテキストファイルをすでに持っている編集者が直面する問題を扱いたい。電子版以前のプロジェクト用に開発された、驚くべき量の繰り越し資産が、新しいプロジェクトでも使用可能なのだ。また新しいプロジェクトの編集者は、最終的にいくつのヴァージョンをフルテキストで公表するつもりであるかにかかわらず、特に長篇小説を扱う場合には、予備調査の段階で、照合と品質管理のために［さまざまなヴァージョンの］テキストファイルのアーカイブを作る必要がある。こうしたファイルは、古い版の旧式ファイルと同様に、後には電子サイトでの公開用に変換され、マークを付けられる必要があるだろう。

まだどちらのグループも、電子的な学術版編集を問題なくこなすのに必要なだけの立派な道具一式を持っているわけではない。学術版編集の最初の仕事は、常に書誌学的なプロジェクトである。それはオリジナルな資料を探すこと、すなわち、グローバルな規模で、唯一の原本を探し、同時にさまざまな刊本を探すことだ。さまざまな版による色々な刊本（同じ活字組から作り出された複製）のなかやそれらの間での、同じ版の内部での異同がすべて確定されなければならないが、この仕事にはコンピュータはほとんど役に立たない。ただし、ヒンマン照合機、リストランド比較機、そしてランドル・マクロードが開発したような他の光学的装置によって、この仕事は格段に進歩を遂げた。[*25]一方、版と版の間の異同を調べるのには、コンピュータは大変役に立つ。それどころか実際、不可欠だといってもいい。だが、そのためには関連する諸テキストが、まずコンピュータファイルに変換されなければならず、その前提として、タイプ入力そして／あるいはスキャニングが必要になる（おそらくはどちらか一方ではなく両方の作業が必要になるだろう。なぜなら大部分の学術版編集者は、表示用にテキストファイルと同じくらいに画像ファイルも必要としているからであり、またその一方で、スキャニングは熟練タイピストの作業よりもコストは安いとはいえ、まだまだエラーが多いからだ）。テキストファイルは、それが元の資料を正確に反映していることを保証するために、校正しなければならない。たとえば、目による照合や、COLLATEやPC-CASEやMac-CASEなどのテキスト比較用プログラム製品を使ったコンピュータによる比較によって[*26]（後者のプログラムは、ヴァリアントを、表示用フォーマットに容易に変換しうるような形で作り出し、作品のさまざまなヴァリアントの間の関係を明らかにし、分析することができる）。

プロジェクト・グーテンベルクやチャドウィック＝ヒーリーの詩歌プロジェクトで見られるようなアマチュア作品はさておき、真に洗練された実験的な電子学術版を検証していくと、その大部分には、少なくとも一つ、他の電子版には見られないユニークな性能があることがわかる。ただ、それぞれが特定のタイプのソフトウェアやハードウェアに結びつけられていることや、完全な機能を完全に装備した電子版の完成を妨げている一般的な制約のせいで、結果は今のところ、どんなやり方をしようとも、学術的な原理は妥協を強いられている、作品のある側面を提示したいという必要または欲求のすべてが叶えられるわけではないという事態との妥協を。この意味で、電子版の状況は印刷版の限界に似ている。進歩を続ける電子版については、ずっと今の状態が続くわけがないと期待することは可能だろう。それでも、電子版が印刷版の制約から編集者を救う万能薬だといい放つような誇大宣伝に対しては、しばし立ち止まらざるをえない。電子版に対する熱狂者たちの大袈裟な主張があるのだから、その事態に対して現実的で水を差すようでもある注意を発しておくことは、必要かつ重要ではないだろうか。そう、確かに電子版は印刷版より優れている。いやしかし、それは充分に良いものというわけではない。その理由の一つは、電子版に何が求められているのかという全体像が、今まで明確に、あるいは効率的に表現されてこなかったことである。たぶん、まだ電子版を必要としている人々の数がそれほど多くないのだろう。だが、一九七五年には、自分がパソコンを欲しがっていると知っていた人などほとんどいないのだし、一九九一年にDVDプレーヤーを欲しがっていた人などいなかったではないか？

何らかの作品の、創作・製作過程に関する資料が残っていた場合、それらはある程度まで、その作品を扱って電子版を作る際になすべき編集上の作業は何かを示してくれる。だが、編集者たちはそれでもなお、非常に多くの選択を迫られる。その際、自分たちの選択肢をよく検討しておけば、選択作業をより思慮深く、効果的に行うことができるだろう。編集は決して単純な仕事ではない。たとえそれが、考えうるかぎり最も無知で反省の念を欠く愚直な編集者の手になるものであったとしても。ジェローム・マッギャンの『現代テキスト批判への批判』（*A Critique of Modern Textual Criticism*, 1983）や『テキストの条件』（*The Textual Condition*, 1991）、拙著『コンピュータ時代の編集文献学』（*Scholarly Editing in the Computer Age*, 1996）や『テキストへの抵抗』（*Resisting Texts*, 1997）が探究しているのは、さまざまな仮定――作品が何について書かれているのか、編集者はその作品をどのように構築するのか、読者はどのようにその作品と関わるのか、といったことについての仮定――が、編集作業に及ぼす効果についてである。また、デイヴィッド・グリーサムの『テキストの理論』は、テキストを編集する方法についての実践的なアドバイスこそ与えてはくれないものの、編集に使われてきた方法に内在する、想像可能なあらゆる含蓄と欠点を探究しているように思える。これらの学者の仕事や、『書誌学研究』や『ＴＥＸＴ――文献学年報』といった学術誌に載った、編集に関するエッセイの蓄積についての実践的知識を持たずに、近代初期から現代までの英文学に関する編集プロジェクトに乗り出そうとするなら、その人は編集者ではあっても、学術的な編集者とは呼べまい。

　これらの、いわば「必須条件」は、「ＭＬＡ編集文献学委員会」によって発表された「電子学術版編集のガイドライン」においてすべて示唆され、あるいは、明言されている（註18参照）。さらにこのガイドラインを補強しているのは、次のような信念だ。すなわち、完璧な学術編集版が要求する提示方法や表現方法の複雑性に鑑み、また学術版が広い範囲で使われ、かつ長く残るために、編集者はＳＧＭＬや、ＸＭＬ、あるいは類似のファイルマークアップを準備するにあたっては、ＴＥＩ（Text Encoding Initiative）が体現している標準と手続きを採用すべきである。ゼロから始める編集者でも、あらかじめこれらの標準を視野に入れたツールを選択することによって、最終的に電子サイトにアップされる形で、テキストを電子ファイルに変換する仕事に取りかかることができる。オリジナル版の収集に始まり、照合と註釈によるテキストの分析、そして最終的には電子サイトでの提示に至るすべての段階について、新たな編集者たちが、自分たちの直面するであろう諸問題と必要とされるツールを検討することの重要性は、いくら強調しても足りないくらいだ。前もって詳細に編集過程の全段階を概観しておかないと、ファイルを作成する際に主要な構成要素が欠落したり、ファイル変換のために余計な段階を経なければならなかったりといった問題に行きあたるだろう。研究の諸段階や電子サイトを利用可能とするためのプロセスを計画するのに時間を費やしておけば、その分、無駄な努力や、見当違いの結果に至るようなツールの無駄遣いといった余計な時間を減らせるのだ。もともと電子的な公表を想定していなかった昔のプロジェクトから引き継いだファイルを持つ編集者たちは、今や、プロジェクトの最終段階として電子サイトを予見していなかったことによって生ずる問題を直視しなければならない。彼らの問題は、これから見ていくように、単なるTEI準拠XMLへのファイル変換よりもさらに複雑である。

分業

個々の学術版編集者や学術版の出版者は、作っているのが書物か電子版かにかかわらず、それぞれ異なった経験の土台を持っている。彼らは各々の立場から、編集過程における諸段階を検討・計画したり、誰が何をするか決定したりする。いくつかの非常に精巧で印象深いプロジェクトは、編集者、デザイナー、プログラマー、デスクトップ・パブリッシャーを兼ねた一個人によって達成されてきた。他のプロジェクトは、チームによって行われており、そこに加わっているのは、編集者、専門のプログラマー、ウェブマスター、デザイン専門家、そして――複写、ファイル変換、植字、書物やＣＤの製作から、最終製品の出版、流通、広告、マーケティングまで、広範囲にわたる製作の仕事をこなす――出版社である。

関わってくる仕事が広い範囲にわたるため、一人の編集者や出版人の実践的な経験も限定されたものになり、したがって一つの立場からのアドバイスも同様に限定されていることになる。多くの学術版編集の経験を持つ編集者や出版社は、そこにおいてしばしばタブーとして扱われる側面から始めるだろう。すなわち、「お金」である。お金は、研究、アーカイブへの調査旅行、文書の書き換え、画像ファイルの作成、校正、ファイルのマークアップ、テキストの比較、すべてのデータの集積、そしてさらに電子版あるいはデジタル・アーカイブあるいはナリッジサイトの準備をするのに必要だというだけではない。結果を検証し、正確さや首尾一貫性、有用性をチェックするための第三、第四、あるいは第五の外部の目を導入することにも関わっているのだ。さらに、出版社の諸経費を含む製作費用がある。一人で行うデスクトップ・パブリケーションの場合でさえ、学術編集版で採算が取れると考えるのは愚かであろう。その仕事を愛していることが第一で、交付金と助成金に関することは二の次なのだ。

そして、これは単にお金のことだけではない。印刷による学問を支えている支援構造、インフラ、制度について考えてみよう。大学、個々の学科、情報センター、内外の基金、出版社、査読システム、マーケティングシステム、そして最後にしかし軽んじるわけではなく、印刷された製品が何十年そして何世紀ものあいだ保存される図書館。これらはいずれも、電子出版のことなど想定せずに発展してきた。人間も、制度も、電子版の継続的な価値についての共通理解も、いまだ発展の途上にある。そして、忘れられたとしても、本棚のなかで比較的安定した状態を保ち続ける書物と違って、電子版は継続的な更新を必要とし、忘れられ手入れが行われなくなると、間違いなく劣化してしまうだろう。

けれども落胆するべきではない。何百という学術編集版が実際に完成し、現在も進行しているのだ。このことは、仕事の遂行のために充分なだけの愛情と、充分な（こともある）交付金や助成金があるのだということを意味している。ただ、そうした事実にもかかわらず、私の知るかぎり、理想と金に支配された現実の要請とのあいだで、何らかの妥協を強いられなかったプロジェクトなど存在しない。ある意味で本書は、編集プロジェクトの現実の問題よりも、理想を探るものだ。そして、現在行われていること、起こっていることへのアドバイスではなく、何が可能であり、何がなされるべきかを見出そうと努めている。とはいえ、人は絶対に妥協へのさまざまな圧力を意識しないわけにはいかない。そうした圧力のなかで最大のものは、やはりおそらく財政なのである。

編集上の問題——ケーススタディ

近代英文学のテキスト編集者が直面した問題の例として、ウィリアム・サッカレーの作品の批判版を編集した際の私自身の経験を語ることにしよう。そうすることによって、電子ナリッジサイトの作成における目的と問題を記した先ほどの抽象的な記述に、具体的なイメージを与えられるだろう。同時にこのことは、私自身の限界をも示すだろう。重要であることは確信しつつ、その複雑性のために、自分ばかりか自分の出会った誰も、そして自分の読んだどの本も、それを適切に扱うのに充分なだけの知識を持っていなかった、そんなトピックと機会を扱わなければならなかったときの、私の限界を。なお、この部分をとばして読んでも、私の議論の理論的な構造を理解するのには差し支えない。

簡単にいえば、印刷形式で学術編集版を作り出すことを目的としたサッカレー編集プロジェクトに私が加わった時には、すでに以下のものが揃っていた。

1　手稿と、その他関連する歴史的ドキュメントの、使用可能な電子ファイル。これらのファイルのいくつかは完全に校正され更新されていたが、その他のものはファイル内にまだ転写エラーを含んでいた。ただし、それらのエラーの存在は、作業ファイルに記録されてはいるのだが。
2　歴史的テキスト間でのヴァリアントを示す照合ファイル。
3　すべての権威あるテキストの照合の歴史の電子ファイル。
4　新たに編集された批判的テキストの電子ファイル。
5　新たな批判的テキストでの修正リストの電子ファイル。
6　史的背景とテキストに関するイントロダクションの電子ファイル。

このサッカレー編集プロジェクトや、さまざまなヴァージョンのＣＡＳＥを使った多くのプロジェクトの場合、これらすべてはＡＳＣＩＩファイルであり、ＣＡＳＥ準拠簡略コードか組版コードによってマークを付けられている。

要するに、デジタル・アーカイブを作ることを望む立場からすれば、私たちが手にしている素材は、豊富だが乱雑そのものである。このサッカレー全集のそれぞれの巻のテキストファイルのなかで、「エキスポート可能な品質」のものは、二つか三つ程度だった。すなわち、手稿の写実的《ディプロマティック》転写、基底《コピー》テキストとして選ばれた歴史的文書の転写、そして批判版のテキストである。他のテキストのためのファイルも存在していたが、完全には訂正されていなかった。

電子版／アーカイブの製作者が直面する問題は、印刷版の編集者が直面する問題とはまったく異なっている。これらの問題は、私が関わったサッカレー版ファイルや、その他の遺産ファイルをＸＭＬ／ＳＧＭＬとＴＥＩの要求に準拠するウェブ環境に移しかえることを望む人に求められる仕事の段階によって、いくつかのカテゴリーに分類することができる。しかもこの作業は、ある形式から別の形式に、一つの変換プログラムで自動的に変換ファイルが作られるような単純なものではない。そのようにすると、元のファイルと同じ制限や間違いを持ったＸＭＬファイルを作り出すことになってしまう。

編集版の構築

最初のカテゴリーに含まれる問題は、「電子学術版やアーカイブはどのように構築されるべきか？」という問いに包括的な答えを見つけようとする編集者が直面するものである。説得力のある答えはない。テキストのヴァリアントや画像のヴァリアントを扱う機能、優れたユーザーインターフェイス、註釈のような補助的資料、サイト外の資料へのリンク、動画と音声へのリンクの適切な配置と表示の機能がすべて組み込まれたブラウザは存在しない。また、テキストについての拡張された／拡張しつつある概念の成果を手にできるように、自分が知識のツリー構造のどこにアクセスしているのかを、利用者に対して常にはっきりと示してくれるようなブラウザもない。また私の知るかぎりでは、関連ソフトウェアをパッケージしたＪＩＴＭだけが、不注意な更新によってテキストが損われなかったことを検証するための、繰り返し自己診断する機能を組み込んでいる。そして私の知っているなかでは、たった二つのソフトウェアだけが、電子版／アーカイブを使う際に、利用者が自らの研究やプロジェクトで必要な形に変えて補強したり、カスタマイズしたりするといった重要な機能を読者に与えている。「誰のソフトウェアを使うべきか?」という問いにも、まだよい答えがない。「多種多様な次世代のテキストソフトウェアという挽き臼が、テキストという穀物のありかを見いだせるようにするために、どのようなファイル構造やツリー構造が、基本テキストのファイルとして使われるべきか?」という問いにすら、標準的な答えはない。

TEI準拠のXML(以前ならSGML)は、適切なブラウザの開発を先取りしており、プラットフォームとソフトウェアの間で容易に交換されうる基本的なファイルマークアップを維持しておくことで、すでに行われた仕事が時代遅れのものになることを妨げてくれるだろう。[*27] だが、この形式であらゆることが可能だと保証してしまうと、WWWの初心者にとってはあまり安心できないだろう。以前の編集者から受け継いだ古い形式からSGMLやXML-TEIへの移行を可能にするために、恐ろしげでユーザー・アン・フレンドリーな新システムを理解し、マスターしなければならないからだ。

作家の仕事のテキスト批判の込み入った作業に没頭している編集文献学者にとって、TEIだのXMLだのは、余計な苛立ちの種にしか思えないということ、逆に電子の驚異的な能力を誇りとしているIT専門家は、編集文献学者の要求や編集理論の複雑な内容をわざわざ理解しようとはしないということ、これら双方の事情を理解しておくことは重要である。一方、双方の領域にいくらか理解のある人々を落胆させているのは、SGMLブラウザの完全機能版が、もう一〇年も前にはじめて約束されたものの、いまだ実現されてないという事実である。素晴らしい新世界は、常に達成された瞬間に崩壊してしまうように思われる。つまり、プロトタイプ版が製作された時点での技術的な限界のせいで、完成するころになるといくつかの部分が時代遅れで使い物にならなくなっているというのがしばしばなのだ。

もし人が老いることも死ぬこともないのなら、新しい標準が誕生してそれが普及し、統一された一揃いの完全な機能つき編集ツールの開発を待っていてもいいだろう。そうではない以上、とりあえず現時点で持っているものを受け入れざるをえない。すなわちTEIと、何十もの独立した、互換性のないツールである。それらを使って、とりあえず手の届く範囲にある電子版を、どうにか不器用につぎはぎしていくのだ。だが、私たちのゴールは、何十もの独立した、しかし完全な互換性のあるツールでなければならない。それを通して、個々の文学作品について次第に増えていくナリッジサイトにアクセスできるように。誰か一人の人間が、包括的なソフトウェアによる解決法を作り出す見込みはない。しかし、私たちが協力しあえば、フレキシブルで拡張可能なソフトウェアと電子版構築のなかで、交換可能なモジュールの共同体を形成することが可能だ。

遺産《レガシー》ファイルの変換

CASE準拠の遺産ファイルをTEI準拠ウェブファイルに移しかえる問題の第二のカテゴリーは、彼らの元の設計における簡略コードと組版コードを新たなデザインのTEIコードに置き換えるための変換プロセスに関するものである。おそらくほとんどの編集者はすでに承知していると思うが、これは単純な一対一の変換ではない。CASEやその他の照合過程のため、あるいは印刷での組版のために必要とされるコードは、テキストの外観、すなわち書式とフォントに関するものとして考案された。一方、現在ウェブのために必要とされているコードは、テキストの機能、すなわち意味論的な意義やそれがどのように構成されているかを示すものとして考案されなければならない。たとえば、従来の形式では、二ポイント分余分に行間隔を取ったあと、一二ポイントのポイントの字下げをする、といったことがコードで示されれば充分だった。だが、現在の新しいコードにおいてはまず、任意に抜き出された一節の冒頭が、詩・手紙・リストその他特定の方法で機能し構築されているテキストの冒頭とは異なることを示さなければならない。なぜなら、そうしたテキストも、通常行間隔を広く取り、インデントが行われているからだ。つまり、そのテキストの外観に注目する前に、機能を分化することが必要となる。かつてはイタリック体を示す一つのコードが、すべてのイタリック体の単語で使われた。現在では、イタリック体で書かれた一節が、書名、外国語、船名［イタリック体で表記する代表例として、英語の作文教科書ではよく挙げられる］、強調、その他どのような役割で機能しているのか示すことが望ましい。この相違を見分けるのは容易ではない。文脈に沿った外観のコード化は私たちの読解力に深く組み込まれているので、外観と機能はしばしば同じものに思えてしまうからだ。類似のことを区別するのは、学問的分析の常として、物事をよりクリアに見せるのが目的であり、それら全体を完全なものとして理解させるためではない。

いくつかの点で、このような変換作業は煩瑣である。たとえば、マーカーが必要な箇所には、普通、元のファイルにもマーカーが付けられている。けれども、マーカーが間違ったものであったり、新しい設計では相互に区別すべき二、三の箇所で同じように使われていたり、該当する一節の始まりははっきりと示しているのに、どこで終わるのかは漠然としていて、そのために検索や置換が不可能であったりするのだ。

品質向上

遺産ファイルや新たな作業ファイルをＷＷＷに移行する際の問題の第三のカテゴリーは、すべてのファイルに品質管理を課さなければならないことである。ファイルのうち、最終的な修正が不要だった作業ファイルが、今度は提示用ファイルになっている。そのため、サッカレー版を例に取ってみると、簡略コードでマーク付けされ、最終的なコンピュータ照合の後で更新されていないファイルをあらためて校正、更新して、それらが再現する歴史的ドキュメントを正確に反映することを確認する必要がある。それらのファイルの欠点は重大なものではなく、プリントアウト版でチェックされるが、しかし既存ファイルでの誤りは、ほとんど目印がない地雷として残されたままだ。最終的かつ完全に校正が済んだファイルは、簡略コードではなく、組版用のコードを持つことになる。一つのファイル群をコード変換するために書かれたプログラムを他のファイル群に適用するためには、いちいち書き直されなければならないであろう。

問題はこうである。そもそもこんなことをする価値があるのだろうか？　少なくともそれは、私にとっては問題であった。人によって答えは異なるだろう。私の答えはこうだ。「いや、価値はない。前に進む道がより明らかに示され、そして遺産ファイルの変換がルーチン作業になるまでは」。とはいえ、そのどちらも自然に起こるわけではない。そこで私は、イデオロギー的には対立しているとさえいえる二つの異なった方法を試みることにした。

二つの電子的解決策

最初に試みたのは、コンピュータを使えるリサーチ・アシスタントを雇うことだった。そして、『ニューカム一家』の組版で用いた遺産ファイル（ＴｅＸを使った組版コード化ファイル）を実際にＸＭＬに変換してみることで、彼にやり方を呑み込ませようとした。私がその変換作業を厄介なものだと思うのは、ＴｅＸには慣れ親しんでいるものの、ＴＥＩ－ＸＭＬに対しては素人でしかないと感じていたからだ。この取り組みの基本的な考え方は、ＸＭＬ版のファイルが、印刷された学術編集版に含まれている情報のすべてを含んでいるのはもちろんとして、追加的な拡張マークアップが機会に応じて付け加えられなければならないということだった。さらに、移行した情報の形式が、新たなメディアの強みを生かしていなければならない。そのため、たとえば、もし印刷版の脚註に、テキストの改訂があると記されているのなら、ＸＭＬ版ではその変更部分をリンクとして示すことになる。そしてもし印刷版において、予測される利益よりも出費が嵩《かさ》むといった理由で、その作品の素材となる歴史的なテキストの書誌的特性を記すことができなかったとしても、ＸＭＬ版ではそうした情報をコード化し、付け加えられない理由はないのである。

さて、こうしてできあがったファイルは、他の人々の経験にも示されるとおり、大きさと煩雑さだけが増大し、実証可能な正確さは減少してしまった。もちろん、結果はそんなものであろうといわれていたが、私たちにとってそれはトレーニングのために必要な道程であった。どの電子テキストファイルの構築者にとっても、こうした過程で、煩雑さの危険だけではなく、完全性が欠落するという深刻な危険に気づくことは重要である。なぜなら、提示ファイルの性能を拡張する操作は同一ファイル上で行われるため、拡張行為の一回ごとに、予期せぬ変更が生まれる危険があるからだ。したがって、何らかの検証が、その作業の一段階ごとに必要になる。元のファイルのバックアップ・コピーをとること、変更の記録を保存すること、元ファイルと変換したファイルの両者を機械による照合にかけること（註25および26参照）――おそらく私が気づかなかった、はるかに洗練された方法が他にもあるのだろうが、私たちが思いついた方法はこうしたものだった。手作業でＴｅＸをＸＭＬに変換すること、テキストの完全性を維持することという二重の問題から、このやり方には絶望的な欠点があると結論しないわけにはいかなかった。おそらく私の経験を話すことによって、他の人々はこうした困難なやり方を通して学ぶという手間をかけずにすむだろう。

二番目の試みは、同じく不満足ではあるが、より有益なものだった。それは、ニュー・サウス・ウェールズ大学の一部であるオーストラリア国防大学校でフィル・ベリーが開発した、Just In Time Markup（ＪＩＴＭ）システムを使うというものだ。[*28] その設計思想は、単一のものとして成長していく、煩雑で盛りだくさんなＸＭＬファイルのやり方とはまったく異なっている。説明を続ける前に認めておこう。確かに、ＪＩＴＭが電子学術版編集の問題を定式化するやり方は、現在広く受け入れられておらず、解決法を構築するやり方も広くは受け入れられていない。しかし、私はこのソフトを使ってみた経験から、その構成要素のなかには学ぶべき多くのものが含まれていると確信している。多くの領域で起こっていることだが、限られた商品棚の空間を奪いあう競争のせいで、熱狂的な人々は、イデオロギー的に対立するアプローチの欠点を誇張するようになる。以下に示すのは、あくまで現時点での可能な解決策である。編集文献学者としての私には大いに魅力的に映っているものだ。なぜならこのソフトが、編集作業の完全さを重視しているからだ。つまり、開発中の現段階で、見栄えの美しさや巧みさを提供しているからではなく。私にとって重要なのは、解決法よりもむしろ、必要な細部について学術的な配慮が示されることなのだ。

ＪＩＴＭはまだ開発途上の段階だが（とはいえ、包括的なシステムで、開発途中でないものなどあるだろうか？）、その意図はテキストからその註釈、さらにはイラストまで、学術的関心の全域を扱うことにある。ＪＩＴＭが主に関心を向けているのは「テキストそれ自身」とテキストが書き写される方法にある。だがこのソフトは、設計からして、テキストに対する先入観に支配されてその可能性を制限するようなことはないものとなっている。たとえば、素材となる特定のドキュメントの、単語や句読法、イタリックやボールド体のような書体、字下げ段落や手紙の挨拶文と結びといった書式表現を保持することだけに限定してはいないのだ。テキストの歴史性や真正性に興味を持つ学者は往々にして、テキストの来歴、異同、その素材、その構成・改稿・転写そして製作の履歴に関心を寄せる。JITMはもちろんこのような関心事を受け入れられるが、それと同時に、言語学や、歴史やさまざまなテーマに関する事柄に主たる関心がある学者が使うことも可能である。その機能は、そのテキストが創作され、修正され、複製された時代の習慣やコンテキストを現代の読者が理解する手助けになる、曖昧なあるいは古い時代の資料に関する注釈を受け入れることもできる。また文学的あるいは歴史的なテキストのさらなる利用、すなわち言語学研究、印刷史・デザイン史の研究、言語的資料と視覚的資料間の関係の研究などを可能にしてくれる。

JITMは、学者がテキスト研究の際にこうした関心事を取り扱うのを支援すると同時に、テキストと学問成果のインターネット発信のための環境を提供するために、以下のようなものを提供してくれる。

1 テキストファイルと学術的な拡張のための永続的／持続的な本拠地。
2 さまざまに使用され、さまざまに拡張される状況のなかで、テキストの継続的な正確さを検証するためのシステム。
3 テキストの将来のシステムへの移行と、学術的に付加された価値〔註釈など〕の現行システムから将来のシステムへの移行が可能なように設計された、ファイル構造とコード化体系。
4 JITM環境のなかに、以前のプロジェクトから受け継いだ遺産テキストファイルと遺産テキストの拡張を移行することを可能にする、一連の二段階対話型変換ツール。
5 テキストの、版の間での異同を即座に特定可能にする、関係表示ツール（すなわち照合システム）。
6 テキストに関するものや註釈的なものから、言語学的およびその他の分析的な研究まで、テキストに対するあらゆる種類の学術的な拡張行為と分析を収容するための、テキスト註釈システム。

サッカレー・プロジェクトにとっては、このリスト内の2と4のみであったとしても、JITMは魅力的な電子ツールとなったことであろう。2はテキストの完全性の問題への体系的なアプローチを提供してくれるし、4は包括的な研究テキストと印刷版の——少なくとも、インターネット形式で基本的な再現を行えるような——デジタル・アーカイブを作る方法を与えてくれる。さらにこれ以外にも上記リストに挙げた機能があるために、JITMは世界で最も汎用性が高く、また未来を見据えた、テキスト操作システムの一つになっている。

JITMがテキストファイルを処理する方法は、まずテキストに対する私たちの関心をいくつかのカテゴリーに分類し、そうすることによって、関連する情報を別々に保存し、要求に応じて供給するというものである。機能のベースとなるのは、最も基本的なテキストの「内容」のみ（すなわち、文字と、句読点、空白）を含むASCIIテキストファイルである。これが、作品のいろいろな再現を、要求に応じて即座に作ることができる基盤として抽出され、利用される。さらにベーステキストはある数式を用いて［そのファイルの内容をコード化したキーで］表現される。その数式は、不注意でなされた変更がないことを保証するため、ベーステキストが使用されるたびに呼び出される。最初にJITMに取り込む時、SGMLまたはXMLのマークアップは抽出され、並置ファイルやオーバーレイファイルのなかに置かれる。それぞれの［抽出された］マークアップを収めたファイルは、作品に対する関心のカテゴリーを表現し、利用者がそれぞれの関心に応じてテキストを見られるように、個別にまたは他のカテゴリーと同時に選択できる。そのため、作品の初版に興味を持った人は、歴史的、再現的なマークアップセットを選択して、初版に表現されたとおりの作品を見るためのパースペクティブを作り出すだろう。別の人が、言語学者に分析された形でテキストを調べることに興味を持っているのなら、その興味に沿ったかたちで補強するのに適切なマークアップファイルを選択するであろう。利用者は、手稿、歴史的な版、あるいは批判版などを再現するためのパースペクティブを選択することができるし、どのテキストからでもさまざまな注釈にアクセスしていくことが可能だ。

遺産ファイルをＪＩＴＭに読み込むためには、ＴＥＩ準拠のＳＧＭＬあるいはＸＭＬコードに置き換える変換ツールを最初に用いねばならない。そうすることによって、遺産ファイルにすでに収容されていた付加価値は、ふたたび利用できるような形で自動的に保存される。しかし一度ＪＩＴＭシステムに収納してしまえば、新たな付加価値マークアップを、以前のヴァージョンの完全性を不用意に破壊する心配なしに、いつでも付与することができる。このようにして付加されたマークアップは、利用者が保存・蓄積されたデータから好みのパースペクティブを作り出すために、任意に選択したり選択解除したりできる。ＪＩＴＭを用いたマーカス・クラークの『彼の自然生活』のプロトタイプ版は、まだ構築中ではあるものの、このソフトを使った表現形式が利用者にとってどれほど柔軟なものかという感じを掴ませてくれる。[*29]

ＪＩＴＭにも欠陥がないわけではない。ＪＩＴＭに関連するツールはまだ開発途上で、ユーザーフレンドリーでもエレガントでもない。また、利用者用マニュアルとヘルプファイルは二〇〇四年現在、まだ用意されていない。インターフェイスのデザインはヤボで「ダサい」。けれどもＪＩＴＭは、こうした問題すべてをクリアする可能性を秘めている。それより重大なのは、このソフトがマッキントッシュ（アップル社）のコンピュータの上で現在動作し、ハイパーカードのソフトウェア環境で稼働するという点である。これは、ＪＩＴＭが、ツールとしてはＭａｃ環境においてしか機能しないということだ。閲覧するぶんにはインターネット上のどんなブラウザからでも利用可能ではあるが。また、ＪＩＴＭによって生成されたパースペクティブは保存可能、移動可能、閲覧可能な、ＨＴＭＬやＳＧＭＬやＸＭＬのファイルであり、それらはどんなウェブブラウザ上でも表示できる。

ファイルが分割された構造になっていることによって、JITMには意外な利点もある。SGML－XMLの実装で、現在致命的な欠点である、相容れない重なりあう構造のシステムを扱うための準備段階としての方法を提供してくれるのだ。複数のマークアップファイルを選択した結果、生み出されたパースペクティブが重なりあう構造になった場合には、利用者はその旨を知らされる。XMLでは二つの矛盾するパースペクティブを一度に表示できないので、利用者は、まず一つのパースペクティブを選択し、次いで別のパースペクティブを選択することになる。さらに、後で別々に利用するために、それぞれの形式を個別に保存することが可能なのだ。

とはいえ、学術版編集とコンピュータ利用で三〇年の経験を持つ編集文献学者として、私は、現在の性能に内在する問題がもっとうまく扱われるようになるまで、電子版／アーカイブの最終的な提示形式に非常に大きな労力を注ぎ込むことはしないだろう。〔現在の主流である〕SGMLやXMLは、重なりあう構造を処理できるようにするためには、改良されるか、置き換えられなければならない。同じように、そうした事態を回避すべく、転写の際にテキストの諸要素を記述し、それを（階層としてであれ、単独のエンティティの集まりとしてであれ）配置する方法についても、SGMLには限界があることを慎重に考えておかなければならない。なぜなら、SGMLの制約のなかのその場しのぎの（すなわち、巧みな代用品としての）解決策は、あくまで「一時的な修理」として開発されたものであり、そうした一時的な取り繕いの策は、やがて重なりあう構造を認識し拡張するマークアップシステムが実際に機能するようになった時には、かえって私たちを悩ますようになる可能性が高いのではないか。

ウィリアム・サッカレー全集の事例

ウィリアム・サッカレーの散文作品によって示された編集上の諸問題と、それに対処するためのさまざまな戦略——オリジナルのドキュメントを集め、照合し、修正し、テキストの歴史を示したり変更の責任がどこにあるかを特定したりするための資料を集成し、それらの資料を本文の脚註と付録に配置し、できあがった仕事の正確さを検証する——これが、一九七六年に始まり、一九八九年から二〇〇五年までの間に八巻の刊行が済んでいる、大きな編集プロジェクトの仕事の内実であった。全部で二三巻の印刷版として計画されたこのプロジェクトのうち、書物の形で刊行されるのは一一巻だけということになるだろう。もし誰かが残りの「巻」を、本としての形で必要だと思わないかぎりは。編集方針やその根拠、方針や構成方法の変遷、そして資料の完全な網羅や調査の正確さや版の準備を達成するための経緯については、すでに刊行された巻のテキストに関するイントロダクションで充分に論じられているので、ここでは繰り返さない[*30]。

サッカレーの学術編集版は、散文のフィクションを扱う他の多くの学術版編集プロジェクトと同じように、手稿と歴史的な諸版と、近年のさまざまな批判的編集版を含む何百万バイトものテキストファイルを蓄積してきた。私たちの状況は、そうしたファイルを持つ他の印刷の学術編集版の編集者たちとそう変わらないだろう。なぜなら、ウェブまたはCDによってこのプロジェクトの電子版／アーカイブを作ることを決めたとしたら、私たちは三つの重大な任務に直面することになるからである。第一は、遺産テキストと資料ファイルをどのようにTEI準拠のSGMLやXMLに変換するかを学ぶことであり、そのプロセスでどんなソフトウェアを使用するかを決めることだ。変換したテキストファイルをどのように保存すれば、美しくかつ利用しやすいように提示できるのか、さらに将来の電子環境にうまく移植できるようにするにはどうしたらいいのかといったことも、議論を通して考え出さなければならない。第二は、それに関連して、テキストのなかのどんな機能と構造に特別にマークすべきかについて決定し、実際にマークをつけることである。これは、新旧問わず、すべての編集者にとっての問題である。なぜなら、タイピストやスキャナや印刷版は、あるイタリック体と別のイタリック体の間、あるいはある引用符と別の引用符の間の、機能の違いを分析して提示する習慣もないし、能力もないからだ。そうした違いは、SGML／XMLとTEIのマークアップ機能によって表現可能になるまで、表にあらわれることがなかったのだ。また彼らは、書誌的な構造や組成構造や意味論的構造が、相容れないかたちで重なりあっていることにも、注意を払わない。それらは、SGML／XMLの限界がそうだというだけで、別に相容れないものというわけではなかったのだから。第三の仕事は、放置されている遺産テキストファイルの正確さを検証することである。印刷版の世界では、そうした［最終的に刊行されるテキストに使用されなかった］遺産ファイルは、学術編集版を作るために必要な調査を終えてしまえば、興味の対象から外れ、「維持管理されずに」放置されてきた。

ウィリアム・メイクピース・サッカレーは、一八三〇年代にロンドンやパリでぽつぽつと作品を出版し始めて、一八四七年から四八年にかけて『虚栄の市』の出版で有名になり、一八六三年、八冊の著名な小説の作者として五二歳で死んだ。彼の全作品は、ゆうに二四巻にも及ぶ。[*31] 彼の手稿は、いくつかの顕著な例外はあるものの、不完全で、イギリスとアメリカの多くの図書館に散在している。[*32] それらの手稿からは、サッカレーが、多くのジャーナリストと同じように、句読法や大文字の使用については、植字工が慣習に従って直してくれることをあてにしていた節が伺える。ただし綴りに関しては、ほとんどあるいはまったく訂正を必要としない、注意深い書き手だったこともわかる。それらの手稿は、大部分が〆切の期限に迫られて急いで書かれたらしく、それほど書き直した跡は見られないのだが、それでもサッカレーが自作を推敲していたことがわかる。定期刊行物［での連載］用のあらかじめ決められた長さに合わせるためにつけ足したり削ったりした場合もある。だが、そればかりでなく、意味を変えたり、調子を整えたり、似たような言葉を響かせたり、そのほか無数の文体上の効果を狙って、文の書きかえを行っているのだ。

サッカレーは小説家であったと同時に画家でもあった。彼のよく知られた小説の多くは、彼のペンと彼の鉛筆の共同作業からできている。『虚栄の市』や『ペンデニスの経歴』その他、主要な自作のために、サッカレーは章扉のカットを描き、テキスト本文の間にも小説で起こっていることを説明するためのイラストを描いて挿入していた。どちらのタイプの挿絵も、木版画で作られている。彼はまた、それぞれの分冊に挿入するために、厚手の別紙に刷られる、一頁丸ごと使ったイラストを、鋼版で描いている。結果として生まれたのは、多くの挿絵入り小説とは異なる挿絵入り本である、なぜなら、この「芸術作品」は、小説が芸術作品であるかぎりにおいて、テキストとイラストの両方で構成されていると論ずることができるからだ。[*33]

サッカレーに関する私の仕事は、私が編集し、ガーランド社から出版された四巻と、そして現在ではミシガン大学出版局から出版されている、それに続く三巻に、最もよく表れている。私はまた、この全集版の歴史についても書いてきた――一九六九年から一九九五年までの間に起こった、編集理論、方針、実践の変遷を辿りながら。この期間に、五つの異なる出版社がこの版についての契約を結び、また『コンピュータ時代の編集文献学』を執筆した。この本は何よりもまず、サッカレー全集の方針と製作手順を時代に適合させるために必要だった変化を明らかにするために書かれたのである。[*34] さらに私は『軛に繋がれたペガサス――ヴィクトリア時代の出版とW・M・サッカレー』を書いて、サッカレーと出版社の間の、財政面での、またテキスト面での関係を跡づけた。

すでに書いた歴史をここであらためて繰り返そうとは思わない。そうではなく、現在進行中のサッカレー作品の電子編集版／アーカイブ構築のための考察の前置きとして、印刷版のサッカレー全集において電子的な装置やプログラムがどのように利用されているか、簡単に説明するところから始めよう。私が語る話はむしろ、コンピュータをフルに使って調査を行い、完全版下を作っている、印刷形式の学術版編集者の方に有益かもしれない。しかし、電子サイト上の最終製品に何が必要なのか、プロジェクトの初期段階からはっきりした見通しを持って、方法、技術、データ収集を調和させていくことについての原則は、あらゆる編集者にとって重要である。印刷版を目標にしたプロジェクトにおいては一時的に利用されるだけだった、遺産テキストファイルが蓄積されたアーカイブは、新たな電子編集版／アーカイブのための基礎として使えるかもしれない。たとえそれらにすでに埋め込まれているコードが、不充分かつ比較的原始的なものであっても、また、いくつかのファイルは最終的な校正・修正がされていないとしても。

ソフトウェアの実際的問題

サッカレー作品の学術編集版は、一九六〇年代から一九八〇年代にかけて着手された多くの学術編集版と同様、出現し始めていた電子テクノロジーを可能なかぎり早く利用しようとしていた。ＣＡＳＥ（コンピュータ支援の学術版編集）プログラムの開発は、著者による、または著者によるものである可能性があるとみなされた歴史的ドキュメントをすべて電子ファイル化することを可能にし、そうすることは望ましいことに思われた。

パンチカードと大文字しか使えないプリンタに関する経験や、大文字と小文字が使えるプリンタとしてグラフィック・プロッターを利用した経験については端折ろう。大切なのは、パンチカードや九トラックのオープンリール式テープに始まり、八・五インチ、五・二五インチ、そして三・五インチと次第に小型化したフロッピーディスクへ、そして最終的には今日のハードディスクやＣＤへと移しかえることができる形で、機械可読なテキストファイルが作られたことである。電子編集の初期の時代における最も幸運な偶然は、私たちのキャンパスが使っていた機械が、言葉によるテキストの基本的なコード化言語としてＥＢＣＤＩＣではなくＡＳＣＩＩを選択していたことだった。なぜなら、ASCIIが、今でもTEI／SGML／XMLの基本言語だからだ。

CASEの開発も、サッカレー作品の未来の電子化にとっては重要だった。なぜなら、照合機能と、草稿を写実的に転写する機能によって、［CASEで扱う］ある作品が歴史上採ってきた形式の一つ一つをコンピュータに転写しておくことが望ましくなったからである。全国人文科学基金（NEH）とミシシッピ州立大学からの支援を受けたCASEは、アメリカ合衆国の多くのNEH基金の援助を受けた編集プロジェクトや、オーストラリアにおける他のプロジェクトによって改造された。長い間に、CASEプログラムは、Univacコンピュータ上にPL／I言語で書かれたオリジナルの電子形態から、IBMや、DEC10、PRIMEメインフレーム、さらにはPCやMac用へと改良されていった。改良のたびに、CASEはいくつかの機能を捨て、新たな機能を開発した。だが重要なのは、CASEのおかげで、それぞれのプロジェクトが、作品の歴史において、興味深いものとなる可能性がある歴史的なヴァージョンの一つ一つを、コンピュータで読み取り可能なASCIIファイルに変換しておくことが望ましいのだと考えるようになったということである。[*35]

CASEの機能と方法については、別に論文が書かれている。[*36] 本書の目的のためには、ほとんどのプロジェクトにとって、コンピュータ支援学術版編集プログラムは三つの重要なコンセプトから成り立っていたということを理解していれば充分だ。まず、このコンピュータは、作品の異なる版を発見し、記録し、保存するメカニズムと、それら諸版の間の相違を発見し、リスト化するためのメカニズムを持っていた。そのため、編集者たちは、ソースとなる可能性があるテキストを、コンピュータに読めるような形で転写するように促された。その結果、CASE利用者は、作品の異なる形式それぞれについて、正確な電子ファイルをすでに持つようになった。その第二に、CASEのプロセスは、あるルーチンにおいて出力された結果が、検証と修正を経たうえで、次のルーチンで入力され、こうした一連のステップを繰り返していくと、最終的には新しいエディションの原版として使えるテキストと編集資料《アパラタス》が完成するようになった。そして第三に、検証と修正の段階を含むこのプロセス全体が、校正の繰り返しだけに頼った古いシステムよりも、はるかに正確な最終製品を生み出すようになっていた。

だが、電子編集版／アーカイブを構築する立場から見ると、以上の三つの概念の美しさには重大な欠陥があった。その欠陥とは、このシステムが、たった一つのテキスト――印刷機を稼働させ、新しい編集版を生み出す元となる唯一のテキスト――だけに注意を払い、慎重に管理しようとしたことだ。それ以外のすべてのコンピュータテキストは、決定的なテキストを作成する過程のどこかの時点で役に立つものとして使われたあと、保存ファイルの倉庫のなかに放置されていた。だが現在では、それらのお蔵入りファイルを再利用可能な遺産と見ることができる。それらのファイルは、もしゼロからやり直すとなると必要になる労働量を、大いに節約してくれるだろう。後知恵だが、学術的な手続きの過程で、いくつかのファイルが用済みとみなされ、そのため定期的に保守や更新がなされなかったことは大きな誤りだった。なぜなら、未来（それは、すでにここにある未来だ）の電子編集版／アーカイブについてじっくり考えてみれば、作品の、歴史的に重要なヴァージョンそれぞれについての電子ファイルが必要だということがわかるからである。

第5章

ヴィクトリア朝小説——読みを形づくる形

Victorian fiction: shapes shaping reading

このようにぼんやりと頭のなかで形づくられた栄光が、
　言葉にできないほどの不和を心にもたらす。
それほど、これらの驚異はめくるめくような苦しみを与える。
　その苦しみが、いにしえの時間の荒々しい浪費や――
波の高い大海原、太陽、偉大なものの影と
　ギリシアの壮麗さとを混ぜ合わせる。

キーツ「初めてエルギン・マーブルズを見て」（*"On Seeing the Elgin Marbles for the First Time,"* 1817）

第3章と第4章では、書記行為の複雑さ、そして、電子的なインフラストラクチャーを開発することにまつわる諸問題の複雑さについての、一般的、ひょっとしたら抽象的な概観をした。それをふまえて、ここでは印刷された文学を電子的な形式へと移すことがはらむ複雑さの、別の面、すなわち、ある一つの領域において、そのような企ての前に立ちはだかる途方もなく大きな、そして一見克服しがたい障害に立ち向かうとしよう。とはいえ、その障害にもかかわらず、この企ては包括的かつ大規模に開始されなければならない。奇跡が不可能だった場合よりも、奇跡を起こす試みを諦める方が［不可能だったとはかぎらないぶん］、やりきれなさが増すものだから。

過去二、三〇年の文学理論や批評の多くが（皮肉にも、というべきかもしれないが）ひたすら試みてきたのは、私たちに、自分たちが「特定のコンテキストのなかに位置している」ことを自覚させることだった。私たちのいる現在、私たちの立つ地理的・文化的な場所、私たちの関心事、私たちが認識していたりしていなかったりするイデオロギー、そして私たちの個人的経験や技能またはそれらの欠如といったものが、いかに私たちの批評的洞察や歴史感覚を制限し、支配し、関心の寄せ方を形づくっているかを意識させるということだ。今の自分たちのありようが自分たちだという考えを否定することなく、それでも多くの歴史家や文学研究家たちは、歴史的なパースペクティブを取り戻そうとしてきた。なぜなら、少なくとも、過去の証拠を集め整理しようと試みることによって、テキストに対するパースペクティブやテキストの解釈は、そのような試みをしなかった場合と明らかに違ってくることがわかっているからだ。それに、現在の人間が、現在の感覚を、自分たちの理解力に強い影響を及ぼすものとして感じているのだとしたら、私たちが読んだり研究したりすることが重要だと考えているテキストを生み出した往時の人々にとっても、彼らにとっての現在は、同じくらい重要だったのではないか？　だから、歴史や文学を教える者にとって必須なのは、単なる歴史感覚だけではない。エルギン・マーブルズを前にしたキーツの歴史感覚は、想像力によってではなく、モノとして現前する過去の遺物によって引き起こされたものだった。書物は――そのオリジナルのエディションは――なかのテキストのみならず、その「古さ」によっても、意味を伝えている。それは現代のペーパーバック版では捉えることが不可能な要素なのだ。

この歴史感覚の単純で実際的な例をあげるためには、そのような感覚の欠如した人間がヴィクトリア朝小説にくだした解釈や批評を想像してみるとよいだろう。私はそういう人々に年がら年中教室で出くわしている［つまり、何も知らない学生たちを毎年相手にしている］。想像してみよう。ヴィクトリア朝小説――しかし、これはどんなジャンルの、どんな時代の文学で置き換えてもよかろう――の読者で、現代のペーパーバック版しか読まず、他の種類の、たとえば政治史や軍事史、哲学、科学、教育、政治、産業、探検といった種類の、当時の定期刊行物のなかで容易に見つけることができるヴィクトリア朝の著作を幅広く読むこともなければ、読んだ経験すらないような人々を。もちろん、そのような読者が、ヴィクトリア朝小説を非常にいきいきと味わう力を持っていることだってありうる。そして、不明瞭に思えるところは飛ばし、大胆な解釈を作り上げることだろう。そういった解釈を生み出すような限られたパースペクティブから見れば、その解釈は妥当であるとか必然であるとか、あるいは「冴えている」とさえ考えられるかもしれない。もし私たちが、この想像上の読者の無知を徹底させ、ヴィクトリア時代についての現代の批評や歴史の著作を読むのも怠ってきたと仮定してみよう。そこに現れるのは、まったく「縛られていない」読者ということになる。この読者は、そのさまざまな起源からまったく解放されたテキストに携わっていて、それゆえ、想像上のコンテキストに照らして自由に解釈をこしらえあげるし、おそらくその状態に至極満足してもいる。もちろん、そのような読者でも、自分の生きている時代や場所、そして個人的・社会的・政治的な関心事や経験に無知であるわけではない。読み手としての言語的なスキルが完全に欠如しているわけでもない。そしてそのパースペクティヴからすれば、彼らのヴィクトリア朝小説の読書経験は、まったく申し分がないことになる。

このような無知な読者に対して、逆に、ヴィクトリア朝小説を充分な見識のあるパースペクティヴから読むという課題に取り組むのに充分な歴史感覚を持つ理想的な読者を仮定するのは、想像上でないかぎりは不可能である。なぜなら、前の段落で描いて見せたような無知な読者は、現実にも圧倒的多数といえるほど存在しているが、理想の読者はおそらくどこにも存在しないからである。ナイジェル・クロスは、ヴィクトリア朝の「三文作家」についての一九八五年の著作で、「学位論文の年間リストを一瞥してみれば、ごく一握りの一九世紀作家以外はほとんど関心がもたれていないことが確認できるだろう。こういった関心の狭さは、著述業と出版業の社会的および経済的な状況が、まったくといっていいほど無視されている事実を、はからずも明らかにしているのである」と示唆していた。[*1] それから二〇年経った今、状況は変化している。ジョン・サザーランド『スタンフォード（あるいはロングマン）ヴィクトリア朝小説必携』は七〇〇人を超える当時の小説家たちに目を向けている。『新ケンブリッジ英語文学書誌』第三版、および、『新国民伝記事典』は、以前にはマイナーなものとして顧みられなかった小説や小説家に私たちが接近する手段を広げてくれている。実際、学位論文の年間リストを見れば、作家を「メジャーかマイナーか」に分類することや審美的な評価を離れ、価値判断を含まないアプローチへと向かう流れに対応するように、文学批評の潮流が変化したことを示している。そのようなアプローチは、歴史への好奇心とでも呼べそうな、「創作・出版・読書の社会学」への関心を強調している。この新しいパースペクティヴは、マイナーな作家にも、メジャーな作家と同じように熱烈な関心を寄せる。それどころか、以前に無視されていた前者の方をひいきする傾向さえあるのだ。これは歴史的方向への第一歩であり、審美的な判断が発揮される機会は減る傾向にある。

しかし、この変化を、いくらか大きなパースペクティブのなかに置き、歴史に向きあう企ての途方もない大きさと、歴史が実際に遺している証拠が多すぎることとに、焦点を合わせてみよう。*2 ヴィクトリア朝時代は小説の時代として有名である。学者による推定では、一八三〇年から一九〇〇年の間に、イングランドでは、四万〜五万の小説が、三五〇〇人ほどの作家たちによって書かれ、出版されていたことが示唆されている。

ナイジェル・クロスは、人口調査の情報を用いて、自分を作家だとみなしている人が、一八〇〇年には約五五〇人、一九〇〇年には約九〇〇〇人いたとはじき出している。*3 一九世紀には、クロスの概算によれば、二万人の自称作家が存在した。このうち、実際に出版された小説を書いているのは三五〇〇人しかいないと主張するのは、慎重すぎるであろう。

さて、ある人が、明白な歴史感覚を持ち、今まで残存している当時の証拠に直接触れることができる、充分な知識を持つヴィクトリア朝小説の読者になろう、という企てに乗り出したとしよう。今までのところまだ、ヴィクトリア朝小説の包括的な書誌は存在しない。また、ヴィクトリア朝小説の包括的な収蔵所《リポジトリ》も存在していない。テキサス大学ランサム人文科学研究センターのウルフ・コレクションは、一八三〇年から一九〇〇年にかけての七〇〇〇を超える小説を所有している。UCLAのクラーク図書館のサドラー・コレクション、プリンストンのパリッシュ・コレクションとメッツドルフ・コレクション、イリノイ大学図書館、トロント大学図書館、そしてイギリスではオクスフォードのボドリーアン図書館と大英図書館、これらが私の知る最も有名なヴィクトリア朝小説のコレクションである。マーガレット・ハリスは、シドニー大学の図書館の一六〇〇近くの「三巻本《スリーデッカー》」小説のリストを編集した。[*4] しかし、いま想像したような、固い決意を持って歴史的に読もうとする人間が、一生涯をかけてこれらのコレクションを訪れ、小説をオリジナルの形で読んだとしよう（とりあえず、そのようなことが可能だと仮定する）。その場合、この読者はどのような形のヴィクトリア朝小説を見いだし、どのようなものを見逃してしまうのだろうか？

この読者はスタンダードな作家、たとえば、前世紀における人気や精神的な偉大さや審美的な魅力をはかる価値のものさしでいえば上位二五人から五〇人の作家たちの作品の初版や、第二版以降の版をすべて見いだすだろう。そのほとんどが良好な保存状態にある。だが、その他のより知られていない作家たちの作品の初版および以降の版については、最低限のわずかないくつかのみが利用可能だろう。前述したリポジトリにおいて利用可能な小説の総計は、私の概算では、一万から一万五〇〇〇を上回ることはないだろう。ということは、ここで想定した熱心で野心的な読者も、そもそも保存されていない三万五〇〇〇の作品は読めないことになる。他に、何を見逃していることになるだろうか？ まず、新聞や地方の文学雑誌に連載された小説。これらについてはグレアム・ローが気が遠くなるような調査研究をしている。[*5] このような小説作品は、マイナーであり周縁的でもあると考えられていた時期には、研究者の視野からこぼれ落ちていた。次に、一つの版で一五〇から三〇〇部ほど刷られたきりの、何千もの小説。そして、正式に「出版された」とはいいがたい小説、すなわち、製作のコストはすべて作家もち、したがって、出版社のほうには作品を流通させる動機がなかった、何千もの自費出版小説。その他にも、改訂・縮約版で再版された小説はどうだろう？ 書物の収集家や図書館は、長いこと初版のみを特別に扱ってきた。ゆえに、第二版以降の版について、重大な恒久的喪失が生じている。それらの版は、ときに劇的な改変をこうむることがある。だが、たとえ改変がわずかであったとしても歴史的には重要だ。いや、まったく改変がなくても、「そのせいで「改変がなかった」という事実を証明できるのだから」重要であると主張しうる。それからまた、図書館や収集家が集めない傾向にある、別の種類の本の、歴史的な意味を忘れてはならない。つまり、物理的に劣悪な状態の（茶色に変色した、ぼろぼろになった、造本ががたがたの、頁の隅が折られた）本のことだ。そのような書物の状態でさえ、それがどれだけ、またどのように読まれたのかの証拠として役に立つ。

確かに、同時代の他の出版物や、後代に大量に出版されているヴィクトリア朝についての研究書を読んで、小説の歴史的コンテキストに近づこうとする試みもまた、多くの問題を生じさせる。だが、そうした二次文献についての問題に触れなくてさえ――初版の部数からだけでも、そして初版が残存していないことからだけでも、つまり一次資料についてさえ、包括的な歴史的知識を持つことが不可能なのは明白である。伝統的な文学史や批評の領域――主に思想やジャンルやプロット・構成・語りの手法の歴史に、そして作家の伝記や文学的趣味、批評的価値の歴史に関心を寄せてきた――の外で行われた、出版や著述業についての研究のいくつかが、一つの劇的な変化、文学史や批評の専門家の関心事の移行を表している。社会学が専門のゲイ・タクマンとニーナ・フォーティンは、統計的標本抽出法によって、ヴィクトリア時代の小説家たちのジェンダー分布や所得能力がどのようなものであったのかを明らかにした。[*6] タクマンとフォーティンは著述の経済や、著述業に携わる男女それぞれの役割に対して経済が及ぼす社会的な意味に関心を抱いた。このような文学から経済学への移行は、「過去に考えられ、いわれたもののなかで最高のものを鑑賞する」というマシュー・アーノルド的な文学批評と袂を分かち、より全般的な歴史研究へと向かう潮流の一つの側面を表している。しかし結局のところ、タクマンとフォーティンの研究にも深い不満が残ってしまう。なぜなら、結論があまりに小さな土台に基づいているように思えるからだ。彼らの研究は、約七〇〇人の著作家を考察し、女性はその半数以下に過ぎない。必然的に、作家の選択と正確さを、多くの二次資料からの伝聞に頼っている。この研究はまた、主としてマクミラン社から出版している著作家に焦点を絞っており、マクミラン社のアーカイブが重要な基礎をなしている。このような研究は、文学研究者が普通にヴィクトリア小説を扱う場合に比べ、データのサンプリングの範囲ははるかに広いが、それでも結論は不充分で狭いように思われる。
マルクス主義的アプローチも同様に、生産様式と、書物の製作・流通の経済を、執筆され出版される本の種類を支配するという点で、「天才」や「文学的趣味」などより大きな、あるいはより興味深い力として強調する傾向にあった。過去二〇年間で、出版社と作家――ディケンズ、サッカレー、テニソン、ハーディ、ロセッティ、ドジソン（ルイス・キャロル）のような――の間の経済・生産的関係に関して、重要な著作がいくつか書かれている。[*7] これらの著作のなかに、あからさまにマルクス主義的なものはないが、N・N・フェルッによる二冊の研究書は、出版史に関する二次的な証拠をある種のマルクス主義的な枠組みの中で提示している。率直にいってフェルッの研究は、歴史的なパースペクティブからすると期待を裏切るものである。なぜなら、証拠の吟味から結論を引き出すのではなく、逆に、あらかじめ選ばれた結論を立証するために証拠が選択され、配列されているからだ。[*8]
しかし、歴史の構築に対するそのような失望は、どのようなパースペクティブあるいは方法論が使われているかにかかわらず、不可避のものだといっていいだろう。なぜなら、証拠は多すぎるくらいだし、にもかかわらず証拠のところどころにある欠落に近づくことは困難を極め、結局のところ、過去を構築する作業はすべて、現在という「特定のコンテキストに位置づけられている」からだ。ヴィクトリア朝小説についての満足な歴史は構築できないと結論づけることもできよう。しかしそれは、本の歴史あるいは歴史そのものに設定された目標が、不可能かつ非実際的な性質のものだったせいである。本の歴史という分野には限界があるが、そのさまざまな制約のために絶望することはない、と指摘するのも、今さら時代遅れかもしれない。
ここでひとつ、歴史的研究の困難と見返りの実例を挙げておこう。一八四二年、ドイツ・ライプツィヒのべルンハルト・タウフニッツ男爵が、冒険的な出版事業に乗り出した。そして、この事業は最終的に、第二次世界大戦の一〇年後、一九五五年まで続くことになった。彼はこの事業を「英国作家集成」と名づけ、戦争勃発時までに五三七二の作品を出版しており、その多くを、事業が継続している間、絶版にしなかった。これに比肩する規模の企てを探そうと思えば、二〇世紀のランダム・ハウスのモダン・ライブラリー、エブリマンズ・ライブラリー、そしてペンギンやオクスフォードの古典シリーズに目を向けねばならない。同時代には、男爵に匹敵する、継続的な競争相手はいなかった。このシリーズの誕生と成長は、イギリス帝国の発展と並行関係にある。イギリス帝国は、少なくとも次の二点において重要なコンテキストだった。第一に、イギリス帝国が、英語と英文学に対するグローバルな市場の需要を生み出すような世界的な広がりを持ったこと。イギリス人は、世界の隅々まで侵略した。彼らの奉じていたものは、現在では一般に、たいていは非難をこめて、道義的・経済的・軍事的・文化的・人種的な――他にいい方がないからこう呼ぶが――「帝国主義」とみなされている。イギリス人は自分たちが正しい《ライト》と考え、それゆえにその権利《ライト》があると考えていた、と今の私たちはいう。第二に帝国は、イギリス文学が世界の隅々まで侵略するための輸送ルートを生み出した。確かに、イギリスの出版社は、雑誌や本を二つの形態で、すなわち国内消費用に作ったものと植民地限定版の両方を輸出してはいた。また、男爵が自分の版を、イングランドやその植民地で入手可能にする意図はないと宣言したのも間違いない。しかしそれでも男爵は、自社で刊行した本を、輸送ルート上のすべての寄港地、そしてイギリス帝国領から外れる観光地に、英語読者のために輸出していた。結局のところ、イングランドと合衆国の外で、イギリス文学の軽い読み物の大半を、イギリス人およびイギリス文学を読みたがっている他国人による世界的な消費のために供給していたのは、ライプツィヒのタウフニッツ男爵と「英国作家集成」だったのだ。

国際的な著作権法が存在しなかったこと（そもそも一九世紀には、ほとんどどんな「国際法」も存在していなかったことは確認しておく必要がある。もし、植民地在住の臣民たちに意志を押しつけるため帝国列強が制定していた法律を「国際法」だと主張するなら話は別だが、こうした見方をとる人は、今では皆無に近いだろう）により、タウフニッツ男爵の事業が可能になったし、また、必要ともされたのであり、そのことが恩恵にもなり、搾取にもなったのである。[*9] このドイツ人は、機を見て逃さず利用した。容赦なくライバルを破った。イングランドに旅して作家や出版業者に会った。その際、「賄賂」と契約書を携えて、ヨーロッパ大陸において、イギリスの本を、しばしばイングランドでの出版年月日よりも前の年月日で出版するという排他的契約を結んだ。彼は段階の進んだ校正刷、そして場合によっては手稿を買い取った。それは、自分の出版する本が、大陸の競争相手――フランクフルトのユーゲル、パリのガリニャーニやボドリー、ブリュッセルのロバートソンやシュローダーなど――のどこも、リプリント版の元となる本国で刊行された本さえ手に入れていないうちに、もう書店に並んでいるようにするためである。競争相手がいわゆる海賊版（ただし、当時は違法ではない）を印刷できるようになるころには、タウフニッツはすでに廉価なペーパーバック版をドイツ、フランス、イタリア、そしてイギリス帝国の入口と出口の書店に送り出している。一番乗りの出版社の売り上げは最もよいのである。

さて、ここからの部分は、起業家タウフニッツへの当初の賛辞が容易に批判に転じうるということを示すために、意図的に、非難めいた言葉遣いで語られる。しかし話の要点はむしろ、本の歴史家たちは、事実それ自体に対してのみならず、事実とその時代、そして私たち自身との間の関係に対しても責任があるということなのだ。一八四〇年代には、イギリスの作家たち（イングランドの外では法に守られていなかった［したがって、タウフニッツとの「契約」は、国外での出版によって印税を得る役に立った］）と世界中の読者たち（豊富で安価な読み物を欲した）の双方にとって好機と見え、実際に恩恵をもたらしたと見えたものが、今では、土着のさまざまな文学を犠牲にした帝国主義と貪欲さであるように見えるかもしれないのだ。[*10]

タウフニッツ本の書誌については、アン・ボウデンとウィリアム・トッドに負うところ大である。この書誌は、題名一覧に加え、社員や会社の場所や業績についての事実の記述もちりばめたもので、一〇七八頁ある。[*11] 一八八一年に二〇〇〇冊目の本が出版された時と、そして事業創始五〇周年記念（一八九二年）と七五周年記念（一九一七年）の計三回、タウフニッツ社は記念のために社史を刊行した。そこには、イギリスの作家たちから出版社に送られた手紙のなかから選り抜いた何百もの賛美の言葉が含まれていた。また、長い間には、男爵と彼の事業についての研究も、いくつかは学術雑誌に発表されている。しかしこの物語に関して最も興味をそそられるのは、知られておらず、明らかに知られようがないことについてである。手紙のアーカイブは、記念に刊行された社史によってその存在が立証されているが、どうやら第二次大戦で爆撃を受けたようだ。男爵宛ての手紙が約六〇通、ベルリン国立図書館に残っている。そのうちの何通かは、一八六八年に出版された一〇〇〇番目の本を送ってもらったことに対する感謝状である。残りは、二〇〇〇冊目の本が一八八一年に出版されたお祝いに関する手紙だった。社史に引用された手紙の抜粋とは異なり、これら残存している手紙には、文学的あるいは歴史的重要性はほとんどない。この事実は、他の手紙がすっかり消失してしまったことをさらに嘆かわしくしている。

トッドとボウデンは、書誌のなかで、「英国作家集成」（実は最初からアメリカの作品を含み、最終的には「英米作家集成」と名前を改めた）の本は、合衆国、オーストラリア、南アフリカの何百もの公立図書館にあったはずだという証拠を挙げている。しかし現在では、そういった図書館においても出会えることは非常にまれである。人々はこういう安価な本を、ボロボロになるまで繰り返しひたすら読んだ。そして図書館は、製本し直した何冊かを例外として、そうした本を捨ててしまった。タウフニッツが全世界に及ぼした影響の証拠は、消えつつあるのである。

文学研究の観点からみた場合、このシリーズのさらに重要な意味は、他の版では残っていない、作家によるヴァリアントを含んでいる場合がある、ということだ。というのも、こんなことがあったからだ。ウィリアム・

サッカレーの『ペンデニスの経歴』の編集に取り組んでいるときのこと、私は、序文の最後の一文と、最終章でこの本の女性主人公ではないブランシュ・エーモリーに与えられた蔑称とが、タウフニッツ版の初期の刊本にしか見られないことを発見したのである。男爵は、自社のために早刷り本を追い求めた結果、最終的な訂正を組み込んでいない、したがってそれ以前のヴァリアントを保持しているヴァージョンを手に入れたのである。そうしたヴァリアントはイギリス版からは捨て去られており、男爵が手に入れていなければ、もしかすると完全に失われてしまったかもしれない。手稿や校正刷が存在しない場合には、タウフニッツの版が生き残った唯一の証人となる。このようなことが『ペンデニス』に関して起こったのだから、他の本についても当然起こりうるだろう。主な問題は、その解明のための唯一の方法が、タウフニッツ版とイギリス（やアメリカ）の版との照合である、ということだ。これは本の歴史家がほとんど取り組んでいないきわめて大きな仕事だ。さらに、ここには別の非常に難しい問題も含まれているのである。

男爵は、何ともご賢明なことに、当初から、自社の本には一度しか出版年月日を入れないのを慣習にしていた。つまり、すべてのリプリントにおいて、本扉に初版刊行時と同じ日付が入っていることになる。このことを私は、『ペンデニス』の照合の最中に、ある図書館（スイスのバーゼル）から別の図書館（ロンドン）に移ったとき、偶然に発見した。大英図書館所蔵のタウフニッツ本は、私がバールで最初に調べた本と、日付も印刷も製本もまったく同じであるのにもかかわらず、実際には短縮・修正されたヴァージョンのテキストを載せていることに気づいたのである。このヴァージョンが最初に刊行されるのは、本扉に記された日付の六年後のことだ。幸いなことに大英図書館はこのタウフニッツ本を二部所有しており、そのうち一つが初期のヴァージョンであることが判明した。クラレンドン版のディケンズ全集の編集者たちは、これほど運に恵まれていなかったのだろう。彼らはタウフニッツ版を見ることを思いつかなかったか、あるいは、見たとしてもとりたてて興味を引くところのない重刷版と考えて、それらを本扉の日付が宣言してくれているとおりのテキストであると決め込んでしまったのである。

タウフニッツ本のリプリント版にある体系的な日付の誤りがテキストに及ぼす影響は広範で、どんな理由からにせよ本扉の日付が正確であると決め込む学者や批評家がそれを用いれば、そこにも影響が及ぶ。その肯定的な面を見るなら、タウフニッツのリプリント版の使用者は常に、その作品が最初に出版されたのがいつであるかという感覚を持つことになるのだといえるのかもしれない。だが、同時に彼らは常に、今手にしているテキストが、本扉が示している年に発行されたという間違った感覚を持つことにもなるのだ。トッドとボウデンの研究は、実際の発行年月日を特定する助けになる、日付以外の要素への手がかり、特に出版事項に使われている語法・表現の違いを教えてくれる。

男爵は、帝国主義的日和見主義者にして搾取者だったのか、それともありがたい芸術のパトロンだったのか？その両方だったのか？　パトロンと搾取者の間には違いがあるのか？　これらに関する誰かの意見が、他の誰かの意見よりも価値があるということがあるのか？　以上の質問のそれぞれに、一つあるいは一つ以上の解答があり、それらは立証可能だったり、立証されてきたりしている。しかしまず、初期の版を見つけたり、それらを母国のテキストと照合したりといった、なすべき仕事がたくさんある。そのうえで、私たちは認めなくてはならない。タウフニッツが英国の作家や出版社と行った数々の交渉を証明してくれていたかもしれない手紙、そして、タウフニッツが用いた印刷用校正刷の正体を割り出すことができたかもしれない記録が保管されていたアーカイブは、もう破壊されて存在しないということを。そして私たちは、アーカイブが保存されていたならばどれだけ助けになってくれていたかを、決して知ることはないのだと。

本の歴史とテキスト批判の歴史的な目標を考慮することにより、こうした仕事の結果、何が可能であり、何が得られるかということをはっきりさせられるかもしれない。「歴史」の考察においてしばしば混同されているいくつかの側面を、区別しなくてはならない。つまり、過去に実際に起きたことは、残存している証拠と同一ではないし、また、起きたことについての報告とも同一ではないのだ。その報告が、出来事が起きた当時の記録として書かれたものであろうと、関係者がのちに思い出して語ったものであろうと、あるいはまた非関係者（歴史家）が残存する証拠や残存する直接の報告を研究して記したものであろうと、同じことである。ひょっとすると、過去に起きたことと、過去に起きたことの報告とを区別できないのは、素人だけかもしれない。前者（過去に起きたこと）は、私たちが確信を持って近づけるものではない。他方、「起きたことについての報告」には近づくことができるが、それはけっして包括的ではないし、けっして疑いえないわけではない。証拠からの推論を通じて、そして不完全な（それどころか不正確な）報告を通じてしか知識を得られないのだが、それでも私たちは、おおざっぱには、書物にどんなことが起こったかを知っている。作家は、通常は紙にペンまたは鉛筆という形で書き記し、手稿を出版社に提出した。出版社は通常、出版のための作品を選び、さまざまな方法で作家の創作や推敲に影響を与えた。出版社は、本の印刷と製本を支配し、流通と本の購入者への販売を手配した。購入者の方では、新しく入手した商品をただ棚につっこんでおくか読むかして、読んだ後は処分するか、あるいは大事に保存した。同様のプロセスが第二版以降の版についても繰り返され続けた。それぞれの書物の有益な生涯には、会員制貸出図書館の司書やその図書館の利用者や、また借りたり盗んだり、それ以外の何らかの方法でその本を入手した人々の活動が含まれていた。ところで、ある意味で、起こったことのなかで最も重要なのは、読者たちが読んだものに対して反応したことだ。幸いにも、しばしば書かれた形で。そうすることによって、読者は、作家や出版社や書籍販売業者の活動に社会的な生命を与えたのである。私たちは、以上のことが起こったと信じている。なぜなら、これらの出来事の報告を手にしているからであり、これらが起こったことを示す物理的な証拠を手にしているからである。私たちが知っているのは、それらの報告と証拠が存在しているということだ。私たちが信じているのは、これらの報告と証拠とが、私たちを、起こったことについて、いくぶんは正確だったり有益だったりする理解へと導いてくれるということだ。

しかし、本の歴史家たちが誤った情報を伝えているのを見るのは嘆かわしい。本章を準備しているときに、私は誤っているか誤解を生じさせるか、あるいはその両方である「事実」の記述を本で読んだ。ステロ版による印刷が一八二七年に導入され、焼き石膏、電鋳版、あるいは紙型用紙を「型」として使用することによって生産できるようになり、それによって、長期間にわたって同じ原版から本を増刷することが大いに容易になった、というのである。これは、そう、本当でもあり、嘘でもある。焼き石膏を用いて生産されるステロタイプは、一九世紀の中葉に、印刷業者によって散発的に導入されていた。電鋳版は何年かあとに登場し、活版印刷よりは挿絵によく使われた。また、紙型用紙の型は、さらに後になって、一八三〇年頃ではなく七〇年頃に登場するのだ。[*12] このように、ステロ版の原版を生産する際に三通りの方法があるという知識を重要とみなしつつ、それぞれの方法がいつ開発されたのかを示すことは重要ではないと判断する場合、どのような選択の原則が働いたのか？ そして、焼き石膏の型で作られたステロ版の原版から印刷された頁が、ステロ版の原版の型として使われた組み置き活字から印刷された頁と比較すると、わずかながら小さいのに対して、電鋳版から印刷された頁はすっかり同じサイズである、という事実を無視したのは、無知からなのか、それとも何らかの情報選択の原則によるのか？ 私たちの企てにとって、こういう事柄についての厳密さはどれほど重要なのか？ 私たちの仕事にとって、現存する証拠についての厳密さは、どれほど問題になりうるのだろう？ 現存しない証拠が——何しろその意義について「厳密なこと」は何もいえないのだ——絶えず問題であり続けるというのに？ 本によっては原版のセットが複製されていたという知識は重要なのか？ 時とともに、ステロ版の原版に対して訂正が加えられ、その結果、同じ原版から印刷された本の間でヴァリアントが生じたという知識は重要なのか？ 最初の、もしかすると訂正された原版が摩耗したとき、予備の、おそらくは訂正の入っていない原版が倉庫から持ち出されて使用され、その結果、以降の刷り増しでは訂正されていない初期のヴァージョンが復活することがあったという知識は重要なのか？

私は現状に気をくじかれたりはしていない。この状態のなかで私たちはみな働いているのだ。書誌、学術編集版、テキストの創作・修正・伝達の歴史、刊本の製作の歴史、本の流通、批評、読書の歴史、これらはすべて証拠の制約を受けている。そして、私たちがヴィクトリア朝小説を解釈するとき、私たちは無知によって影響を受けるばかりではない。私たちの知識や、私たちが読んでいる特定の版——現代のペーパーバックであろうが、オリジナルの版であろうが——によっても影響されている。それでも、オリジナルの版と現代の版の区別をすることとは有益なのだ。それは、軍事史家が、歴史に残る場所と歴史的記念建造物を区別するのとまったく同じことである。物理的なモノや場所が、私たちの歴史感覚にとって重要であるという事実は、歴史に残る場所や歴史的記念建造物が観光地として人気があるということによって明らかだ。けれども、出来事が起こった場所と、どこかよその場所で起こったかもしれない出来事を記念するために建てられた記念建造物との間には、重要な相違がある。本の歴史家たちにとって、ある本のオリジナルの版と現代のリプリント版との間の相違とは何だろうか？どちらが歴史的であり、どちらが単に歴史上のものなのだろうか？　そして、両者はそれぞれ、私たちが歴史そのものを呼びだすのにどんな助けをしてくれるのだろうか？（何が実際に起こったのか、あるいは、何が実際に書かれたのか、あるいは作家がそのテキストをどのようなものにしたかったのか？）書記行為理論は、これらの知識や無知が、解釈に直接関係していると主張する。つまり、読みは、「いわれていないこと」が「いわれていること」を限定するその方法によって、支配されているとはいわないまでも影響を受けているのだ。

本章で示したかったのは、次のような考え方である。すなわち、ナリッジサイトの範囲を区切るような自然の境界線はない。知識の追求は荘大で不可能なものである。そして有益な電子ナリッジサイトの創造は、学者のコミュニティによる、長期間にわたる仕事になるだろう。その間にも、サイトは常に発展しつづけることによって、範囲と有益さを増していくであろう。ひょっとすると最終的には、あるひとつのナリッジサイトの範囲が拡張し、その人為的な境界線が、別の、拡張してきたナリッジサイトの境界線と出会うことにもなるだろう。

第6章

電子テキストのじめじめした貯蔵室

The dank cellar of electronc texts

そして、何という悪臭の集まり！
古い餌のように熟れた根、
貯蔵室に繁茂する、腐臭を放つパルプのような茎、
滑りやすい厚板に積み上げられた腐葉土、堆肥、石灰。
生命を放棄しているものなど何一つないようだ。
土埃でさえ、小さな呼吸を続けていた。

セオドア・レトキ「根茎貯蔵室《ルート・セラー》」（"Root Cellar," 1948）

しかし、私は、能力をもっているふりをした。

ウィラード・マッカーティ「モデリング」（"Modelling," 2003）

本章の草稿を書いているとき、私はセオドア・レトキの「根茎貯蔵室」を読んだ。これは「溝のようにじめじめした」場所についての詩であり[*1]、蓄えられた余り物の野菜が土台となって、新たな生命――必ずしもすべてが愛らしいものではない――が繁茂増殖していく様子を描いたものだ。とはいえ、この嗅覚、この「悪臭の集まり」は、絶え間ない生命の営みを表しているのだ。インターネット上で利用できる驚くべき量の電子テキストを、二〜三週間にわたって検討した結果、私はこう判断せざるをえなかった。インターネットで手に入る電子テキストのうち、学問的に信頼の置けるものは、およそ〇・一パーセントにすぎない。九九・九パーセントのテキストは、話にならない。「貯蔵室《セラー》」という語は収納場所を示している。「じめじめした」という形容は、根茎貯蔵室においては必ずしも否定的なニュアンスを含んでいない。だが、電子テキストの一般的なイメージには、どこか無菌無臭の清潔なところがある。それは電子テキストが、キーボードの上の光る箱／貯蔵室に収蔵されているように思えるからだろう。電子テキストは乾燥していて、何らかの間接的な遠隔操作によってしか使うことができない。誰も電子テキストの肉体に触れることはできないし、それゆえ、歴代の読者が図書館の書物に残していく皮脂や匂いなどを、電子テキストの上に残すことはできない。だから、「じめじめした」という形容を電子テキストに用いると、その清潔な世界に、未知の、有機的かつ生物的な環境を持ち込むことになる。このイメージは、電子テキストがさまざまな種類のカビやウイルスをはぐくみ育て成長させるということを暗示している。確かにレトキの詩は、そうしたところにも生命の力強さが表れているということを肯定的に歌ったものだ。けれども私たちの大部分は、自分たちの根茎貯蔵室に、何でも構わないから生命力が溢れてさえいれば満足、とはいくまい。

「電子テキストのじめじめした貯蔵室」という思いがけないイメージをきっかけに、さまざまな考えが浮かんでくる。第一に、デジタル革命がまだ端緒についたばかりのこの世界においてさえ、出所のわからないテキストが世界を覆い尽くさんばかりに溢れているということだ。そうしたテキストにはどのような腐敗の種／誤り《コラプション》が潜んでいるかわからず、特定されていない、あるいは間違ったヴァージョンを再現している。こうしたテキストはコンピュータや、特にインターネットに対する熱狂の結果として生み出されがちである。画像として、あるいは光学式文字認識ソフト（ＯＣＲ）によって、テキストは簡単にスキャン可能で、ＷＷＷに発表できる。だから、ほとんど誰でも簡単に、編集者／製作者／出版者になれる。インターネット上の議論での発言やアドバイスを見るかぎり、こうした電子テキストの公表における最大の問題は、テキストの真正さだとか、実証性だとか、出所ではないようなのだ。単に、著作権が生きているテキストをウェブ上で公開することを避けるように、ということだけが喧《やかま》しくいわれている。しかし、著作権に関するこうした注意事項の存在は、次のような問題を含んでいる。すなわち、作品の最新の学術編集版が存在している場合でも、電子テキストのえせ編集者兼出版者は、古く、そしてたいていの場合は廉価版のリプリントを素材として用いてしまう、ということだ。電子テキストをウェブ上に発表する動機は、利己的なものである場合もあるだろうが、しかしたいていは善意からであろう。従来なら本を買うか、図書館へ行くか、さもなければ諦めるしかなかったような人々に対して、労力・テクノロジーの成果のいくばくかを、無料で提供しようというのだ。テキストをコンピュータ化することの利点はそればかりではない。カードと鉛筆を使うことなしに、テキストを検索し、必要箇所を「抜き書き」し、保存しておくことができる。だが、電子テキストのこれらの長所に対する熱狂が、テキストの正確さや起源に対する無関心を生み出してしまっている。こうした電子テキストの増殖繁茂が漂わせる豊饒な香りのなかには、腐敗と病巣の臭気もはっきりと含まれている。とはいえ、そうした考えに怯《ひる》むことはない。なぜならこれは、一五世紀以来、どの世代においても絶えず繰り返されてきた非難の声を繰り返しているにすぎないからだ。すなわち、腐敗した(誤りの多い)、あるいは腐敗しつつある印刷テキストの、止めどない増殖に対する非難。古くから行われてきたことが、現在では容易になったというだけのことだ。

このことと関連して、次に考えなくてはならないのは、私たちの学生が曝されている状況だ。彼らがネット上で接するテキストは、起源や、オリジナルの日付や、オリジナルの出版社や、オリジナルの活字面や、オリジナルのページの配置や重さから切り離されたものである。これらはみな、テキストの「出来事性」の痕跡であり、誕生当初のテキストが書かれ／読まれた文化的コンテキストを理解するための鍵となるものだ。元のテキストページ面の画像を含まないような電子テキスト――つまり、大部分の電子テキスト――は、だから、作品からあらゆる「書物性」を消し去ってしまい、テキストをまったく新しい状態で提示する。これは、執筆・出版・受容という、特定の個人なり社会なりの行動の表れとしてテキストを捉えている人間にとっては、何とも困惑させられる事態である。また、学生たちが、電子テキスト以外の情報源に接することによって、オリジナルのテキストがどのようなものであったかを理解するための物質的な鍵を得ていたとしよう。それでも問題は残るのだ。なぜなら、大部分の電子版テキストは、いい加減に用意され、大ざっぱな校正しか受けず、「発表可能なレベルに達しているかどうかの」審査は不適切であるか、そもそもまったくなされていない。だから、誤りを含んだ文章が、学問の探究を破壊する言語の地雷のようにそこかしこに潜んでいる。無料のテキストを好み、コンピュータ媒体の利点に満足している学生たちは、当然のことながらテキストの出所や正確さに関する必要な問いかけをしようとはしない。インターネット上に見られる不用意なテキストの複製は、比較的安いペーパーバック版の増大と同様に、世間に広まっている考え方を反映している。文学テキストは単に文字と句読点だけから成り立っており、どこでどのような外観をまとっていようとも、同じことを意味しているのだ、と。この間違った考え方は、以前の章で述べたように、教室で使われる文学作品のアンソロジーの編集にも見られる。だが、コミュニケーション理論や批評的思考が示しているように、本という出来事の一つ一つは、発話行為の一つ一つと同様に、それらを形づくるコンテキストやメディアによって重大な影響を受けるものだ。テキストの研究者として、私たちはテキストの起源、コンテキスト、来歴、書誌、そして正確さに注意を払わなければならない。学生たちには、そうしたことを毎年あらためて教えていかなければならない。もちろん、学生用テキストの批判は、最初に述べた電子テキストの批判と同様、非常にありふれたものだ。なぜなら、廉価版ペーパーバックについて、私たちは何十年も同じことをいい続けてきたのだから。

三番目に思ったのは、電子的な「パルプ・テキスト」の「カビ」が増殖していくことを考えた場合、私たち学者の側に、ヒステリックな試みが生まれる可能性があるということだ。インターネットを監視しようだとか、電子テキストの公表を審査する国家的／国際的な機関を作ろうだとか、学術的に信頼できる電子版のリストをオフィシャルな組織で作成しようだとか。実際、これらの先駆ともいえる試みが、MLAのアメリカ著作家全集センターと編集文献学委員会で行われている。けれども、こうした組織は過去に、信頼できないリプリント版の奔流を押しとどめてはこなかった。私の意見では、今後も、劣悪あるいは危険な、資料の裏付けのない電子テキストの洪水を止めることはできないだろう。

電子メディアにおける編集文献学の活動に、こうした絶望的な〔粗悪な電子テキストの〕修復作業が含まれる必要はない。なぜなら、学術的な電子テキストの編集・アーカイブ化は、自らの家、自らの根茎貯蔵室への周到な注意をもって行われるからだ。結局のところ、電子の世界でも印刷の世界でも、腐敗／間違いの多いテキストと信頼の置けるテキストの割合には、それほど大きな違いはないのだ。印刷の世界において、学術編集版を数において圧倒している、信頼できず審査を受けていない版は、割合においては、電子テキストにおいても同じくらいではないかと踏んでいる。

さて、それでは電子テキスト一般という広大な世界から、電子学術版という小さな世界に目を向けてみよう。そこでは多くの思索が積み重ねられ、多くの実験が続けられている。そして私たちは、それらが、より希望に満ちた、しかし同時により問題を含んだ未来図を描き出しているのを見出すことができる。私は学術編集版の電子化の歴史の専門家ではないが、議論の背景としてこの運動を簡単に説明しておけば、本章における一連の考えを前に進めることができるかもしれない。電子テキストの誕生は二五年かそれ以上前に遡ることができる。だが、電子的な書物それ自体を最終的なゴールとみなすようになったのは、つまり電子テキストが、コンコーダンスを作るため、あるいは本の版面を準備するための一時的な前段階でしかないという考えが変わったのは、一九八〇年代の本当に終わり頃から九〇年代にかけてのことだった。短い期間にも実にさまざまな電子テキストがあった。その初期のアイディアのいくつかは、現在から見ると微笑ましいくらいだ。イタリック体その他の書式が抜け落ちたASCIIテキストファイルをダウンロードできるFTPサイトが、それで充分なものに思えたのである。自分たちの蔵書が、わずかのコストあるいは無料で、一気に増やせると考えた多くの人々にとっては。ただし、このプランは、冊子の形式の書物の豊かな複雑性を、ASCII文字の平板な流れのなかに切りつめ押し込めることになる。そして、ヴァーチャルな世界が到来し、「サタデー・ナイト・ライブ」で、ヴァーチャル・ブックをからかうコントが登場した。モニタ上の書物の画像のページを、キーボードを操作してめくっていくというものだ。マイクロフィルムやファクシミリのプロジェクトと同様、スタート地点としては実はそれほど悪くなかったのだが、このプランは、物理的な世界と写真の世界に絡め取られた想像力の限界を示していた。

一九九三年のこと、グレアム・バーウェル、ポール・エガート、そしてクリス・ティフィンの協力を得て、私はその時点で理想的だと考えられた電子ブックがどのようなものになるかを書き綴った。それは、新たに開発されていたソフトウェアを利用して、冊子形式では不可能なやり方でテキストを経験させようというものだった。それればかりか、すでに開発されていたソフトウェアよりも、ぎこちなくだが先に進んで、プロトタイプとしてもまだ実現していなかった別の可能性を想像しようとした。これは私が初めて書いたファンタジー文学だった。この私のアイディアは、インターネット上で広く流通し、米国現代語学文学協会（MLA）で発表され、増補された上で『デジタル時代の文学テキスト』[*2]に収録された。アイディアのいくつかは、MLAの学術版編集センターの電子版編集ガイドラインに取り入れられた。そのとき想像したアイディアのなかに、その後実現したものがあるということに、私は満足している。とはいえ、なかにはもちろん実現しなかったアイディアもあるし、また、当時は想像もしなかったような望ましい要素がその後発展していったという場合もある。

洗練された電子版を求める要求から生まれた、最も野心的な開発は、SGMLとXMLのマークアップ・システムに使用できるテキスト・エンコーディング・イニシアチブ（TEI）である。第4章で説明したとおり、TEIは、言語の豊かな複雑さと書物の物理的な構造を含んだ電子テキストを構築するための、標準と論理構造を与えてくれる。このTEIというマークアップ言語を採用し、短期間のうちに、学術編集の成果を電子形式で利用可能にした重要なプロジェクトが、デイヴィッド・チェストナット、スーザン・ホッケー、マイケル・スパーバーグ＝マックィーンによるモデル・エディションズ・パートナーシップである。他の重要なプロジェクトを挙げておこう。ジェローム・マッギャンによるロセッティ・アーカイブ。ピーター・ロビンソンの、チョーサーに関する複数のプロジェクト。デイヴィッド・パーカー、ピーター・ロビンソンその他による新約聖書プロジェクト。マーサ・ネル・スミス、エレン・ルイーズ・ハート、マルタ・ヴェルナーのエミリー・ディキンソン・プロジェクト。パッティ・コクランとリチャード・テイラーがそれぞれ手がける、二つのエズラ・パウンド・プロジェクト。ジュリア・フランダーズが指揮する、ブラウン大学の女性作家プロジェクト。ジョーゼフ・ヴィスコーミ、ロバート・エシック、モリス・イーヴズによるウィリアム・ブレイク・アーカイブ。ホイト・デュガンによる『農夫ピアズ』アーカイブ。そして、オーストラリア学術ライブラリーのためにフィル・ベリーとポール・エガートが開発した、JITM（ジャスト・イン・タイム・マークアップ）システムと連動するさまざまなプロジェクト。[*3]また、第4章で描いたモデルにいくつかの点で似ている野心的なプロジェクトには、ケンブリッジ大学のベン・ジョンソン全集電子版（まだ公開されていない［現在は http://www.cambridge.org/uk/interactive/feature/cwbj/］）、そしてハイパーニーチェ・プロジェクト（まだ初期段階だが、完成時にはあらゆる機能を備えたナリッジサイトになるようにデザインされている）がある。[*4]もちろん他にもあるが、ここで名前を挙げたのは、真に価値のある学術研究のツールを与えてくれるような、真剣であると同時に想像力に富んだプロジェクトである。それらは、作家やテキストに関する、基礎的な学術的な仕事をこなしているのはもちろんのこと、電子形式に含まれた可能性を推し進めているのだ。そうしながら、これらのプロジェクトは、電子版には印刷版と違うどんな意義があるのか、ありうるのかを考え、定義し、そしてその試みを通じて、この新しいメディアを問い続けている。

だが、スリリングでもあるが、同時に一時的な熱狂を鎮静化させてくれもする事実を挙げておこう。それは、ジェローム・マッギャンやピーター・ロビンソンが、自分たちのプロジェクトの輝かしい成功——実際に輝かしい成功を収めているにもかかわらず——や、また自分たちの仕事にまつわる困難と長い時間——実際にそれだけの苦労をともなっているにもかかわらず——よりも、プロジェクトによってテキストへの向きあい方が変わったことに注目している、ということだ。[*5]自分たちのプロジェクトを進めることによって、彼らはテキストについて新たな角度で考えたり、テキストの性質について新たな問いを立てたりせざるをえなくなった。さらに、おそらくより興味深いことに、アーカイブとはそもそも何をするべきなのかについても、新たに問い直す必要に迫られたという。興味深いことに、ロビンソンの新たな方針は、歴史的なテキストの再現としてのデジタル・アーカイブが詳細さと複雑さを増していくにつれて、編集者がガイドとしての役割を果たすことが必要だという認識に基づいている。また、マッギャンの新たな方針は、ゲームをプレイするのに似るようになっていく。つまり、質の向上にも加工にも使いうる、コンピュータの複数の機能を用いて、今まで行われなかったようなテキストへの新しい関わり方を強調している。[*6] 彼らの仕事の方向性は、特に二つの点で私には興味深く思える。最初の理由はノスタルジックなものだ。一九七七年から七八年にかけて、私はＣＡＳＥ（Computer Assisted Scholarly Editing〔学術編集支援システム〕）として知られる九つのプログラム――テキストの転写の調査、照合、補註などの作業、印刷版製作のための入力準備などを助けるプログラム――を開発したプログラマーと一年を過ごした。そのとき私が発見した最大のことは、自分が学術編集の方法論について徹底的に考え抜いてこなかったということだ。私が発見したのは、理系の学問においては、不注意があれば実験室が爆発するかもしれないのに対して、人文系の学問では、間違いを犯してもそれが気づかれないまま済んでしまうことが多いということだ――自分の仕事を複製し組織化するようなコンピュータ・プログラムを開発する必要が生じないかぎりは。そうすることによって、人は「ディシプリン」〔学問領域による規制／拘束〕という言葉の本当の意味を知ることになる。

現在、デジタル・アーカイブを構築する仕事の大きな意義の一つは、結果としてできあがるアーカイブよりも、そのプロセスにおいて、研究者が多くのことを学ぶことができるということだ。マッギャンは、ロセッティの資料をＳＧＭＬマークアップ言語に適合させることの困難さを説明している。そして、その困難な仕事のおかげで、自分の扱っている作品の構造的な複雑さについて（たとえば、デジタル複製によって可能になった方法、フォトショップのようなソフトによって可能になった画質向上や変形、加工という方法を用いて絵画を見るようになった）、そしてＳＧＭＬの構造的な制約について（たとえば重複する構造を扱えない、つまり単一の階層構造しか処理できない）、深く理解できるようになった、とも書いているのだ。同じようにロビンソンも、電子版チョーサーのために最初に製作した、非常に優れた「バースの女房」のプロトタイプの不満点を率直に認めている。次の段階では異なった試みをしなければならない事柄について説明しながら、彼は同時に強調している。すなわち、仕事を行い、ソフトウェアの不備に悪戦苦闘することによって、チョーサーの仕事の重要性と編集者の責任について、新たな認識を得られるようになった、と。ロビンソンが発見したのは、チョーサーの八八の写本に対して、ニュートラルで客観的な、CDによる提示と説明を行い、そこにおよそ一〇〇〇万のハイパーリンク（大部分はソフトウェアによって自動的に作成されたもの）を施すといった作業は、利用者を裏切る可能性がきわめて高いということだ。それ以降のチョーサー・プロジェクトにおいて、代わりに彼が採用した解決策は、読者に対して、各部分の意義を説明し、明確な解釈の指標を提供し、提示されている素材の価値や意義について編集者の明確な意見を表明することだった。

　これは編集の理論と実践における重要な発展である。マッギャンとロビンソンの編集方針の展開を知って、私が喜んだ理由の二つめはそこから来ている。三〇年前には、学術版の編集者は、テキスト状況／条件に対する彼や彼女の見解を押しつけ、大胆に編集し、読者が自分自身でテキストを精査することなく信頼できるようなテキストを提供したことで、感謝の念を捧げられることを期待していたものである。こうした編集行為は、作品の客観性や、註釈・付録などの信頼性を強調することで正当化されていた。だが、学問の自己欺瞞は長くは続かない。理想主義的かつ「著者の意図を再現する」とされていた編集が、実のところ主観的であり、編集者の裁量が大きく、還元的なものだという実態が認識されるようになった。代わりに、近年になって登場したのが、一見「真に」客観的に見えるデジタル・アーカイブの追求である。そこには、素材となるテキストの客観的で高解像度のデジタル複製が含まれ、客観的で清潔な並行《パラレル》テキストが含まれ、関連する資料へのハイパーリンクが含まれている。そしてピーター・ロビンソンは——念のためにいっておけば、彼は自分の編集行為が客観的だなどと一度も主張したことはないのだが、それでも「バースの女房」CD‐ROM版では、編集者の存在をなるべく見せないように心がけていたロビンソンが——今や、複雑な電子版へのニュートラルなアプローチといったものは、編集者の導きの手を必要とする読者を裏切る行為だと主張しているのだ。アーメン。印刷版に続き、電子版においても、学術編集版の理想の編集者像は変わったのだ。最終的にはプロジェクトから自らの存在を消し去ることを目指す編集者から、むしろ自らの存在をはっきりと大胆に明言したうえで、読者にも、編集行為は批評行為なのだと理解するように求めるような編集者へと。編集とは、性質上、また定義上、干渉行為にほかならない。客観的になされることなどありえない。編集は大胆に行われるべきだし、その事実を率直に告げるべきである。ちょうど優れた批評が、検証されるべきものとして、そして可能ならば他の批評家の手持ちの道具として使われるものとして、慎み深く提示されるように。別の版が作られる余地はつねにある。一つの作品のテキストの証拠を通じて、異なる（対立する）編集方針が生まれる余地はつねにあるのだ。

過去数年の間、電子版についての会議に集まった編集文献学者たちが、電子版の編集方法について関心を集中させ、その反面、テキストの研究法や、メディアの変化に付随する学術的関心の追求に対して、電子版自体がどのような影響を与えるか、さほど考察されてこなかったのは、ある意味では当然かもしれない。電子化において技術的な進歩が続くであろうことを考えると、こうした［編集方法に関する］意見の提示や表明は今後何年ものあいだ続いていくはずだ。だが、この一般的な風潮において、一つの点は是正しておく必要がある。電子テキスト製作上の実務的な問題点が、電子テキスト製作者たちの注意を一身に集めるのは、繰り返すが当然だろう。扱うべき問題は多いからだ。ハードウェアの選択（今持っているモデル以上の性能を持つ新しいモデルが毎年発売される）、ソフトウェアの選択（優秀・スマートな最新機能が、ひょっとすると、電子版を、一つの形だけでのアクセスに閉じ込めてしまうような独占的コードを含んでいるかもしれない）、等々。これら以外にも新しく開発され進化したハードウェアやソフトウェアの問題を乗り越えられるような、テキストのコード化システムを開発し学習することの問題を考えてもよいだろう。さらにこれまでは、多くの学術版編集者にとって、デザインに大きな注意を払うことも必要だった。モニタ上のページはどのような外観をとるべきか？　ハイパーテキスト・リンクはどのような外観で、どのように機能すべきか？　ウィンドウはどのように現れ、どのように消える（あるいは背後に隠れる）べきか？　テキストに音や動きを加えるにはどうしたらいいのか？　学術的な編集・アーカイブ化と、教育的なそれとの境界線はどこに設けるべきか？　それともそうした境界線はなくなるのか？

こうした重要な問題が、今後も私たちの関心の大部分を占め続けるだろう。そして、その間にも増殖し続ける信用ならない電子テキスト――（おそらく大部分は）テキストの問題について真剣に時間をかけて考察したことのない人々の手になるテキスト――に向かって怒鳴りつけるといった誘惑で、気を散らされないようにしたい。そうした人々の、作家に対する、あるいはインターネットに対する、ファンとしての素朴な熱狂ぶりが、私たちの気を散らして、彼らが世界に与えてくれた「贈り物」に対して非難を向けたり、逆に賞賛の笑みを浮かべたりするようなことが起こらないようにしなければならない。

必要なのは、さらに多くの人々が深く考えを巡らせることだ。テキストを新しいメディアに移す際に、テキストが新しい機能を手に入れるのと引き替えに古い［書物形式における］機能を失うことについて、電子版におけるテキストとの関わりが、印刷版におけるそれとどのように異なるのかについて。私の関心は、印刷版と電子版の間の、実際的そして観念的な関係に向かっている。

この中心にあるのは、編集の仕事は、それが印刷媒体の場合でも電子媒体の場合でも、単にテキストを複製することではないという考えだ。逆のいい方をすれば、あらゆる編集の仕事には、単語や句読点や画像を、一つの形式から別の形式に変換するという以上のものが含まれていることになる。こうした変換が行われるたびに、そこには何かしら新しい、元の版とは根本的に異なるものが生み出される。だからこそ、何世紀にもわたって、編集文献学者たちは序文を書き、自分たちの編集した版では何が行われたのかを説明する必要を感じてきたのだ。自分たちの版がより優れたもの、より正確で本物に近く、役に立つのだと主張するような序文について述べているのではない。私は、新しい版が、元の版とどのように異なるのかを説明するような序文に対してだけ、注意を向けているのである。

思うに、新しい版を作る必要性が起こるとしたら、それは、テキストがどのように作用するかについての、あるいは、もっと正確ないい方をするなら、私たちがテキストをどのように作用させるかについての、私たちの理解力に基づいている。テキストというのは結局のところ、特定の形式で提示され、特定のメディアに収蔵された、シンボルの配列に過ぎないからだ。人間はシンボルの解釈について相当な訓練を積んできた。そして、読解の経験によって、それらのシンボルと出会う際の形式やメディアにも含意があるのだということを学んできた。意味は、シンボルと形式を扱う方法を心得た読者によって生み出される。シンボルを変えれば意味が変わる。形式を変えれば、その含意も変わる。そして、テキストと出会う際のコンテキストを変えれば、テキストの重要性や意義も変わるのだ。

私はこれらの真理に、観念的にではなく物理的に直面した。プリンストン大学ファイアストン・ライブラリー収蔵の、メッツドルフ、パリッシュ、テイラーなどのヴィクトリア朝小説コレクションを訪れたときに、そしてその少し後で、さらに巨大な、テキサス大学ハリー・ランサム人文センターのウルフ・コレクションを訪れたときに。以下に述べる内容は、第5章全体で取り上げたヴィクトリア朝小説の事例研究に、複雑さと興味をつけ加えることを目的にしている。当時私は、ヴィクトリア朝小説の外観と形式に関する論文[*7]を執筆中で、幸運にも、パリッシュ・コレクションとウルフ・コレクションの書架に案内され、特定の作品について複数の版を、自分の作業机の上に並べることができた。それらの書物の感覚、外見、感触、匂い、肌理《きめ》、色・形・サイズ、それらすべてが、後々まで続く意味を持っていたが、しかしウルフ・コレクション所蔵の七〇〇〇冊のヴィクトリア朝小説を見た時に、私が最初に感じた圧倒的な感覚とは、「無知」というものだった。三〇年もの間ヴィクトリア朝の作家について研究してきたというのに、私はヴィクトリア朝の小説についてほとんど何も知らないのだ。なぜならばこの膨大な部屋に収められた小説の数々でさえ、一八三〇年から一九〇〇年にかけて出版された四万とも五万ともいわれる小説の、ほんの一部にしか過ぎないのだから。それに、これだけ膨大な数を揃えていても、ウルフ・コレクションに収められた書物は、それらが最初に刊行された時に近くにあったはずの本から、悄然《しょうぜん》と孤立している。当時はすぐ側に、農業、歴史、地理、探検、航海、鉱業、経済、芸術、音楽、伝記、科学、宗教、政治、料理、家政などについての本もあったのではないか？　同じ出版社から同時に刊行された本や、同じ誌面で書評された本についての知識もなしに、どうしてそれらの小説の意味や重要性や意義を知ることができるだろうか？　ヴィクトリア時代の小説がどのようなものかという感触を掴むためには、テキサス州オースティン［テキサス州の州都／テキサス大学の所在地］に行き、午前一〇時から午後四時までという限られた時間、一回あたり五冊までという制限のなかで、本を調べなくてはならないのか？　同時代に刊行されたオリジナル版を充分に味わい、臭いを嗅ぎ、手で触れてみて、私は知った。これが私たちのテキストの理解に大きな違いをもたらすということを。その違いは、ペーパーバックのリプリント版や、学術編集版、そして現在考えられているような電子ブックにおいては、決して明らかにならないのだということを。

　私がこのテーマに対して抱き始めた関心は、ひとたび知識への飢えを知ってしまった以上、当該コレクションの既存の書誌や解説によっては満たされることはなかった。ウルフの書誌や、マイケル・サドラーの『一九世紀小説』や、トロント大学のローリ・マクリーン・コレクションの解説は、いずれも啓発的で、卓抜で、圧倒的なのだけれど。既存の創作・出版・読書の歴史も、ヴィクトリア時代小説のコレクションを散発的に何度か訪問してみても、余計に渇望をそそるだけだ。このように気まぐれに「ヴィクトリア朝小説の諸相」について書き続けても、学生や同僚に対して、資料を提供することにはならない。だが、そうした資料は、ヴィクトリア朝小説がどのような外観をしていたのか、その外観が同時代の読者にとってどのような意味を持っていたのかといったことに対する感受性を涵養するためには不可欠なのである。

第5章でも述べたことだが、メッツドルフ、パリッシュ、テイラー、ウルフの各コレクションへの訪問と、サドラーやマクリーンのコレクションのリストの精査によって、私は、これらの豊富な資料のなかに、それでも二つのきわめて重大な欠陥があるという結論に達した。まず、それらが、図書館の近くに住んでいない大部分の学生や関心のある研究者からは隔絶した存在であること。そしてもう一つは、それぞれのコレクションが、何らかの選択の原則のせいで、ヴィクトリア朝小説の歴史を歪曲しているということだ。初版ばかりを並べていた本屋など、ヴィクトリア時代にあっただろうか？　小説しか並べていない書棚など、存在しただろうか？　どうしてこれらのコレクションが、ヴィクトリア時代の小説の「出来事性」を再現できるだろう？

ロバート・リー・ウルフによるメアリー・エリザベス・ブラッドン作品のコレクションを例に取ってみよう。そこには、彼女のベストセラー『レディ・オードリーの秘密』の多くのリプリントが含まれているが、初版の初刷は入っていない。集めた作家の多くについて、ウルフのコレクションは初版のみを所有している。彼のコレクションは、二刷以降のすべてのリプリントを集めているわけではない。『レディ・オードリーの秘密』でさえもだ。結果として、ヴィクトリア時代の小説に関する彼の書誌は、自分が持っている本のリストに過ぎず、ブラッドンの書物の刊行史の大部分を無視することになっている。これは決してウルフの偉大な業績に対する批判ではない。収集家の関心事は、本書で展開されているような電子的「ナリッジサイト」を構築するための関心事と異なっていることがあるという事実を説明しただけである。

別の例として、ジョージ・エリオット『フロス河の水車小屋』について見てみよう。ゴードン・S・ハイトの書誌は、一八六〇年から八一年までに刊行された、この作品の「著者の手の入った《オーソライズド》」版の包括的な歴史を提供してくれる。彼の解説は、世界中のどの図書館に残っているどの刊本よりも、『フロス河の水車小屋』の書物やテキストの形状についての視覚的な理解を与えてくれる。だが、こうしたリストアップや解説や分析でさえ、編者の関心、この場合だと、この作品の「創作と改訂の歴史」による制約を受けている。ハイトの説明には、アメリカやドイツで無数に流通した（そして著者の死後はそれ以外の場所でも大量に出回った）「著者の手を経ていない《アンオーソライズド》」版といった、非常にアクティブに続けられた「読解の歴史」の証拠が含まれていないのだ。

もちろん、大部分のヴィクトリア朝の小説は、初版しか刊行されなかった。だが、ヴィクトリア時代の自国のフィクションの消費がどのようなものであったかを示すような包括的な書誌は存在していないのだ。あきらかに、そのようなプロジェクトの境界は人為的なものであり、拡張することが可能である。

W・M・サッカレーの作品の編集に長期間携わったことと、「ヴィクトリア朝小説の諸相」への新たな関心とが、私にある一つの方策を思いつかせた。それは、不可能な夢のような提案の核となるものであり、ヴィクトリア朝小説のデジタル・アーカイブの構築を体系的に行うためのものだ。まず、当時の装丁のままの初版本の画像から始まる。続いて、デジタル化されたオリジナルのテキストが含まれ、それに加えて、大胆な編集者によって編まれた新しいテキストと、出版その他の歴史的な註釈が与えられる。私は想像する。最初のホームページが、根茎を蓄えた地下室というか書庫への扉と同じ役割を果たし、利用者はそこを通って、ヴァーチャルな書誌のなかへと入っていくのである。書架のエリアは、まるで本物のような書物が並んでおり、クリック一つで、年代順（この場合、たとえば私は一八五九年に刊行された小説すべてを見ることができる）、著者名アルファベット順、初版の値段順、形式順などで配列し直すことができる（たとえば、一二シリングで発売された二巻本小説を、三六シリングで発売された三巻本小説と区別することができる）。私は夢見ている、このヴァーチャルな書架のなかに、パリッシュ、テイラー、ウルフ、メッツドルフ、サドラー、マクリーンといったコレクションに集められた書物が一体となり、それどころかボドリーアンや、ブリティッシュ・ライブラリーの書物も一体となることを。そして、キーボードを操作するだけで、その書架から好きな本を取り出して読めるのだ。さらにテキストを調べ、並行《パラレル》テキストを瞥見《べっけん》し、歴史・テキストについての註を読み、難解な箇所を冗長モードまたはバックグラウンドモードに回し、ハイパーリンクを——好きなところでいいのだが——映画や舞台での脚色、翻訳、その他関連する書評やコメントに向けて貼ることができる。

だが、私の希望をかなえるにはこれでもまだ不充分だ。図書館の特別なコレクションは、ヴィクトリア朝の小説の市場におけるテキストの歴史に対する感覚を歪めてしまう。出版されたあらゆる本に初版があることは間違いない。だが、最も広く読まれた本は、複数の版で出版されているものだ。図書館のコレクションには、歴史的な記録を誤って伝えがちな二つの特徴がある。すなわち、初版であることと、きれいな刊本であること、である。つまり、「読まれた」証拠が保存されていないのだ。大量に版を重ねた書物は、たいていの場合、そうしたリプリントのヴァージョンが残っていない。だから、私の考えるヴィクトリア朝小説のじめじめした電子貯蔵室には、廉価版のリプリントや、ガタガタ、ボロボロになった版も含まれなければならない。そして、この悪夢じみた喜ばしいヴィジョンから目覚める前に、私はこの提案が、ジョージ・ランドウのヴィクトリアン・ウェブのように、*8巨大なスケールでヴィクトリア朝小説・文学のコンテキストを再構築するものだと主張するわけではないと断っておきたい。ただ、この架空の「ヴィクトリア朝小説」アーカイブとヴィクトリアン・ウェブとの間に、そしてその他の関連するウェブサイトとの間に、さまざまなリンクが張られることを思い描いている。

だが、ここで、この最終的なヴィジョンから離れ、最初に指摘した点に戻らなければならない。こうした電子図書館を構築するための研究へ、書誌的な調査へ、そして、それぞれがテキスト行為のさまざまな側面を表している、テキストのさまざまな形態への周到な観察へと。スキャンしてデータベースに取り込めば事足れり、というような便利な書誌など存在していない。写真に撮れば済むような本のコレクションも存在しない。この壮大な計画に必要とされるのは、実のところ、より小さなスケールにおいてではあるが、あらゆる電子学術編集版においても必要とされるものなのだ。編集文献学、書誌学、テキスト批判作業の基本的な知識、序論や註釈を執筆する際の鋭敏さ、テキストのなかのさまざまな声に対する感受性、そして、目の前にある資料の意義について学者として最良の見解を述べうるだけの勇気。

結論をいおう。根茎貯蔵室は必要なユニットであり、そこには生命の維持が必要なものが蓄えられている。だが、その貯蔵室に、絶えず注意を向けなければならない。毎年掃除をし、貯蔵品を改め、棚を修理しなければならないのだ。学術版編集はけっして終わらない。それはうまく行くことも失敗することもあるし、やり直されてうまく行くことも失敗することもある。さらに、素人や学生、時には学者仲間の手で、さまざまな粗悪なリプリント版によって絶えず混乱させられる。私たちの仕事は、テキストの貯蔵室に常に新鮮な品を揃え、ラベルを貼り直し、きちんと保存し、そして、注意深い学問の力で可能なかぎり、カビやウイルスや腐った果実から守ることだろう。何も、廉価版のテキストを排除すべきだと主張したいのではない。ただ、どんなテキストであれ、それが実際以上に価値のあるものだというふりをさせないことを望んでいるのだ。安い、粗雑に作られたテキストであろうと学術編集版であろうと、そういうものとして提示させよ——少なくとも私たちの根茎貯蔵室においては。そして、どちらの場合でも、それが「作品そのもの」であるなどと思わせないことだ。世界からカビやガラクタをなくすことはできないが、それらを作り出さないようにすることは可能だし、それらを貯蔵庫に近づけないことも可能だ。テキストと出所の正確な説明を与えることによって、古い学術編集版に新しい学術編集版を補うことによって。その際、新しい学術編集版は、大胆かつ率直に編集される。それは、永遠に続くものとしてではなく、しばらくの間、次の世代の精神を養うための「繋ぎ」として作られるだろう。やがて次なる世代が、自らの精神を養い、さらに次の世代のため何をすべきかを考えるようになるときまで。

第7章

編集文献学の競合する目的を調和させることについて

Negotiating conflicting aims in textual scholarship

二つの道が黄色い森のなかで岐れていた。

ロバート・フロスト「行かなかった道」（"The Road Not Taken," 1920）

「宵の明星」と名づけられていたコテージは
なくなっていた――それが建っていた地面の上には、
鋤で均した跡が残っていた。近隣すべてに、
大きな変化が起こっていた――だが、そのコテージの扉の傍らに生えていた
オークの木は残っていた。そして、未完成の羊小屋の
残骸らしきものが、グリーンヘッド峡谷の
奔流の傍らに見えた。

ウィリアム・ワーズワース「マイケル」（"Michael," 1800）

本章では「損失／失われたもの《ロス》」について述べていく。[*1] これは、書物をめぐる、ポジティブな希望と要請のコンテキストのなかで書かれる。書物を収集し、アーカイブを作るというのも、そうしたコンテキストの一部だ。たとえば、図書館の特別なコレクションや稀覯書《きこうしょ》のコレクションや愛書家たちのコレクションでは、自分たちが「所有しているもの」や、「保存してきたもの」に焦点をあてるため、ポジティブさが強調される。けれども、こうした話題も、いずれは「所持していないもの」や「救おうとして救えなかったもの」の話に及ばずにはいない。文学批評も、同じ［ポジティブなものを重視する］コンテキストの一部をなしている。さまざまな「洞察」や、新しい、あるいは顧みられてこなかった才能の「発見」といったことに焦点をあてることによって、ポジティブさを強調するのだ。けれども、文学批評の場合もやはり、こうした話題が、結局は、色あせてしまった洞察や、時代遅れとなった批評の流行や、かつて主張されていた思想が新しい思想の光——あるいは一瞬の閃きというべきか——に照らされてうち捨てられることなどに向かってしまうのは避けられない。ここで本や本の版についていわれていることは、私が今後の発展を非常に期待している電子学術編集版や電子ナリッジサイトにも等しくあてはまる。

テキスト批判や学術版編集も、それなりにポジティブさが支配的なコンテキスト作りに貢献している。「事実を確立する」「作品をコンテキストのなかに置く」「作品を研究者や学生や一般読者にアクセス可能なものにする」「信頼のおけるテキストを供給する」「米国現代語学文学協会（ＭＬＡ）の編集文献学委員会の承認印を獲得する」

といったフレーズは、すべてポジティブな進歩の方を示唆する。それに対して「間違いを発見するための学問」「ヴァリアントの算出法」「決定版」「ふたたび編集され直される必要のないように編集する」といったフレーズに表現されているようなかつての希望を掘り起こすのは、あまりに時代遅れだろう。一九六〇年代にはこういったフレーズは一般的だったが、今では私たちの多くにとっては誇張のように思える。ところが、電子学術編集版やデジタル・アーカイブといったものを語る人々の新しい言葉には、似たような希望が潜んでいるような気配がする。それによれば（実際、私自身もときどきそう口にするのだが）、電子メディアは、作品の意義ある形のすべてを提示することを可能にしたり、印刷メディアの限界によって仕方なく行っていたさまざまな編集上の選択の多くをしなくてすむようにしてくれたりするだろう。しかし、損失《ロス》について充分に焦点をあてて考えないで、ポジティブな面ばかりを強調してきたおかげで、編集文献学者たちはつい行き過ぎ、事実による裏付けのないことまでやってのけたと主張する気になっているのではないだろうか。

学術版編集の「正しい目的」をめぐって、編集文献学者の学派の間で争いが起きる理由、そればかりか編集者個人の頭や心のなかに、自分自身の学術版編集の目的が何であるべきかをめぐって葛藤が起きる理由は、ポジティブな希望を強調しがちな私たちの習性にあるのではないか。つまり私たちは、新しい版が、万人のために永遠に、とまではいかないまでも、ほとんどすべての人のために、少なくとも彼らが生きている間ぐらいは、役に立つものになるだろうという期待を寄せている。そのような抱負には何か高潔なところ、少なくとも気宇壮大なところがあると思う。私たちは、そのような物言いを、ものごとは大きく考え、偉大なものを指向して奮闘した方がよいという原則から支持する。そして、すでに編集が終えられ、図書館の棚に居心地よく収まっている作品について考察するのではなく、最新の熱狂の先端に乗っているかぎり、つまり、後方ではなく前方を見ているかぎり、ポジティブな思考法が価値を持ち、［すでに成し遂げられたものではなく］これから成し遂げられるであろう偉大な成果に熱狂することが価値を持つのは、必然であり有益でもあるように思えるだろう。

だが、かつてのポジティブな、熱狂的な、希望に満ちた学術版編集の成果や利益／得たもの《ゲイン》を振り返ってみたとき、私たちはそこから損失／失われたもの《ロス》について多くのことを学ぶだろう。編集文献学者・編集理論家たちの編集に関する論文や学会発表のなかに、「以前の編集者たちは自分たちの方法の間違いをまったく理解できていなかった」といった言葉を見つけるのは、難しくない。私たちの多くは、ハーシェル・パーカーが学会によく付けてきていた襟のボタンを覚えている。そのボタンは、「W・W・グレッグの基底テキスト《コピー》の原理は合理的すぎる」と高らかに主張していた。私たちは、ジェローム・マッギャンが、W・スピード・ヒルの伝えるところでは「基底テキスト《コピー》学派」が「ドードーのごとく死に絶えた」とコメントしたということも覚えている。さらに私たちは、ドナルド・ライマンが、著書『近代の手稿の研究』や一九九七年の学会で発表した「セオリー主義」に反対する論文において、著者の意図を追い求めるようなテキストの編集を、道徳的な怒りをもって正面から攻撃したことも心に留めている。[*2] いずれも、現代的な期待に添えない学術編集版の失敗は、編集者たちが何か間違いを犯したためだといわんばかりだ。それと同時に、そこには、現代の編集者が最終的にはそれを正してくれるだろうという期待があるかのように思える。

　しかし、私たちはここで立ち止まって述べておかなくてはならない。批判されている昔の編集者も、現役の編集者であったころ、やはり自分たちに先立つ編集者たちについて同じ批判を向けていたのだ、と。詩人であり古典文学の編集者であったA・E・ハウスマンは、一九二〇年代に、彼より前の時代に編集に携わった者たちを「愚か者たち」と非難していた。ロナルド・マッケロウは、一九三〇年代に、前世代のディレッタント的編集者たちが、美的なセンスでヴァリアントを選んでいたことを、厳しく断罪した。W・W・グレッグが一九五〇年代に「基底テキスト《コピー》の専制」を指摘した際、標的となったのはそのマッケロウだった。フレッドソン・バワーズは、一九六〇年代に、ルネッサンスのテキストを編集するためのグレッグのシステムを、のちの時代のアメリカ小説の編集に応用するには、どのように改良や改訂をする必要があるかを示した。一九八〇年代には、ハーシェル・パーカーやジェローム・マッギャンが、それぞれまったく別のやり方で、バワーズのアプローチの誤りを説明しようと企てた。[*3] どの世代もが、ベストな答えを得ることを願っているようであり、前の世代の努力を不適切と考える。まもなく、私たちも、批判される側に回るのだろう。

損失について考察することは、編集文献学者として、学術編集版の流れ、すなわち、栄光の書棚の上から、乗り越えられた旧版を捨てるゴミ箱へ、という流れをせき止める助けとなるかもしれない。新しい版にも失敗があるということ、それが乗り越えたはずの古い版が行っていた（あるいは、行うことはできたが行わなかった）いくつかのことを、新しい版がやり損ねているということ、これを理解するのは、なんと難しいことなのだろう。

いや、と新しい熱狂は叫ぶだろう。私たちは、古いエディションがやっていたことを、新しい版にさせたいわけではないのだ、と。たとえば、一八九〇年代の編集者たちの審美的な趣味を示しているようなエディションは必要ではない。また、一九六〇年代の編集者たちが「著者の最終的な意図」について考えた結果を示している、きれいな読解《リーディング》テキストも必要ない。そして、製本過程の影響をすべて排除した歴史的な版のきれいな読解《リーディング》テキストも必要ない、などという。さて、私たちは、このように過去の業績を見下す現在の風潮がいったいいつまで続くと思っているのだろうか？　解釈しようと思っている作品の（歴史的であれ何であれ）多層化したテキストなど求めていないという研究者の声、あるいは、モニタ上で光る人工物の連なりのなかを移動したいわけではない、という研究者の声に耳を貸すようになるまで、いったいあとどれくらいかかるのだろう？　もしも私に、未来の編集者の喜びを予測できる想像力があれば、現在私たちが手がけている版が捨てられてしまうのは、これこれの新しいゴールのためなのだ、と告げてあげるところだが。

だから、もう一度いう。損失について、作品が編集されるとき、失われるものは何かについて考えよう。それで充分である。わざわざ損失を生じさせるような方法で、編集をする必要はないのだ。ただ、編集をしさえすればいい。私は、編集された作品が何らかの損失を示していない事例を、一つとして知らない。どんな編集版も、編集を試みている対象を申し分なく表現しえてはいない。どんな編集版も、作品を適切に提示していたためしはないし、今後もそうだろう。それで充分なのだ。ポジティブなもの、希望、完璧さ、申し分のなさ、学術性の勝利、こういったことは、起こりえない。

損失に関して、代表的なものの短いリストを作ってみよう——網羅的なリストを作ろうとするとあまりに時間がかかりすぎるから。第一に、オリジナル版の紙、インク、布、皮、匂いは、編集された版からは消えてしまっている。それらとともに、それらのものすべてが新しかった過去の時代の感覚というものも消えてしまっている。第二には、フォント、マージンの幅、ランニングヘッドの形やスタイル、場合によっては、金属活字によって凹んでいたり、インクによって独特の手触りになったり、壊れた活字やインクのむらによって特徴的に損われたりしている頁の面から受ける感触だ。こうしたものがないという点でいえば、印刷されたテキストより電子テキストの方が、より深刻だろう。それらとともに、時の経過による荒廃や、テクノロジーの変化や、キーツの歌った「壮麗さといにしえの時間の荒々しい浪費の混合」だ。次に、タイプミスや、時代遅れの（あるいはたんに風変わりな）句読法や綴り方は、直されており、読者は、たいていの新しい本を読むときに伴う、創造的な許容や寛容さを発揮する必要がなくなる。もし新しい版が、批判版としてきれいな読解《リーディング》テキストを提供するのであれば、その作品のただ一つのテキストが、テキストという織物《テクスチャー》のなかに埋め込まれていることになる。ヴァリアントは、頁の下か、うしろの一覧表で示されるだろう。そしてもしも、それらヴァリアントが頁の下に置かれたとしたら、［註釈や補遺のない］オリジナル版のきれいな頁を、失われたものの一つとして挙げなくてはならない。つまり、そこでは、書き出しのつまずきや推敲などの証拠すべてが、印刷の奇跡によって、そして校正者や植字工の陰謀によって取り除かれていたのだから。もしも、新しい版に、作品の改稿されたさまざまなヴァージョンが含まれているならば、それぞれの元の版にあった「唯一無二」という感覚は失われてしまうだろう。もしも改稿されたさまざまなヴァージョンが、一つの電子テキストにまとめてすべて提示されているとしたら、推敲跡を並べて比較する直感的な能力は失われてしまうだろう。

こんなことをいうと、ロバート・フロストの詩「行かなかった道」のように聞こえてくる。編集者が何をしようと、同程度に優れた別の選択肢は、それゆえ実行されないことになるからだ。作品をめぐる別の視点は失われてしまう。そして、読者や、若い新進の編集者たちは皆、実行されなかったこと、そして、それゆえ失われてしまったことに注意を向ける。彼らは、新しく、よりよい編集方針が必要だと主張する。黄色い森のなかで、ちょうど目の前には二つの道が分岐しており、そのうちどちらかしか選択できないのだ、という事実は意に介さずに。「同程度に優れた別の選択肢は、それゆえ実行されない」という私の意見に異議を唱えることは可能だ。そちらの方法の誤りを見てきたから正しい方の選択肢を選んだのだ、と新しい編集者たちはいうだろう。そして、新しい理論や方法は、新しい熱狂の先端に乗ったものなのだ。しかし、私たちは、選択されなかった道の数々についても考えるべきだ。新しい道は、いくつかの目的のためには、ベストなのかもしれない。また、目的を共有し、その新しい道を行く必要がある人も多いだろう。しかし、なぜ同程度に優れた別の選択肢を、別の目的のためにはより有効である（あるいは過去には有効だった）のに「誤り」と呼ばなくてはならないのか？　もしかしたら、新しい熱狂は——それ自身、いずれは何らかの損失を伴うことは間違いないのだが——新しいものを容れる余地を作るために、古いものを攻撃しなくてはならないということなのか？　過去に他の人々が、彼らなりの他のやり方で成し遂げた成果を歪めたり汚したりせずには、新しい方法で得られる成果に満足できないのだろうか？

新しい編集者たちは、こう答えるかもしれない。「私たちは、たった一つの新しい道を選んだのではない。私たちのデジタル・アーカイブは、各利用者に、ヴァージョンの選択の可能性を与えている。歴史的テキスト［歴史上存在したすべてのテキスト］が、オリジナルの形そのままにデジタル画像で表示される。作品全体にリンクが張られ、どんなテキストからでも、別テキストとの間のヴァリアントを、マウスのクリック一つで辿れる。そして、著者の意図を示す新しい批判版も準備されている。さらに、歴史的・テキスト批判的・批評的註釈も準備されている。こうしたすべてが、WWWで利用可能であり、地球上のどの場所にいても、たとえ、研究図書館から遠く離れたところにいても、ログインして、学術編集版が使用できる」。もちろん私も、これがとても素晴らしいことだというのには同意する。けれども私の目的は「損失」に注目することであり、どれほど素晴らしいことが行われようとも、実行されない何かの存在を示すことである。

ウェブサイトではオリジナルと同じ手触りや匂いや重さが感じられない――その他の点で充分かつ適切にオリジナルを提示しているとしても――という事実は脇に置いて、次の二点だけに焦点を絞ろう。第一に、ウェブサイトは、歴史的エディションだけでなく、批判版も提供しているということ。第二に、リンクの網《ウェブ》の目が、アーカイブの各部分の間の関係性を提供しているということ。ここでは順序を逆にして、重要度の低い論点からとりあげてみよう。電子的ハイパーテキストのリンクは、何かに気づいてリンクを生み出す誰かによって完成されるか、あるいは、論理的な類似性を探り出してリンクを自動的に構築するプログラムによって完成されるかのどちらかだ。後者の場合、プログラムは、［語の］結合の類似性を、特定の批評家と特定のプログラマーによって与えられたロジックに従って判断している。彼らはそれを、いいアイディアだと考えたことになる。実際、どんなハイパーテキストのどんなリンクも、誰かがそれをいいアイディアだと考えた結果なのだ。つまり、リンクが存在するためには、まずは誰かがそれがいいアイディアだと考えなければならないということだ。そこから導かれる結論は、デジタル・アーカイブのリンクを自由に辿っているように見える読者も、前もってそれを考え出した誰かが用意したステップを辿り直している、ということだ。これは必ずしも悪いことではない。それに代わるいいアイディアがあると考えているのかどうか、自分でもはっきりしない。しかし、たしかにここで、［デジタル・アーカイブの］編集作業が本当に客観的だったかどうか、疑問が生じるのではないか？　客観性こそ、結局のところ、すべての資料を前面に出し、批判的な判断は最小限にとどめるということを正当化する論拠だったのではないか？　これはむしろ、たとえデジタル・アーカイブであってもあらゆる編集的仕事とは本質的に批判的たらざるをえないということを示す証拠なのではないか？

もっとも、こうした指摘は重箱の隅をつつくようなものだろう。批判的介入のレベルは、デジタル・アーカイブでは、最低限のものであり、読者は、すでに張られているリンク以外の関連づけを探すことも自由にできるからだ。［それなら、デジタル・アーカイブには「損失」はないのだろうか？］いや、「損失」をめぐる本章の立場からすれば、デジタル・アーカイブの客観的中立的な編集方針は、情報を過度に積載した、たくさんの糸がもつれ合った蜘蛛の巣《ウェブ》を創り出してきたと主張できないだろうか？　その成果を充分に利用できるのは、ごく限られた人々——たっぷり時間をかけ、混乱することなくデジタル・アーカイブを利用する方法を見つけられるような人々——でしかないのではないか？　デジタル・アーカイブを利用する人々の多くは、自分のしていることが理解できなくなるのではないか？　それは損失ではないのか？　繰り返すと、私はこれを、必ずしも悪いことではないと考えている。しかしそれでも、どちらか一方は失われるのだ。［すべてを収納したデジタル・アーカイブの］誇示された客観性と、あるいは［多くの利用者が迷わずに巨大なアーカイブを使うために］望ましい明晰さの、どちらかが。

二つめの、もっと重要な問題に移ろう。ヴァーチャルなアーカイブには、歴史的な諸テキストが集められ、加えて批判版テキストも提示されるという。しかし、あらゆる実現可能な批判的方針のうち、そのアーカイブに収録される批判版のために選ばれる最有力の方針はどれなのか？　メルヴィルの『白鯨』のノーザン・ニューベリー版のような、二つの歴史的テキスト——どちらも作者の意図をそれぞれに誤って提示している——の融合だろうか？　『華麗なるギャツビー』のケンブリッジ版のように、明らかな誤植だけでなく、歴史的あるいは地理的事実の間違いまで訂正するのだろうか？　私がサッカレーの『ニューカム家の人々』のミシガン版で行ったように、作者による変更は採用し、編集者による変更は採用しないとするのだろうか？　あるいは、ヴァージニア大学デジタル・アーカイブで、ダンテ・ゲイブリエル・ロセッティについて主張されているように、オリジナル版の出版の際、作者が充分にテキストをチェックし尽くしているので、あらためて批判版を用意する必要はないのだと結論するのだろうか？　あるいは、ライマンが『近代の手稿の研究』のなかで議論しているように、現代の編集者が、天才的な文学者——たとえばウィリアム・ワーズワース——の意図を後知恵で推測し、作者自身がわざわざ使わないことに決めた手稿のヴァリアントを、ご丁寧に復元してみせるなんて滑稽だ、と主張するのだろうか？　私はいまだに、電子的な学術アーカイブに、歴史的テキストのコレクションに加えて、一つの批判版テキストも入れておくべきだという提案を聞いたことがない。たまたま自分の賛成しない編集方針を立てているからというだけの理由で、編集文献学者による丹念で注意深い仕事を含めず、かわりに、お粗末な仕上がりで、せわしなく不注意な編集ぶりが伺える、商業出版者が刊行した「歴史的テキスト」をアーカイブに収めることが、ほんとうに有益なのか？

　こうした問いに、普遍的にあてはまる答えはない。それぞれのプロジェクトの編集者は、ある特定の目的には役立つ特定の方法で、問いを立て、答えるのだろう。そして、別の観点から見た場合には「失敗」するのだろう。こうして、私の議論は、最初のところに戻ってくる。私たちがどのように編集しようとも、私たちのアーカイブがどんなに大きくなろうとも、そこには何らかの「損失／失われたもの」が必然的に含まれるのだ。

こうした所見から私が引き出した教訓は、これも出発点にあったものだ。つまり、過去に成し遂げられなかったことを成し遂げる新しい編集方法を私たちが持ち出すときにも、私たちは新しい方法の方がいいとか、古い方法はコンセプトの誤りや進め方の不適切さによって価値が減じられていたなどといいたくなる誘惑に抗するということ。新しい方法もまた、誰か他の人がやってみたいと思ったことをするのに失敗するだろうし、新しい版も、事実や構想の誤りを含む可能性があるだろう。しかし、あらゆる学術編集版は、この新しい版も含め、注目に値する何かを成し遂げる可能性がある。

とはいうものの、これは、学術編集版には原理的に失敗はありえないとか、あるいは、学術編集版は無視されたり非難されたりすべきではない、ということではない。長所だと主張していることが実際にはできていなければ、その編集版は深刻な失敗だ。作品が正確なものでなければ、それは失敗だ。企図された目的に沿う結果になっていなければ、それは失敗だ。しかし、企図されていた目的がもはや流行遅れだからというだけで、その編集版が失敗だということにはならない。一つの例外を除いてこういえるだろう。もしもある学術編集版が、過去のある時点において、それ自身固有の目的を果たしていたのなら、それは、現在もなおその目的を果たし続けている、と。そして、読者は、これから先もずっと、その版が、その編集が意図していた目的を提示しているかぎりにおいて有用であると、思い続けるだろう。唯一の例外は明白なものだ。もし、その学術編集版の目的が、「いつの時代でもスタンダードな版として役立つこと」だというのであれば、その目的は果たされないだろう。それは「信用詐欺」というものだ。どんな学術編集版でも、それに成功しつづけることはできない。「永遠のスタンダード版」を目指すゲームは止めるべきだといいたい。

代わりに私が提案することとは何か？　編集文献学者として、私たちは、できるかぎり「フェアな」仕事をすべきだ。冒頭で、自分たちの版がどのような方針で編集されたかを説明し、そしてその版の使用方法について指示を与えるのだ。そこには、その新しい版がどういうものでないかについて、読者の注意を促すことも含まれるだろう。学術編集版は、作品そのものではない。作品の提示において、無批判的でもなければ、客観的でもない。それが提示するのは、歴史的な記録の批判的整理であり、それゆえそこから抜け落ちている要素も多数あるということだ。そして、私は、読者、特に研究者である読者、関心を寄せるに値する作品について発言するつもりの読者のために、提案したい。学術編集版を読むことを学び、それらが何であって何でないかを理解するべきである、と。もしかすると、そのことは、彼らが作品について述べる論に何も影響しないかもしれない。だが私は、そうした問題に気を遣わず、大事だとも思わなかった人々の例をいくつも知っている。

サッカレーの『虚栄の市』について書かれた『ＰＭＬＡ』の論文の一つを見てみよう。その論文の著者は、序章にあたる「幕前」の、市《いち》の見世物師をめぐる語り手の前口上と、添えられた口絵（道化役者がひびわれた鏡に映った自分の姿をじっと見つめている）とに読者の注意を向けさせる。そして、小説冒頭に描かれたこれらのイメージを、結末の挿絵（見世物が終わると同時に箱にしまわれる人形たち）と比較している。比較の要点は、小説の冒頭から結末に至るまで、思考とイメージが継続していることを示し、小説の統一性を気づかせることにあった。この評者は、この小説が連載ものであり、本扉の挿絵、序文、そして最後の数チャプター、つまり、彼が言及している、小説冒頭から結末までの何箇所かの部分のすべては、実は、連載開始の号から九ヶ月後に、最終号の一部として描かれ、書かれ、出版されたものであることに気づかなかったようだ。この事実は、彼の「洞察」が根拠としている前提を、完全に掘り崩してしまう。[*4] もっと最近のこと、別の批評家は、サッカレーの『イエロープラッシュ・ペーパーズ』［邦訳題『馬丁粋語録』］において、荒唐無稽な綴り字法についての釈明が、「『ジョージ四世の酪農場』で作られるクリーム」（Skimmings from the 'Dairy of George IV'）［『ジョージ四世の日記』からの抜粋 Skimmings from the 'Diary of George IV' の綴り間違い］と題される回でやっと行われていることについて文句をいっている。すなわち、語り手の馭者イエロープラッシュによって書かれた体裁をとるこの一連のエッセイのなかで、釈明が後半に置かれすぎているというのだ［『イエロープラッシュ・ペーパーズ』の語り手イエロープラッシュは、町人の訛りをそのまま移した、破格の綴り字法を用いている］。この論者は、後代の全集版を用いていたのである。その版では編集者によって、もともとは四番目に置かれていた「クリーム」の回が、一二番目（最後から二番目）に移されていた。当然、この配置では、綴り方についての釈明としては遅すぎるが、これはサッカレー自身の選択ではないのだ。

以上の『イエロープラッシュ・ペーパーズ』と『虚栄の市』からの二例は、ある本の歴史に関する事実を知らないことによって、結果としての「批評的洞察」が無意味なものになりうるという、害はないとはいえ、いささか決まりの悪い例証になっている。対照的に、文献学的調査によって洞察が得られる例を挙げておこう。サッカレーは、フィクションのなかで作者がコメントする、という手法を用いている。こうした作中の作者コメントは、故意に曖昧さを生み出し、読者に推論の余地を残すためのものなのか、それとも、語りにおける「作者の侵入」は、単なる伝統的な手法に過ぎず、それが不器用に用いられただけなのだろうか［物語のなかに「作者」が顔を出して大真面目に意見を開陳するという手法は、小説の手法としては〝古めかしい〟ものである。『虚栄の市』のサッカレーは、この古い手法をそのまま用いているのか、それともそうした手法を意図的にパロディとして用いているのかを問いかけている］。この問題は、手稿の推敲の跡を調べることによって、突き止めることができる。推敲の跡によって明らかになるのは、「作者の」感想を、書いたり消したりしてみながら、サッカレーが「コメント」で遊んでいるということだ。そして実際、最終的にはわざと読者を惑わせているように思われること、ゆえに「作者のコメント」はジョークであって信頼してはいけないものになっているということだ。

以上の論拠は、サッカレーは読者が作者の手助けなどなしに教訓に辿り着けることを信じていたのだという推測を裏づけてくれる。語り手があれこれの偏った見解を述べるのをわざと拒否しているという私の主張について、まだ懐疑的な、つまり作者が、読者が意図的に語り手を信じないことを、意図的に信じていたという考えに懐疑的な人もいるかもしれない。作者が不手際だったか、あるいは曖昧なのは意図的ではなかったと結論する人もいるかもしれない。しかし、手稿に見られる次の証拠が、その可能性を葬ってしまうだろう。

第一〇章、サー・ピットが息子のピットに向かって、裕福な独身の伯母ミス・クローリーが訪問しているときにはくだくだと説教するのは止めろ、と述べている場面を見てみよう［サー・ピットは、信心深い息子が、宗教嫌いのミス・クローリーの機嫌を損ねることを恐れているのである］。手稿の最初のヴァージョンでは、父子の議論は次のようになっている。

> 「おい、やめるんだ、ピット」父は息子の諫言に逆らっていった。「お前だって、年に三〇〇〇ポンドがわが家から逃げていくのを見過ごすほど馬鹿じゃないだろう?」
> 「私たちの魂に比べれば、お金など何だというのです?」クローリー［息子のピット］は続けた。彼は、自分が伯母から一シリングも遺産をもらえないことを先刻承知していたのだ。（傍点引用者）

この最後のフレーズ、「彼は自分が伯母から一シリングも遺産をもらえないことを先刻承知していたのだ」という語り手の声は、手稿において消されている。代わりに置かれたのは、サー・ピットの非難の言葉だった。彼は息子にこう述べる。「お前がいいたいのは、要するに、伯母さんがお前に金を遺さないってことだろう」。しかし、父親のこの発言に続けて、手稿の修正版では、登場人物たちについて次のようなあからさまな内輪話が、語り手の声を使って、続けられている。

「私たちの魂に比べれば、お金など何だというのです?」クローリーは続けた。「お前がいいたいのは、要するに、伯母さんがお前に金を遺さないってことだろう」――実際、これがクローリー氏のいいたいことだった。自分の利益のために、これほど環境に適応できる人はいなかった。ロンドンでは、彼は大物となって語り、笑い、好きなだけ邪悪に振る舞うこともできた。だが、彼がもしミス・クローリーの金から何も得られないのだとしたら、自分の良心を矯める必要があるだろうか? これが、彼がロードン・クローリーを嫌うもう一つの理由だった。彼は弟が自分を搾取していると感じていた。年上の兄はえてしてそのように感じるものだ。そして、若い弟の、財産を奪おうとする陰謀を呪うのである。(傍点引用者)

語り手によるこのコメントは、読者に対して、父と息子がそれぞれ道徳的にどのような立場なのかを正確に教えてくれる。しかしこのコメントも、原稿と校正刷の間のどこかの時点で消され、代わりに内省的で曖昧な問いかけが挿入されている。校正刷では、次のようになっている。

「おい、やめるんだ、ピット」父は息子の諫言に逆らっていった。「お前だって、年に三〇〇〇ポンドがわが家から逃げていくのを見過ごすほど馬鹿じゃないだろう?」

「私たちの魂に比べれば、お金など何だというのです?」クローリーは続けた。

「お前がいいたいのは、要するに、伯母さんがお前に金を遺さないってことだろう」――そして、誰にわかるだろう、これがクローリー氏のいいたいことではなかったと?

(– and who knows but it was Mr. Crawley's meaning?)

校正刷のこの最終ヴァージョンで、誰か（おそらくサッカレー）が「なかったwas」の部分をイタリック体にすることで、疑わしさをさらに強め、結果として、初版では「そして、誰にわかるだろう、これがクローリー氏のいいたいことではなかったと?」（and who knows but it *was* Mr. Crawley's meaning?）となっている。その結果、語り手の、表に出た（そして抹消された）発言に対する疑念を深めているばかりか、クローリー父子、敬虔な息子と邪悪な父の、双方が心の底まで腐っているという疑いを強めるという効果を生んでいる。

これらの改訂から、サッカレーは、登場人物たちについて「知りえないこと」を「知る」責任を、あるいは少なくとも自力で判断する責任を読者に押し付けようとした、と結論できよう。この「批評的洞察」は、先の二例（『虚栄の市』の序文と最後の数章のヴィジョンの類似性についての解釈、また、『イエロープラッシュ・ペーパーズ』における綴り字法についての釈明の効果についての解釈）と同様、一つの解釈ではある。しかし異なるのは、歴史的記録が結論と矛盾するのではなく、結論を実際に裏づけていることだ。

ここから、次のように結論づけることもできるだろう。学術編集版が提供できる種類の知識は、読者が見逃しえないような形で批評的洞察に影響を与える潜在的な力を持っている、と。では、学術編集版の資料を整理する完璧な方法は存在するのだろうか？　存在すると考える者はおそらく、完璧だと主張されているその整理の仕方が有利に働くような批評のバイアスにも同意することになろう。学術版の編集者から批評のバイアスを取り除く方法はあるのだろうか？　損失について考察することによって、私たちは、新しい学術編集版の成果について、もっと気負わないようになるであろうし、本棚の上で古びていく昔の学術編集版を、その版に向いた特定の目的のために利用することについて、もっと寛容になるだろう。私はそのように願っている。

第8章

聖人崇拝、文化のエンジニアリング、モニュメントの構築、その他の学術版編集の機能

Hagiolatry, cultural engineering, monument building, and other functions of scholarly editing

本物の書物の徳は事実驚くべきものだ。……霊樹のように……それは年から年へ、時代から時代へと存続する……。そして年々、新しい葉を生み出している……、しかもその一葉一葉が呪符のようで、奇蹟を行う力がある。それは人々を説得するからだ。

トマス・カーライル『衣装哲学』（*Sartor Resartus*, 1832）

学術版編集は、非常に多くの時間を要する。しばしば単調で退屈で、大量の細部に細心の注意を払わなくてはならない仕事が続き、しかも誤りを容易に起こしうるような決断を含み、そしてそれによって金が儲かることも、また昇進が早くなることもめったにない。さらに五〇年ごと（あるいはそれ以下の年月）に、鼻息の荒い新たな編集者が登場して、学術版の編集者たちがしてきた仕事を完全に解体して置き換える必要があると主張する。つまり、時間と知力を大量に注ぎ込んでも報われることがほとんどないように思われる。だから、私はこう尋ねずにはいられない。どうして私たちは、学術版を作るのか、どうしてこんなふうに、自分たちの時間と人生を費やすのか。

この章は、三つの主なセクションに分かれる。[*1] 第一のセクション「永遠に続く否定《ノー》」では、学術版編集を行うさまざまな動機について、捨てるべきものまで含めて列挙する——そこには、聖人崇拝、モニュメントの構築、文化の保存、文化のエンジニアリングといったものが含まれている。セクションII「無関心の中心」では、セクションIで列挙された、仰々しいくせに、実は弱く、誤り、腐敗した諸動機を捨てることによって、私たちが何を失い、何を得るかに注意を向ける。そして、セクションIIIでは、皮肉にも「永遠に続く肯定《イェイ》」と題し、学術版の編集が、そうした口実をはぎとられたところで、実際に何ができるか、何を達成しようと努力すべきかについて、いくつかの結論を提示したい［以上三つのセクションの題は、それぞれ『衣裳哲学』の章題から採られている］。

I　永遠に続く否定《ノー》

学術版編集を行う動機に関する以下の考察は、私の懺悔のようなものだ。すなわち、私が胸に抱き、そして捨ててきた、編集を行う理由である。最初の理由は、学術版の編集は、うぬぼれや、編集の重要性についての思い違いのようなものから遂行されるのかもしれないということだ。A・E・ハウスマンの例を参照することから始めてみてもよいだろう。よく知られているように、彼は自分が三流の作家だと思う者を選び、より完璧な作品でありより永続的なモニュメントであるものを作り出すために編集した――一流の作家は、完璧に編集するには、難しすぎるという理由で。それに対して、次のように問うこともできるだろう。いったいどれだけの数の人々が、ハウスマンをマニリウスの作品の編集者として知っているのか。あるいは、思想家にして作家にして学者としてのハウスマンの重要性は、そのエディションのなかにどのように刻みこまれているのか。そのような問いについてじっと考えていると、次のような問いも浮かんでくるかもしれない。いったいどれだけの人が、ウィリアム・サッカレーの『虚栄の市』の、私が編集したガーランド版（約三〇〇部印刷）や、やはり私が編集したサッカレーの『ペンデニス』（約一八〇部印刷）を購入し、その後の研究のなかで引用してくれているというのか。けれども、そもそもある学術版の価値や、あらゆる作品の価値というものが、それに対して肯定的に反応した人の数で測られるべきなのか、それともより主観的ではない基準によって測られるべきなのか、ということを考える必要もあるだろう。何しろ私たちは、約六〇億の人間の住む惑星に、しかも「客観的基準」というフレーズが撞着語法であると考えられているような時代に生きているのだから。

『テキストへの抵抗』の気まぐれに書かれたような一章のなかで、私は、学術編集版の担いうる意味、装丁や重量や活字のもつ意味の範囲について概観した。三五〇年間保つ中性紙を使うのは、もしかすると、編集者の仕事を、作家の作品や仕事よりもとはいわないまでも、それと同じぐらい長く保存する試みかもしれない、その章で私はそんなふうに考えた。だから私たちが、もし学術版編集者としていくらお金が稼げるのかとか、いったいどれだけの数の人々が、「私たちの新しいエディションを欲して騒ぎ立てているのか」といったことを問うのであれば、こう考えたくなるかもしれない。私たちがこれを行っているのは、少なくもある小さなサークルのなかで、名声を得て、徳を実践していると感じられるからである。これが、学術版編集がうまくいった場合に受けるに値する見返りである。しかし、その程度でしかないのか？　もしも私たちが個人的な見返りのためだけに学術版編集を行っているとしたら、私たちはそれで満足できるのだろうか？　私は生涯のあまりに多くの時間を学術版の編集につぎこんできた。だからこそ、いま手がけているサッカレーの学術編集版が、私の名前をサッカレーの編集者として知らしめることによってのみ、あるいは、私のいろんな学会への参加を正当化することによってのみ、世界におけるその役割を果たすだろう、などという考えはとても認められない。

だからもしかすると、私たちは、学術版編集は編集者自身の利益に奉仕する行為であるというシニカルな見方を一蹴し、もっと高貴な見方を採るべきかもしれない。つまり学術版の編集者は、数々の敬虔な行いによって、すなわち、作家自身の、推敲の際のいい加減で思慮の足りない行為から作品を守る行為、作品の編集に着手した愚か者やインチキども（いまいましい、自分以外のインチキども）のえじきにされないように作品を守る行為、あるいは、名声が現代の人々の意識の地平の下に沈んでしまった作家についての記憶を甦らせ、不朽のものにする行為によって作家や読者に奉仕しているのだという見方を。そうした目標を追求するなかで、編集者は、テキストにおける編集者の存在をできるだけ読者に意識させないようにするための戦略を採ってきた。なぜなら、重要なのは作家の作品だからだ。しかし、そのことは、専門家同士のコミュニケーションにおいてまで、自分たちが客観的で、科学的で、原則に則った学者であり、真実の追求によって有意義な批評のための堅固な礎を作りだしているのであるというふりをし続けるべきだという理由にはならない。私たちが自分の首にかけた編集文献学の固い岩は、石臼［マタイ 18.6］のように重い。その重さは、単なる紙の重さではなく、テキストに積載された文化的意味の重さからきているのだ。編集プロジェクトに学術的に関わる場合についてまわる、ひどい単調さや長さが、作家のための高貴な行為という上述の考え方によって充分に正当化されるとは思わない。なぜなら、結局のところ、このような考え方は、精査に耐えないからだ。

本章のタイトルの別の二項目についても、急いで片づけておこう。聖人崇拝、すなわち文学や作家性の神聖化は、他の批評グループのなかで、いやというほど攻撃されてきた。それによって、私たちは編集の仕事を、昔、すなわち、「私たちの文化遺産の保存と復元」といったようなフレーズが臆面もなく口にされていた時代にしていたようなやり方で、公然と正当化できなくなっている。近年では、編集者が一つの確定されたテキスト――テキストの問題・複雑性の存在を透明に、つまり、利用者に意識させないようにしてあるテキスト――を提供することよりも、複数の歴史的テキストへのアクセスを提供することの方が、はるかに一般的になっている。編集者たちは、ある文学作品の決定版を作り上げたと主張するのではなく、あるテキストをそのコンテキストのなかに置くことについて語ることになりそうだ。現在では、編集者は、自分たちの仕事を、批評の行為として、あるいは、可能な複数の編集行為の一つとして言及するのがふつうだ。とはいえ、紙の版は、いまだに、一九六〇年代に「決定版」を、これで最後というふうに保存するために開発されたフォーマットで、出版され続けている。そのことについて苦情をいうつもりはない。ただ、私たちが今紙のエディションについて語っていることと、それを包み込んでいるフォーマットとの間には乖離があることを示唆しておきたい。

本章のタイトルにある「文化のエンジニアリング」というフレーズによって、私が述べてみたいのは、学術編集版を作りだすための協同作業を促しているのは、そこに参加する編集文献学者たちが属するクラスの文化的先入観だと考えていいのか、ということだ。たとえば、アメリカ著作家全集センター（CEAA）認定版で扱われている作品の大半は、いわゆる「死んだ白人男性たちdead white males」のものであることが、非常にしばしば指摘されてきた。実際、編集者たちの多くも、死んだ（あるいは遠からず死ぬであろう）白人男性である。しかし、「文化のエンジニアリング」というフレーズは、協同編集作業が文化的先入観を形成する、あるいは変革する可能性を示唆する言葉でもある。とはいえ私は、編集文献学を、社会的、文化的な革命における最先端の専門職の一つだと考えているわけではない。女性やマイノリティの作家や、ポスト・コロニアルなテキストや、民間伝承的著作の学術版の数の増加は、編集行為がその原因になったのではなく、編集の原動力としての文化的強制力の結果といえそうだ。電子版の数の増加にしても、先進的な考えの編集文献学者による電子的発明行為の限界への挑戦の結果ではなく、サイバースペースへと私たちを引きずりこむ文化的強制力の結果であるといえそうだ。あるいは、もしかすると編集者たちのなかには、自分の手になる学術版が、大切な作家を歴史のなかにしっかりと据え付ける一助となるだろう、または、批評的関心をふたたび呼び起こす契機を生み出しさえするだろうという考えを胸に抱いている者もあったかもしれない。ウィリアム・ギルモア・シムズ、チャールズ・ブロックデン・ブラウン、そしてウィリアム・メイクピース・サッカレーの学術編集版には、確かにそれらの効果があった。とはいえ、あまりにも小さな規模で、誰も気づかなかったけれど。ある作家の名声や批評における地位を革命的に変えた二〇世紀の主要な学術編集版の名前を一つ挙げようとすると、非常な苦労を強いられることになる。ゲイリー・テイラーが、昔、文献学会の大会で主張していたことが思い出される。トーマス・ミドルトンの新しい学術版が一つ、望むべくはいくつか、出版されることによって、ミドルトンに、この作家がかつて享受していたようなシェイクスピアに比肩しうる批評的名声と一般的評判を取り戻させるかもしれない、と。しかし私は、こうした編集の動機、私たちが作家の名声を回復させたり、文化的意識を変えたりするのだという動機が希望的観測、それどころか自己欺瞞でしかないように思えるのだ。

　学術版のための電子メディアによって可能になった、いや必要にさえなった、編集における大転換はまた、いくつかの動機も嘘っぽいことを暴露した。「決定的なテキスト」という概念に最初に深刻な攻撃が加えられたとき、編集者たちは最初、決定的なのはあくまでその「版」であって「テキスト」ではない、と宣言することで、自分たちの仕事を擁護した。編集者たちは、学術編集版が可能にしたのは、テキストとそのヴァリアントをめぐる真剣な研究だといった。なぜなら、訂正箇所のリストによって基底《コピー》テキストの復元が可能になり、そして歴史的テキストの照合によって他の権威あるテキストのエッセンスを復元することが可能になるのだから、と。こうして、テキストとそれに付随する註釈・資料とは、一体となって、作家のテキストの研究と、編集者の仕事のチェックのための決定的な材料を提示する。だから、以下のような質問をするのについ二の足を踏んでしまう。どれほど多くの人々が実際に、基底《コピー》テキストを復元するために学術版を使用してきたのか？　あるいは、どれほど多くの、他の権威あるテキストを復元することに傾注する人々が、そのような仕事に不可欠なあらゆるものを、歴史的テキストの照合のなかに見出しただろうか？　実際、学術的な印刷版は、「決定版」という名前の重荷に耐えることさえできなかった。印刷コストがかかりすぎるとか、あるいは印刷版の技術では実現不可能であるとかいう理由で、あまりにもたくさんのことが省かれてしまったのだ。作品の書誌的な母型《マトリクス》や文化的コンテキストに関心をもつ学者たちは、印刷版が提供できる以上のものを要求する。これらの新しい版は、過去の、より行き届いていない版に比べて明確な改善になっているにしても、テキスト同様決定的なものではないことが判明したのだった。

　電子版をめぐる現在の議論のなかには、不吉にも、編集者たちによる、決定的であろうとする試みの復活であるように聞こえるものがある。電子版を支持する意見の一つには、それらがテキスト群のアーカイブだというものがある。電子版においては、編集者の干渉の手は、印刷された作品の場合に可能であった段階よりも一つ前の段階に抑制されてきた。コンピュータは、関連するあらゆるテキストを、言語的・書誌的に異なる形態のまま、並列的に提示することを可能にする、と主張されている。したがって、解説や並行《パラレル》テキストや歴史にリンクを張った電子テキストのライブラリーが、恵まれた後世の人々にアクセス可能になるというわけだ。こうしたアーカイブが、厳密な転写、高解像度の複製、アーカイブの内容の起源と意味、そしてこのアーカイブがどの程度包括的なのかを知るための正確で信頼できる手引きを含んでいれば、その限りにおいて、それらのアーカイブは「決定的」といっていいだろう。つまり、次の世代の、新しい着眼点を持った批評家や研究者たちが、過去の学術版の編集者たち（その頃までには、今の私たちがそれにあたる存在になっているだろうが）が当然と思って見過ごしてきた、テキストの他のある側面に気づく時までは。しかしすでに、情報の過積載が起こっている。デジタル・アーカイブの包括性は、塩辛い疎外の海を創り出すおそれがある。それは、［サイトに含まれる情報が多すぎるせいで］アーカイブの利用者をテキストの歴史の批評的意義への洞察から隔てるものだ。

Ⅱ　無関心の中心

ここで念のため、次のことを述べておくべきだろう。以上のように考察した結果、デジタル・アーカイブは企てられるべきではないという結論に至る、とは私は思っていない。大規模な図書館に書物を集積することを支持する説得力のある論拠が、大規模なデジタル・アーカイブにおける情報の集積と準備についてもいえる。図書館やアーカイブ自体の存在意義を問い直しつつ、それでも同時に図書館カタログや他の参照資料を作成することを支持する論拠は、個々の作品のテキストの歴史を集積し解明するための理由として、やはり説得力を持っている。けれども、客観性と包括性と耐久性を求めるせいで、編集の仕事にはその成果をある重要な意味で不満足なままにしてしまう要素が否応なしに含まれている。本節での私の務めは、その不満足の元をたどり、その重要性を測ることにある。

この問題へのアプローチの一つは、編集文献学者が「決定的」「客観的」「確立した」「標準的な」「権威のある」「網羅的な」「包括的な」、そして「完全な」といった形容をあきらめてしまうと、何が失われるのかと自問してみることだ。私たちがもし、あの、よく知られているが決して口にされることのない、学術編集版に関する事実を認めるとしたら、何を失うだろうか？ 学術版が批評論文に引用されることはあまりなく、学校の授業のテキストとして用いられることもあまりなく、学期末のレポートで引用されることもあまりない、という事実。基底《コピー》テキストや他のテキストは、写真複写（あるいは複製本）を入手することによって、異同表を検討するよりも簡単に、満足に、復元されているという事実。長い散文作品の電子テキストを、ましてやそのデジタル・アーカイブなどを、読める者など誰もいないし、また誰もそうしようとはしないだろうという事実。「編集されていない」テキストやアーカイブを用いて、ある作品がどのように書かれたのか、そしてそれが作品の読みにどのような影響を与えるかを発見するためには、関連するテキストを照合し、比較し、分析しなければならないという事実。これらの事実を認めたら？ また、もし私たちの編集に対する最善の努力の成果も、私たちの宣伝係の最善の努力の成果も、まもなく、過去のものとなった版を団員とする、その大多数は歌っていない合唱団——それらの版は、テキストやテキスト性や編集文献学の新しい理解の方法に照らして信用されなくなってしまったものだ——の仲間入りをしてしまうことになるだろうという事実を認めたなら、私たちは何を失うのだろうか？ さらにもし、私たちが以下の矛盾する真理をしっかりと理解するなら、私たちは何を失うだろうか？ 第一に、読者が、テキストにおけるヴァリエーションの意義（言語的、書誌的な意義だけでなく、コンテキストにおける意義）を充分に認識・理解するためには、読者自身が学術版の編集作業を行わなければならない、という真理。そして第二に、もし編集文献学者が読者に代わってそれを行わないのだとすれば、それはおそらく行われないままになってしまうだろう、という真理。さて、これらの事実・真理を認めた場合、私たちは何を失うだろうか？

初めに、私たちが失わないと考えられるものを挙げてみたい。私たちは、テキストを編集すること、保存すること、アーカイブすること、註釈をつけること、あるいは言語的・書誌的な歴史なり、文化・経済・ジャンルのコンテキストなりを吟味すること、こうしたことを行う理由は失わない。テキストがどのように出来上がってきたか、そしてどのように機能してきたかについて、知りうるかぎりのことを発見しようと試みる理由も失いはしない。そして、高貴な響きのするこうした一連の言葉を私たちがあきらめたときでさえ失われることのない、最も重要なものは、自分たちの仕事の厳密さを求める欲望あるいは必要性である。

しかし、私たちは実際失うものもある。たくさん積みすぎた荷物、おおげさなレトリック、デジタル化についての誇大宣伝、誤ったうぬぼれと達成感、そして、他の編集者たちの仕事を攻撃するための、あるかなしかの根拠。私たちが失うのはこうした不必要なものだと私は断言する。ただし、それが不必要だということを証明するつもりはないけれど。私は経験からいっているのだ。そしてこれらのありがたい損失のおかげで、私たちは大きな自由を得るのだ、といいたい。編集者にとって、何と大きな安心だろう、自分の意見を、それがスタンダードな意見であると主張することなしに表明できるということは。また、学術編集版というものは文学批評作品であり、証拠に錨《いかり》をおろしてはいるが懐疑的に利用しなくてはならないものなのだ、ということを、ある版の利用者が知ることができ、かつ、知るべきである、と想定できるというのは。何とすがすがしいことだろう、見つけたテキストの証拠に対する私たちの能力を最大限に示しているに過ぎない版を生み出すことができるとは。かつての文学的英雄の記念碑を建てる際に、客観性を装うことをやめさえすれば、どんなに重荷は軽くなり、探究が面白くなることだろう。「決定的な編集」のルールがそれ以外の行動を規制していたせいで、編集文献学者が賢明な本能的判断に従うことができなかった場合が、どれほどたくさんあったことだろう。

例として思い出すのは、ゴードン・ハイトによる、ジョージ・エリオットの『フロス河の水車小屋』のクラレンドン版だ。第6章で言及したように、ハイトは、一次資料がどこにあるか、どのようなものかをつきとめ、『フロス河の水車小屋』の創作・出版の歴史について明瞭に説明するという素晴らしい仕事を成し遂げた。クラレンドン版の序文は、次のような事柄についての説得力のある、よく書かれた説明を与えてくれている。すなわち、エリオットが、ある版の校正刷は読んでいたが、他の版のは読んでいなかったこと。また第二版の刊本に筆を入れて、第三版の元版を作成したこと。さらには印刷業者（あるいは出版業者か誰か）が、エリオットの田舎くさく造形された登場人物の発話の方言を写し取った綴りを、版を追うごとに抑え気味にし、伝統的な綴りに直していたこと。テキストの状況に著者が積極的な役割を果たしていたことを踏まえ、また、エリオットが方言的な綴りを復活させるチャンスをわざと逃していた可能性を信じて、ハイトは、エリオットと印刷業者それぞれのテキストへの関わりを融合してテキストを作成した。残存している資料のなかには、手稿もあれば、第一版、第二版（第二版について、エリオットは校正を行ったが、印刷原稿は提出しなかった）、第三版のためにエリオットが手書きで訂正や修正を入れた第二版の刊本もあるにもかかわらず、ハイトが基底《コピー》テキストとして選んだのは、第三版、すなわちエリオットが校正していない版だった。編集者はなぜ、基底《コピー》テキストとして、著者の目が入っていない最初のテキストである第三版の刊本を選んだのだろうか？　その理由を、彼は次のように述べている。自分としては、エリオットの手稿や（手稿より少し抑えられてはいるけれど）初版に見られる、地方性のある綴り字の方が好みなのだが、それでも第三版が、より修正が加えられたヴァージョンであり、それは、エリオットが、出版社や、ひょっとすると大衆の、標準的な綴りを求める声に負けて、それを受け入れたかたちを示している可能性があるからだ、と。実際ハイトは、著者の手による原型が失われたことに対する遺憾の意を表明するときには悲しげな口ぶりになっている。第三版において初めて登場した誤植を訂正しなくてはならなかったことについて、いい訳がましくきこえる説明までしていて、そのせいで、『フロス河の水車小屋』のテキストの歴史全体から見れば最もどうでもいいようなヴァリアントが、特別な注意を喚起してしまっている。しかし彼は、編集のルール、決定的でなければならないというルールに強いられるようにして、他の人々ならまずしなかったであろう——万が一そのような決定をする人々がいたとしても、彼のような理由によってではなかっただろう——編集上の決定を下してしまったのだ。率直にいって、ハイトがもし〔手稿のヴァージョンを評価するという〕自分の批評的な嗜好に従っていれば、規範的に編集しようという努力の結果生まれた現行版よりも、ずっとその当時の編集の規範にうまく適合していたはずである。しかし、これはまったく別の問題だ。というのは、私が今論じようとしているのは、自分の役割を充分に理解していない編集者や、自分のしていることやその理由をきちんと説明できない編集者による編集行為ではないからだ。私が論じたいのは、「正しいことをしたいという欲望」、「決定的」であろうとする欲望、個人の批評的判断を学術編集版から抹消したいという欲望が、テキストに及ぼす影響についてである。これらの欲望によって、編集者たちはしばしば、自分自身の最善の考えに従うことよりも、一般的な編集のルールだと信じているものに従う方を選ぶ。そのルールというのが、個人の判断の行使を禁じるよう、それによって、その版が長い生命を得るようにと、作られているのだ。虚しい希望だ。

もちろん、そのような編集者のふるまいには理由がある。別のところでも語ったことがあるが、サッカレーの『虚栄の市』の私の編集した版は、ＭＬＡの編集文献学委員会（ＣＳＥ）によって、認証を却下された。私がその組織の委員長を引退した年のことである。この手の話では、内部からの視点と外部からの視点があることを忘れないでおくのが大事なことだ。この敗北について、当事者の一方である私の側からの見解が絶対的なものでないのは当然だ。しかし、私から見れば、その年のCSEは、分別をもって編集されたものよりも、慣習に則って編集されたものを求めていたのだ。審査委員が、私に、基底テキスト《コピー》として手稿を選択することをやめるよう求めていたことを思い出す。手稿が本の一部についてしか現存していなかったからというのだ。けれども、根底にあった理由というのは、おそらく、その審査委員がどのみち、手書きの基底テキスト《コピー》より印刷された基底テキ《コピー》ストを選択すべしという編集方針を好んでいたからではないのか。編集文献学においてそうした立場を遠慮ない物言いで擁護する人々がいるのは承知しているが、そのCSE審査委員が示した却下の理由は、今日では滅多に聞かれないようなものだった。それは単に、手書きの基底テキスト《コピー》と印刷された基底テキスト《コピー》の異なる調子《テクスチャー》を混ぜることによって、作品に首尾一貫しない調子《テクスチャー》を与えてしまうということだった。それは、私が序文で明示して彼の注意を引き、しかし説得力のないものとして退けていた事実である。別のCSE審査委員と委員会は数年後、基本的に同じ私の編集版に承認を与えた。[*2]

いま私が思うに、一貫していることへの欲望は、決定的であることへの欲望と同様、作品そのものの代わりになるような読書《リーディング》テキストを伴った版を作ることに向かって人を駆り立てる力がある——作者と出版業者が欲したにちがいなく、もし時間と研究助成金があれば達成したであろう完璧さを、編集者が実現するような版に。大方の学術編集者は、もはやそんな希望は捨てている。そしてその場合、編集者が取るべき道は二つあり、両者は根本的に異なっている。一つは、一部の編集者たちの選んだ、編集者の個人的判断は抑制すべしという主張を一層強めながら、アーカイブへと退却するという道だ。彼らは、個人的な判断こそ、完璧なテキストを完成しようなどという誤った試みにまつわる問題を引き起こした元凶なのだと信じている。もう一つの道は、編集作業の限界を率直に認めることだ。すなわち、編集は個人の判断の行使を含むのを避けえないということ、テキストは常にある意味で不満足なものであったのだということ、また、どんな編集者の最高の仕事にしても（どんな批評家の最高の仕事もそうであるように）いずれ時代遅れになり、交代が必要になるものだということ、以上のことを認めるのである。編集者の最良の思考（もっとも慣習的な思考ではなく）を表す版を作ることができたら、どんなにほっとすることだろう。新しい版を作る目的が、編集者の最良の洞察に一貫性を与えてくれるような形で証拠を整理することであれば、作者に対する、テキストに対する、そしてテキスト創作、あるいはそれ以外の、編集者が関連があると考えるさまざまな力の交錯、その背景となる文化の環境に対する、編集者の最良の洞察を支えることであれば、どんなにほっとすることだろう。そして、学術版編集において、あらゆる時代のスタンダードとなるようなテキストの確立を試みるという重荷を投げ捨てるとしたら、どんなにほっとすることだろう。

　私のいう安堵の感覚は、一つの学術編集版のなかに、明確に区別しておかなければならない二つの構成要素があるという認識に基づいている。一つめは、学術編集版が証拠を組み入れるということ。二つめは、それぞれの版が、編集者の洞察を組み入れるということだ。証拠は発見されるものであって、創造されるものではない。それは存在しているとおりのものだ。私たちは、証拠に関しては何もできない。だが、証拠に対して何かをすることはできる。私たちは、それを再現／表象《リプリゼント》することが（あるいは誤って再現／表象《ミスリプリゼント》をすることさえ）できる。しかし、再現／表象という行為はすべて批評行為であり、解釈行為である。新しく出る版のすべて、デジタル化された画像のすべて、証拠と証拠の間に関係を確立するハイパーリンクのすべては、何らかの解釈を経たものだ。編集者の洞察は、狭隘なことも包括的なこともあり、説得力がある場合もない場合もあり、明晰に表現されていることもされていないこともある。しかし、それらはあくまで洞察であり、証拠と混同されてはならない。ただ大事なことは、証拠というのは解釈なしには提示されえず、したがって編集者の洞察は、編集版の必要な構成要素なのだということだ。こんなことをいわれて、呪いのように感じる編集文献学者もいるのではなかろうか。それを否定して、思いやり深くも、私は自分の書いていることを自分で信じていないのだろうと考える人々もいるだろうけれど。

編集実務について書く場合に、編集者の洞察や解釈が学術版に必要な構成要素であるという考えに口先だけの賛意を示しながら、その舌の根も乾かぬうちに、個人の判断を編集者に行使させないように作られている編集のルールを持ち出す人々がいる。私はそうした人々を何人でも挙げることができる。たとえば、『現代ドイツ編集理論』に収録されているエッセイは、ドイツの編集実務が「人が産み出したもの」（動かしがたい証拠――モノとして残っている文書）と「審美的対象」（編集者あるいは読者の構築物――文書によって証言されていること）の間の差異を認めたうえで、個人の判断の行使を妨げるルール――このルールがあると、編集者が考える審美的対象をよりよく表象するテキストを生み出すためにテキストを編集しようとしても、できなくなる――を押しつけるものだ、ということを証明している。[*3] たとえばハンス・ツェラーは、「作者の意図を重んじる」ような理想主義的な編集による最悪の逸脱を避けるために包括的なルールを作り、編集者に課すことを提案している。ただし、その結果、「正統な《オーソライズド》」テキストという資格を、単に気づかれなかったために獲得してしまった――しかし実際には「作者の目を通っていない／正統ではない《アンオーソライズド》」――テキストのなかに、（再）伝達者によって忍び込まされた誤りさえ、無批判に採用してしまうという恐ろしい犠牲を払うことになるのだ。当然ながら、ツェラーは自分自身の提案したことが生む結果には満足ではなかった。彼は書いている。

ここで新たな問題が一つ現れる。それは、私の見るところでは、本質的に解決不可能なものだ。この問題は、ゲーテが自分の著作（特に一七八七年発行の『ウェルテル』）に施した改訂には、ヒンブルクの誤りの多い海賊版（一七七九年）が致命的な影響を及ぼしていたという、M・ベルナイスによる発見（一八六六年）を通じて最もよく知られている。一七七四年の初版との間で、テキストを比較してみると、その改悪たるや甚だしく、恥ずべきひどいものなので、ここで詳説した方針をこのテキストに適用することを許すのに二の足を踏むことになろう。[*4]

「本質的に解決不可能」とツェラーはいう。なぜなら、それを解決する唯一の方法とは、「編集作業の「客観性」を保証するために」編集者が最良と考える編集を行うのを防ぐよう作り出したルールを捨てることだからだ。だから、これを「解決不可能」などというのは、単なる詭弁だ。そこには、学術版編集の客観性についての、臆病さと、ひょっとしたら微かな尊大ささえ窺える。問題の解決を阻む障壁を作ったのは、ツェラー自身、そして他の、決定的であること（何とでも、彼らの好きなように呼べばよいのだが）を追求し、客観性が学術的編集のゴールであるという間違った信念のために、個人の判断に反対するような編集理論家たちなのだ。もしそうなら、私たちはみな禍《わざわい》を受けることになろう。[*5]

私の主張したいのは以下の点である。学術編集版について人々が感じる本質的な不満は、それらが労力に相応しいほど認められていないということではない。それらが実際には達成できないことをできるふりをしているということなのだ。やりとげてもいない業績をやりとげたと自負してみせて気持ちのよいはずがない。私たちは、偽りであると知っているわけだから——公衆がそれを知っているかどうかはともかく。

Ⅲ　永遠に続く肯定《イエイ》

トマス・カーライルが、彼の永遠の肯定に到達したとき、彼は、人生において無目的であるより、働くことの方がましだということを発見した。だが、私は編集という仕事が、無目的であることよりましだという気にはなれない。「俺は何もしねえ代わりに、くたびれちまうこともねえ」という歌を生んだ土地にあまりに長く住んでいたせいで、編集という仕事が無目的さに対する治療法であるとは考えられなかった。カーライルのいわゆる永遠の肯定は、人類によって作られたものは何でも非常に長い間続くという信念を含んではいない。しかしカーライルと同じように、私は、私たちは吟味に耐えうるような編集の仕事に対しては、前向きの姿勢を発揮していくことができると考えている。そうした姿勢は、いつものことながら、名称や区別と切り離せない。なぜなら、少なくとも私にとっては、名前をつけて区別をすることが、二つのものを取り違えたり、同じ名前を二つの異なる活動を指すのに使ったりするという混乱や不満を取り除いてくれるからだ。

テキストの状態、素材、出来事、参加者、精神状態などに目を向けるとき、私たちは、しなければならない多くの作業があるのに気づく。それらは学術版編集者の責任であり、「編集」と呼ばれてきたことである。しかし、それらの作業のうちのいくつかは、しばしば編集者たちが担当してはいるものの、「編集」そのものではない。それらの要素を分離して考えてみれば、編集の仕事について、ある人の見解が、別の人の要求を満足させられない可能性がある理由がわかるだろう。

まず、証拠の収集がある。書物などの人工物、資料となるドキュメント、さらにそれらを機械で複製した画像を集め、ライブラリーやアーカイブを作るのだ。コレクションとアーカイブ作成という土台なしに、編集者は、はない。それは、収集、特徴記述、目録作成、索引付けという作業だ。

第二に――といっても、列挙の順番には大きな意味はないのだが――テキストを紹介し、註釈をつける行為である。こうした作業は、他の活動同様、長い間、「編集」と呼ばれてきた。確かに重要な作業ではあるし、近年、テキストの文化的、社会的、経済的、政治的コンテキストへの洞察を表現するための手段として、真価を認められるようになってきている。しかし、序文を書くことや、註釈を書くことは、テキストを編集することと同じではない。もちろん、次のような主張もされよう。テキストに、文化や他のコンテキストをめぐる註釈をつけたことのない編集文献学者は、テキストの編集を精巧に行える立場にないだろう、と。しかしそれでも、註釈をつける作業は、編集作業そのものではない。

第三に、テキストの証拠は、印刷版、ないしは電子版のように、複製可能な形で再現されなければならない。証拠の再現という行為は、どんな場合でも、損失を含むだけでなく、批評的であり、解釈を伴うものなので、私たちは、自分たちがしたこととその理由について、明瞭にするよう努力しなければならない。裏づけのための資料や説明を示す際、それから文書どうしの、あるいはテキストと歴史的な出来事・場所との間の関係を指摘する際、どうせなら過剰といわれるほどに。私たちが正確さと明瞭さを求めるのは、そうすることが私たちの作る版を長らえさせてくれるからではなく、正確さと明瞭さこそが、よい学問とよい批評の基礎になるからだ。学術版の編集というのは、一人の編集者の、解釈を含んだ最良の思考なのであって、いつの時代にも適するようなテキストの確立ではないのだということを、私たちは、決して忘れるべきではない。テキストを再現し、そのテキストと形式の歴史を叙述し、また、それらの歴史における変化を引き起こした行為者を明らかにすること、それが編集である。同じ結果を生み出す編集者は、二人といない。編集は科学ではないのだから。

第四に、私は、アーカイブ作成や、註釈や、編集の批判的・解釈的な成果が、「編集資料《アパラタス》」という干し草の山に埋もれた針のように失われないよう、とりわけ注意している。私たちは、テキスト編集の際の最良の洞察を発表するための場を重視すべきだ。何度も語ってきたように、編集者は、扱う作品のテキストの豊かさの探求に膨大なエネルギーを注ぎ、そうやって発見した最良のものを、「きれいな」読書《リーディング》テキストのなかに隠し、たくさんの証拠を註釈や「編集資料《アパラタス》」のなかに隠す。私たちは、テキストの編集作業には豊かさと今日的意義があることを発見してきた。それでも私たちは、私たちのテキスト編集作業が、そのテキストについての私たちの理解にどう影響しているのかを説明するような批評エッセイを充分には書いていない。私たちは、テキスト編集が私たちのテキストの読みをどう変えるかを示すような、学術編集についてのレビューを、充分には書いていない。私たちは、文献や編集に関する洞察を、もっぱらテキスト編集に関する学会の場において以外は、充分なだけ頻繁に披露していない。私たちは、編集文献学者どうしに向けて語ったり、書いたりすることにあまりにも多くの時間を割きすぎている。この四番目の事柄も、編集そのものではない。しかし私が、もっと多くの編集者が行うべきだと思っていることなのだ。

ハーシェル・パーカーとジェリー・マッギャンは、それぞれ非常に異なる方法で、私たちの誰もがそうしてきたのと同じくらい、テキストの歴史が作品を解釈する際に持つ意義に注意を集めるのに大いに貢献してきた。彼らは、それを、編集した作品を世に出すことを通じてではなく、テキストの批判的分析を通じて成し遂げた。テキストをめぐる洞察の成果に、より広範囲の学者サークルの注目を集めたのは、彼らが書いた論文や書物の力だった。私見では、パーカーの基本的な洞察は、ふさわしい影響力を発揮していない。というのは、パーカーが洞察を示すやり方が、相手を説得するというよりも相手の同意を要求するようなものであるためだ。マッギャンの、はるかに影響力のある立場にも、しかし、欠点はあると思う。史的批判的な（すなわちドイツ的な）編集者と傾向を同じくしていることによって、全体的な決定事項を優先させ、特定の局面における編集者個人のよりよい判断を覆してしまうことがある。とはいえ両者とも、情熱的に、面白く、知的に、博識なところをみせて、テキストのさまざまなヴァリアントが理解と解釈に及ぼす影響について書いている。もし、テキストを詳細に検討する実作業についていている他の人々が、自分たちが苦労して得た知識の解釈的結果について書くならば、テキストを理解することと、多くの批評家たちが行っているようにテキストのまわりを踊る、いやそこからふわりと飛び立つということとの間の差異は、私たちの職業のなかで、より明白になるだろう。

第9章

審美的な対象――「私たちの喜びの主題」

The aesthetic object: "the subject of our mirth"

よっていまから、理由を説明しよう――私がなぜ、歴史的作品と文学作品の間の差異を保つことに関して、［ハーシェル・］パーカーに賛成（で、［G・トマス・］タンセルに反対）の立場なのか。私がなぜ、私的なドキュメントと公的なドキュメントの間の差異をめぐるタンセルの見解に関して、タンセルを支持する（つまりパーカーに反対する）のか。文学作品について、ひいてはその編集にどのように取りくむべきかについての私自身の見解は、この一組の差異［パーカーとタンセルのそれぞれに賛成・反対した上記の二つの例］に基づいている。さらに、これらの区別が、テキストの条件を理解する場合、文学テキストがその理解の中心にあるということをはっきりさせる。

ジェローム・マッギャン『テキストの条件』（*The Textual Condition*, 1991）

依然として、ドイツの編集問題や理論に関する学会[*1]で、また、編集文献学の機関誌（*editio* や *TEXT*）の紙面で、何年にもわたって繰り返し議論の応酬をしてきたにもかかわらず、英米系の編集文献学者とドイツ（そして大陸系の）編集文献学者の間では、ドイツ風にいう「史的批判版」（英米系の学者が「学術版」という名で呼ぶもの）の制作に関して、あるいくつかの重要な論点をめぐり、誤解（不運にも）や意見の相違（不可避かもしれない）がある。[*2] おおまかにいって、その誤解と意見の相違の中心は、学術編集のゴールと、「オーソライズ」という概念とにある。その困難さの核にあるのは、私が思うに、テキストの［書物などの形を持った］人工物としての性質と、グンター・マルテンスのいう「審美的対象」との間の、すなわち物理的なドキュメントと、それが証言あるいは再現／表象《リプリゼント》する芸術との間の区別である。[*3] この区別については、前章で簡単に論じておいた。本章ではそうした両者の相違点を踏まえ、学術版編集における理論と実践をめぐる意見の相違につながる他の相違点を探究する。ドイツの批評家もアメリカの批評家もともに、その区別を行うが、どうもその重要性の評価においては異なっているようだ。ここでは、方法とゴールにおける英米系とドイツ系の相違点は、一つには私たちが扱う基本的な材料・資料の違いから生じている、という仮説を提示したい。

　英米系の見解を説明するのには、次の二つの所見が役立つだろう。第一に、読者は、［書物などの形を取って］人工物として残っているテキストから審美的対象を思い描く、あるいは抽象化する際、（読みながら）自分自身の考える審美的対象と、（書きながら）作者が考えていたであろう審美的対象とを区別できる。何も作者の見解を知ることができる、と主張したいわけではない。私がいっているのは、私たちは、自分たちの個人的な審美的嗜好と、それとは異なる作者の物の見方——推敲のパターンや、作者の発言や、その作者の作品を長いあいだ読んできた経験、といったものに基づいて、私たちがその作者のものだと考える物の見方——とを、区別することができるということだ。芸術作品についての作者の考えと読者の個人的な考えは、しかし、ドキュメントから、頁の上のテキストから抽象化したものであり、ゆえに、どちらも批評的判断によって構築が可能になったものだ。英米系の学術版編集者は、一般的に、自分たち自身の審美的嗜好を信じようとせず、作者に帰せられる嗜好の方を採る。つまり、編集者の個人的な審美的嗜好ではなく、作者の嗜好を実現するために編集しようと努力する。にもかかわらず、どんなに編集者が作者の嗜好の再現によかれと思っても、そこには構築という個人の批評行為が含まれる。一方、ドイツの史的批判版編集者は、ドキュメントとしてのテキストを編集するのは、誰かが「これが作者によって意図された審美的対象である」と考えたことを実現するためだという考え方を拒絶する。したがって、彼らのアプローチは、作者の意図をくみ取るというよりも、基本的にドキュメンタリー的だ。作品は、そのドキュメントを作った人の狙いとの関係においてではなく、ドキュメントによる証言との関係において決定される。

第二の所見として、読者はしばしば、人工物として残っているテキストと、それが再現／表象する審美的対象の間に差異が認められるという理由で、あたかも人工物として残っているテキストが不正確だったり、不適切だったり、誤りが多くて信頼できなかったり、あるいはそれらすべての問題点を含んでいるかのようにふるまう。それゆえに、英米系の編集者は、モノとして残された資料を完全には信用しないのだ。そして、だからこそ、ドキュメントそのものではなく、それを読むたびごとに生まれる解釈の権威をその都度受け入れるという、やむをえない傾向が出てくるわけだ。英米系の編集者はしばしば、誤りを免れえない不正確なドキュメントと、より正確（あるいは満足）な審美的対象との間を取り持つのが自分たちの役割であると考えている。審美的対象というのは、読者が、実際に、意味や文体や効果というレベルで取り組む対象であり、その点については、ドイツ系、英米系の編集者がともに同意している。しかし、私の理解では、ドイツの編集者は概して、現存のドキュメントのなかのテキストを読者に提供することを重視し、作者の考えた「審美的対象」により近似している新しいテキストを提供しようとはしていない。つまり彼らは、ベーステキストや基底《コピー》テキストを、審美的対象により近似させるための編集は、しない傾向にある。その一番の理由は、そこには個人の解釈がどうしても入ってしまうというものだ。代わりに、ドイツ系の編集者は、記録のなかに含まれる審美的対象を個々人が解釈する際の基盤として用いることができるように、歴史的な記録とモノとしての情報を、読者に提供しようとする。

それではなぜ、英米系の編集者は、こんなにも長く、こんなにも強く、マルテンスの用語でいう「審美的対象」に焦点を合わせてきたのか、という疑問も湧くだろう。実際、英米系の伝統では、この用語は決して使わない。というのも、私たちは、「審美的な」編集という考えも、避けたいと強く思っているからだ。代わりに私たちが使うのは、「作者の意図」、「折衷版」といった用語である。大陸系の編集者にとっては、「意図」や「折衷」もよくない言葉だ。

しかし、英米系の編集者は、それらを「審美的」という用語よりすぐれたものと考えてきた。なぜなら、その「審美的」という単語は、ドキュメントの形での証拠や、作者の行為《オーソリアル》、あるいは他の権威を保証された行為《オーソライズド》に対する敬意よりも、編集者の文学的趣味やテキストの改良といったことを上に置くような編集のゴールや目的を思い起こさせるからだ。「審美的な編集」という言葉は、作者が書いたものを改良するような文学的趣味を持つ編集者を示唆する。英米系の編集者は、完全に非歴史的な見方は拒絶するのだ（もちろんドイツの編集者もそうしている)。

英米系の編集者たちが、人工物として残っているテキストを構成すべき諸要素を決定したあとでも、編集(修正)し続けることがよくあるのはなぜか——ドイツの編集者であればそこでやめてしまうことが多いのだが。英米のある特定のテキストの歴史を瞥見すれば、その理由を説明してくれるいくつかの特徴が見いだされる。なぜ、私たちは、人工物として残っているテキストを超えて、審美的対象を編集しようと努力するのか。アメリカやイギリスのテキストには、ドイツやオランダのテキストと違う、共通の何かが存在するのか? 人工物として残っているテキストを正確に再現/表象し、それら人工物として残っているテキストの間の関係図を描き出すことで満足してしまうのではなく、作者の意図を編集したい、編集者をそんな気持ちにさせる何かが。なぜ、アメリカの編集者たちには、そのような傾向があるのだろうか。

一ついえるのは、英米系の編集の伝統は、主に、シェイクスピアのテキストを扱う仕事に由来しているという点だ。一方、ドイツの伝統は、主に、ゲーテのテキストの仕事に由来している。[*4] 編集上の問題に関して、それぞれの国の基準を示すのに、これ以上対照的な例も見つからないだろう。シェイクスピアの場合は、一つとして作品の手稿は現存していないが、ゲーテの場合、多数残っている。シェイクスピアの場合、彼が自分の作品を出版するために何らかの努力をしたのかどうかは定かではない(それどころか、ほぼ間違いなく、何もしていなかった)。ゲーテの場合、彼が実際に(あるいは精神的には)、作品の出版の企てに関与していたという明らかな形跡がある。シェイクスピアの場合、テキスト批判の歴史とは、最初期の作品出版の企ての際に生じたテキストの誤りや大失敗を、訂正したり改良したりすることだった。ゲーテの場合は、テキスト批判は、初期のテキストが生み出されるに至るまでのプロセスを擁護し明らかにすることであるように思える。シェイクスピアの創作と推敲の方法については、私たちは何も知らないが、ゲーテに関しては多くのことがわかっている。こうした比較対照から、明白な、ただし必ずしも正確ではない、次の結論が引き出せる。すなわち、シェイクスピア編集にまつわる諸問題によって進んできた英米系の編集の傾向は干渉主義的であり、一方、ゲーテ編集の諸問題によって形成されたドイツの伝統は、あくまで客観的な記述と整理を志向する。なぜなら、ゲーテについては基本的に満足な歴史的テキストが存在するが、シェイクスピアの場合は違うのだから。

シェイクスピア編集に関しては、ドイツにも強い伝統がある。この事実は、ひょっとすると、ドイツにおいては、ゲーテの場合とまさに同じくらい多くの手稿資料が現存する作品にめぐまれているというのも事実である。その事実は、ひょっとすると、英米系の編集者たちに逆の影響を与えてもよかったのだが、そうはならなかったようだ。だから、ドイツ系と英米系の編集方針の違いについて、テキストの国ごとの起源が理由だと考えるのは、ある程度有効とはいえ、両者の編集理論と実践の分岐がずっと続いていることについては、さらに別の説明を求めなければならない。

一つの説明は、これもまた、たくさんの作家の著作の広範で詳細な調査なしには示すのが難しいのだが、次の二つの関連する前提によるものだ。まず、平均的なドイツの作家は、英米系の作家に比べ、丹念に仕上げた手稿を出版業者に提示した。また、平均的なドイツの出版業者（植字工）は、作業の元にする作家の手稿に大きな信頼を寄せているため、渡された原稿をより厳密に再現する傾向があった。私自身は、ドイツ語のテキストを編集した経験はないが、学会で会った多くのドイツの編集文献学者たちとの議論を根拠に、このおおまかな所見を正しいものと考える。もちろん、一般化の多くがそうであるように、ここにも容易に例外を見出すことができる。その一つが、前章でふれたゲーテその人のテキストだ。『若きウェルテルの悩み』は、一七七四年に初版が出版された。そして、それはたちまちのうちに「疾風怒濤」と呼ばれるロマンチシズムのバイブルとなった。人妻にかなわぬ恋をした若者が、彼女から渡してもらったピストルで自殺して終わるというこの物語は、ヨーロッパ中の想像力を捉え、多くの海賊版を生んだ。なかでもとくに、ヒンブルクという名前の出版業者が出した版は、拙速で不注意で、実に言語道断な代物だった。初版から一四年後、ゲーテは、自身の全集（一七八七年）のために『ウェルテル』の新しい版を準備した。初版以降に生じたさまざまな事情が相俟って、ゲーテは、作品の最も扇情的でロマンティックな要素を削り、書きかえることを余儀なくされた。このときゲーテは、一七七四年の初版でもなければオリジナルの原稿でもなく、誤りの多い一七七九年のヒンブルク版を使って修正した。その結果、非常に重要な、徹底的に改稿された『ウェルテル』が誕生した。ゲーテの新たに書いた部分が、ヒンブルクの海賊版のなかでたまたま生じた数多くのヴァリアントと混ぜ合わさっている形だ。このエディションに、いかなる「オーソリティ」が見いだせるというのだろうか？　このドキュメントは、『ウェルテル』という芸術作品を、どう「証言」しているというのだろうか。新しいエディションにおける語と句読点はことごとく（ヒンブルク版で持ち込まれ、永遠に定着したヴァリアントも含めて）ゲーテが「意図した」ものといえるのか。もし、編集者が、現代の読者のためにこの作品の改訂版を出すとすれば、オリジナルの一七七四年版から正しい文を復元し、ヒンブルク版の誤りを除くのは正当なことなのだろうか。それとも編集者は、ゲーテにはこれらの［ヒンブルク版の］誤りを正す機会があったというべきなのだろうか。それらの誤りが、ゲーテが修正したドキュメントにも残っていたという事実から来る権威ばかりでなく、著者の目を通った以上、暗黙のうちにではあれ著者の承認を得ていたということを受け入れるのだろうか。私たちには、ゲーテは目を通しはしたがちゃんと見てはいなかったと仮定する資格があるのだろうか。前章で触れたとおり、あるドイツの編集者はこのように書いている。「一七七四年の初版との間で、テキストを比較してみると、その改悪たるや甚だしく、恥ずべきひどいものなので、ここ［テキストの編集作業についての試論］で詳説した方針をこのテキストに適用することを許すのに二の足を踏むことになろう」[*5]。要するにこういうことだ。ゲーテのテキストに起こったこの問題は英米系のテキストに共通して見受けられるテキストの条件ととてもよく似ている。にもかかわらず、ドイツではドキュメントとしてのテキストを尊重すると同時に、編集者の訂正への欲望を信用しない傾向があるため、この事例においては、ドイツ流の編集方針に対する不満の表明を引き起こしているものの、ドイツ流の編集方針の見直しにはつながっていない。この問題に英米系のアプローチをするなら、異なる前提から出発することになるだろう。その前提は、テキストの創造において作者の良き意図が挫折することがあるのをよりよく知っていることから得られたものだ。

本作りのプロセスについてのこのような［作者の良き意図が挫折するという］見解――この見解ゆえに、英米系の編集者は印刷テキストを信頼しない気持ちになっている――を裏づけてくれるような例は、枚挙にいとまがない。一つの有名な例は、ハーマン・メルヴィルの小説『白ジャケット』に関するものだ。主人公は水夫で、罪悪感と、自分が価値がない人間だという感覚が、小説の中心的なテーマになっている。仲間の水夫たちは白いジャケットを着ているのに、主人公のジャケットは汚れていて、どうもそれは彼の魂をも象徴しているようだ。小説中、ある時点で、この水夫は船から海中に転落する。二〇世紀半ばに出た最も有名なメルヴィルに関する学術書の一冊において、F・O・マシーセンは、水夫の転落の描写を引用している。そこに、水夫の体を「汚れた／堕落した soiled 海の魚」がかすったという表現がある。マシーセンは、この「汚れた／堕落した soiled」は、メルヴィルにしかできないような、天才的な語の選択であると断言した。そして、罪の意識というテーマとの比喩的な共鳴が、この語のうちに完璧に捉えられている、と[*6]。マシーセンにとっては不運なことに、その後、メルヴィルが「汚れた／堕落した soiled」という語を書いていなかったことを、ある書誌学者が立証している。著者の目が入った二つの版では、そこは、もしかするとタツノオトシゴか何かを指す「くるりと巻き上がった coiled 海の魚」という語になっている。「汚れた／堕落した soiled」の語は、メルヴィルの死後ずいぶん後になって出された二〇世紀のエディションにおいて、植字工によってもたらされたものなのだ。[*7]

同じような話が、ドイツの本（ゲーテを含む）についても語られているが、私がここでいいたいのは、アメリカの編集文献学者たちはこのような例を非常に数多く挙げられるということだ。それゆえに私たちは、誤植そして疎漏の多いテキストといったものが標準なのであり、人工物として残っているテキストと審美的対象の間の矛盾は実在し、触知可能で、校正可能なものだと信じるようになったのだ。どの本にも、うっかり取り扱えば汚れた爆弾（soiled bomb）のようにすぐに爆発する地雷のように誤植が埋まっている。この理由としては、イギリスやアメリカの印刷工というのは不注意な仕事で悪名高い職人たちだからだといわれてきた。確かに、一六世紀から一九世紀末まで続いたロンドンの「印刷出版業者登録」すなわち印刷業者のギルドの記録のなかには、植字室や印刷室で酔っぱらってはいけないという助言や酔っぱらいに対する罰金についてのくだりがそこかしこに見受けられる。[*8]

この酔態の告発に真実や正義があるのかどうかは私にはよくわからない。しかしとにかく、怒ったりうんざりしたりした作家たちが印刷工に対して毒づいている記録はさらに面白く、またすさまじい。マーク・トウェインは、友人ウィリアム・ディーン・ハウエルズに宛てた手紙のなかで、ある物語の校正刷を今読んでいたところ、印刷工が句読法に大規模に手を入れているのを発見したとこぼしている。彼はまた、句読法に関してならば自分の方が印刷工より一〇〇〇倍もよくわかっているとも述べている。さらにトウェインは、祈りの言葉を唱える猶予も与えずに印刷工を撃ち殺してしまえと命じる怒りの電報まで送ったことがあるといっている。[*9] 詩人A・E・ハウスマンの『シュロプシャーの若者』（*A Shropshire Lad*, 1891）の序文には、自分はこの本の校正には最高の正確さを確実にするために細心の注意を払ったと書かれているが、この説明を締めるのは、「それなのに、ああ！」という悲しみの一言である。

イギリスやアメリカでの文献学的ではない編集の伝統もまた、通常の出版の一プロセスとして、新しい版にはテキストに何らかの変化がなければならないという感覚の一般化に貢献してきたのかもしれない。というのも、チョーサーの『カンタベリー物語』と『アーサー王の死』のキャクストン版以降、印刷業者も、出版業者も、編集者も、新しいテキストに付加価値を与える方法を積極的に模索してきた。すなわち、テキストを改良したり、新しい、あるいは若い、あるいはより洗練された読者層に合わせて改作したりしたのである。新しい版が、新しい素材を含んでいるとか、以前は知られていなかった手稿に基づいているとか、あるいは若い人々にも読みやすくなったなどといったふうに宣伝することが可能なら、読者が本屋に殺到するといわんばかりだ。それに、近年亡くなった作家たちの遺族は、栄えあるご先祖様の作品を編集するにあたり、作家のしたことに最もよい外観をかぶせるように注意深くテキストに操作を加えることで有名だ。名声を守るか、著作権を延長するために、あるいはその両方のために。その上、編集文献学者が、こうした操作を指摘したり、オリジナルの「著者の権威ある」形を復元したりすることで、テキストの新版には何らかの変更が必要であると感じさせるのを助長してきた。というのは、学者たちは頻繁に、操作のプロセスというのは著者が最初に原稿を出版業者に渡したときから始まっているとを主張しているのだ。

アメリカの書物について、普通に行われることが期待されている編集作業の例を、ウィリアム・フォークナーの『行け、モーセ』に見ることができる。[*10] 降りやまない大量の雨を描写する一節で、どの版においても、「……谷は隆起し、一筋の川を吐き出した……（“. . . the valley rose, bled a river . . .”）」という語句がある。読者はまちがいなくこの「フォークナー的ないいまわし」に感銘を受けてきた。しかし、タイプ原稿では（フォークナーは自分のタイプライターでタイプしていたことがわかっている）「“. . . the valley rese,bled a river.”」となっている。“rese, bled”は明らかに、“resembled”の誤りである（フォークナーがタイプしようと「意図していた」のは、「川に似た谷」［“the valley resembled a river”］

ということになる)。これで私たちは、“rese, bled” がどういう過程を経て “rose, bled” となったのか想像することができる。植字工は、コンマのあとにスペースを入れて “rese, bled a river” と組んだ。誰かがこれを、“rose, bled” と直したのだ。そしてすべての読者が、それをフォークナーが書いたものと考えてきたというわけだ。

それはフォークナーが書いたものではない、というのは事実だ。だからそれはフォークナーが書こうとしたものではない、というのは、事実に裏付けられた推定だ。フォークナーの生前に作られた、人工物として残っているテキストは、いずれも、フォークナーが書こうと意図したものではない。こうしたことは、英米の作品のテキストの歴史ではしょっちゅうあることなので、学術版の編集者たちは、自分たちの信ずる編集の目的に影響を与えるような、現存するドキュメントに対する態度を作り上げてきたのだ。『行け、モーセ』の初版では “strike” が “stride” になっていたり、“ditching and dyking machines” が “ditching the dyking machines” になっていたり、“mawnin” が “mawin”、“lather” が “later”、“moiling” が “boiling”、“landing” が “land”、“him” が “his”、“Jobaker” が “Joe Baker”、“stray” が “straw”、“them” が “him”、“than” が “that”、“ones” が “one” になっていたりするうえに、完全に理解不能な以下のような一節もある。

Well, I wouldn’t say that Roth Edmonds
can hunt one doe every day and night for two weeks and
was a poor hunter or a unlucky one neither. A man that
still have the same doe left to hunt on again next year –

まあ私なら、ロス・エドモンドが
一頭の雌鹿を昼夜を問わず二週間ぶっ続けて追うことができるとはいわないし、

下手な狩人だとも運が悪い狩人だともいわない。
翌年ふたたび、まだ同じ雌鹿を追っている男――

この問題の解決は簡単だ。二行目と三行目の順番を入れ替えればよいのだ。

Well, I wouldn't say that Roth Edmonds
was a poor hunter or a unlucky one neither. A man that
can hunt one doe every day and night for two weeks and
still have the same doe left to hunt on again next year –
まあ私なら、ロス・エドモンドを
下手な狩人だとも運が悪い狩人だともいわない。
一頭の雌鹿を昼夜を問わず二週間ぶっ続けて追うことができて、
翌年ふたたび、まだ同じ雌鹿を追っている男――

ドキュメントには瑕疵《かし》があるものだ。例外はない。手稿は、句読点が変なところに打たれたり、綴りの間違いがあったりする。タイプ原稿はタイプミスだらけだし、校正刷は、訂正を持ちかけると同時に新たな誤りを持ち込む。また初版は、作者の意図の産物であると同様に、植字工の意図の産物でもある。そして、植字工の行為というのはしばしば、混乱していたり、因習的であったり、無学から来ていたり、いずれにせよ作者の意図と比べると望ましくない、さまざまな意図を示している。

「いや」とドイツ系の史的批判版編集者の次のような声が聞こえてきそうだ。「それは問題ではない。各テキストは一つのテキストとして重要だ。何ならあなたの編集する版のメインテキストとして、植字工の手を経たドキュメントではなく、著者の手になるドキュメントを選べばよい。そして編集資料のなかでヴァリアントを提示すればよい」。多数のドキュメントのなかから一つ選ぶ際に、編集者には十分な自由が与えられていると、多くの編集者が信じていることは間違いない。以下、こうした［ドイツ系の編集文献学者が提案しそうな］解決策が、少なくとも英米系の編集者である私には不可能だという理由を、説明してみたい。[*11]

第2章で、私は、W・M・サッカレーの手稿が従っている修辞的な句読法と、彼の出版社による、文法規則に則った句読法の相違について説明した。すなわち、読みの経験に重要な影響を与える、異なった句読法である。しかし実は、その問題はもっと複雑だ。それというのも、サッカレーの手稿は、修辞的原則というゆるい基準に照らしてさえ、句読点が劇的に足りないからだ。編集者として、私はサッカレーの手稿を正確に再現する写しを作ったが、手稿をその形で読む忍耐力を持ちあわせているのは、私と同じ編集文献学者ぐらいのものだろうと想像する。もちろん、最初の植字工たちも、手稿を読んだ。読み間違いもした。このように、植字工は、作品の正確さと洗練に益をもたらしもすれば、害をもたらしもする存在であった。植字工がサッカレーの手稿に与えた最大の恩恵は、慣習に則った一貫した句読法、とくに、会話部分の引用符の使用である。サッカレーは、引用符のような決まりきった句読法の多くに関して不注意だったが、自分が実際に使用していた句読法の修辞的原則には明らかに従っていた。第2章で述べたように、修辞的な句読法が示すのは声に出して読む際に要求される息継ぎの間隔の長さであり、一方、統語的な句読法が示すのは文法的な単位である。結果として、サッカレーの音声的な句読法は、手稿においては、本の読者が通常期待するようなありきたりの句読法のほとんどない人工物としてのテキストと一体化しているのだ。それに対して、刊行された初版、もう一つの人工物としてのテキストでは、慣習的に求められる句読法が付されているが、サッカレーの音声的な句読法は踏みにじられ、見えなくされている。読者に——手稿のにせよ、初版のにせよ——サッカレーが意図したテキストに似た審美的対象の構築を可能にする必要な変更を、付録の編集資料から見つけて補うという行為を期待するのは、ばかげているといえる。サッカレーの意図したテキストというのは、サッカレーの音声的な句読法を無傷のまま残しつつ、決まりきった事柄においては通常の慣習的句読法を併用しているテキストのことだ。そんなことは、誰にもできないだろう。なぜなら、典型的な一例として、『ヘンリー・エズモンドの歴史』（印刷テキストは約五〇〇頁に及ぶ）においては、手稿と初版の間だけで、一万八〇〇〇以上のヴァリアントがあるからだ。[*12] だから、英米系の学術版編集者は読者に新しい人工物としてのテキスト（それは、作者の意図した審美的対象により近いものとして再現／表象するテキストである）を提供し、同時に、現存している歴史的なモノとしてのテキストの記録を付随資料において提供する。[*13]

このような説明を耳にしたあるドイツの編集者は、私にこういった。「なるほど、あなたがおっしゃっていることはわかりましたが、ヨーロッパではそういうやり方はしません」。問題は「なぜ、アメリカではそういうやり方をするのか」ということになる。アメリカの文献学者は、長年、懸命に、合理的に、テキストにまつわる問題を考えてきた。W・W・グレッグの「基底《コピー》テキストの原理」（"The Rational of Copy-Text," 1950）に始まる五〇年間の学術版編集の真剣な活動を、思慮を欠くものとして片づけることはできない。そうではなく、私たちの見解の相違は、英米の資料としてのテキストにとっては通常である状態に由来するのかもしれない。もしドキュメントに瑕疵があるだけならば、私たちも誤りを正してそれで満足しているだろう。大陸の同業者はそうしているらしいのだ。しかし、ドキュメントは、ただ瑕疵があるだけではなく、混ぜ合わさっているのである。

私は、大陸系のヨーロッパの編集者たちが以下のように主張するのをよく耳にしてきた。複数のドキュメントからとったヴァリアントを折衷的に混ぜ合わせることによって、アメリカの編集者たちは、混合されたオーソリティ（権威）を持つテキストを生み出している、と。しかし、どの歴史的ドキュメントにしても、それぞれすでに混合されたオーソリティを示しているという意見はあまり耳にしない。混合されていないオーソリティを示しているドキュメントなど、ごくまれにしか存在しない。この結論には、もちろん、それはオーソリティという語をどういう意味で用いているかによる、という但し書きがつく。もしもオーソリティがドキュメントのなかに存在しているのだとすれば、一つ一つのドキュメントは、それが何を再現／表象していようと、それ自身について唯一のオーソリティである。しかし、オーソリティが「テキストに変化をもたらす行為者」（すなわち、作家なり他の人なり、その仕事がドキュメントに書き込まれ、ドキュメントによって保存されている人々）によってドキュメントに授けられているのだとすれば、いかなるドキュメントも、それぞれにオーソライズされた［権威を保証された］、二人以上のテキストに変化をもたらす行為者による作業の記録を有しうる。それどころか、ドキュメントへのテキストの書き込みの過程に侵入してくる、オーソライズされていない人々の記録も含みうる。その意味で、一つ一つのドキュメントは、すでに混合されたオーソリティのパッチワークなのだ。

本章がある会議で発表されたとき、ドキュメントは「混合されたオーソリティ」を再現／表象しうるという考えに対し、聴衆のなかからドイツ語で「違う！」の叫びが上がった。この反応は、おそらく、「オーソリティ」や「オーソライゼーション」の定義に関する、私たちの間の誤解や意見の相違の問題をまさしく指し示している。このテーマは、独立して論じる価値のあるものだが、[*14] さしあたっては、次のことを示唆しておこう。W・W・グレッグが「基底《コピー》テキストの専制」[*15]（もしあるドキュメントが、作者の手になる修正であると知られている修正を含んでいる場合、編集者はそのドキュメントに存在するヴァリアントのすべてを、作者の手になる可能性があるものとして受け入れる義務があるという考え）を暴露して以来、英米系の編集者は、オーソリティの範囲を、「作者のものとして知られているドキュメント」、もしくは「権威を持っていると考えられる、身元のはっきりした行為者に由来すると証明可能なドキュメント」におけるヴァリアントに限る、という方針をとってきた。グレックの解決策というのは、「付随的な部分」（綴り、句読法、フォント、書式といった形式的な部分）のオーソリティを、「本質的な部分」（語や語順）のオーソリティから切り離し、「無関係なヴァリアント」（オーソリティあるいは起源の証拠が曖昧なもの）の場合は編集者が判断を下すことを支持する、というものだった。[*16] 英米系の編集者は、次のようにいう傾向がある。全般的に作者の手が入った《オーソライズド》ドキュメントは、作者による《オーソリアル》ヴァリアントを含むことがありうる。だが、そういったヴァリアントは、作者がその変更を行った、あるいは作者が変更を明白に指示したことが証明できる場合のみ用いられる、と。彼らは、場合によっては、どの変更が作者によるものでどれがそうでないのか、学術的に推定するという危険を冒さざるをえないと感じることがある。一方、ヨーロッパの編集者たちは、私が思うに、次のようにいう傾向にある。作者の手が入った《オーソライズド》ドキュメントに含まれるすべてのヴァリアントは、作者によって権威を保証された《オーソライズド》ヴァリアントである。ただし、それらが、誤りだと証明できないかぎりは。したがって、ドイツ人にとっては、ドキュメントが「混合されたオーソリティ」を含んでいるという考えは、おそらく奇妙なのである。しかし、英米人にとっては、それが当たり前なのだ。オーソリティに対する立証責任が異なっているのである。

先に挙げた例の多くは、ドイツの編集者であろうとも、英米系の編集者同様、訂正するたぐいのものだろう。なぜなら、それらは誤りであり、その前か後の権威づけのあるドキュメントのなかでは、正しい形が存在しているのだから。この点においては、英米人（折衷的）編集者と、ヨーロッパ人（史的批判的）編集者の間に違いはない。しかし、いくら編集者が誤りの訂正をする気があろうとも、一つのドキュメントのテキストを構成しているシニフィアンの網の目はすでに破れている、と主張することも可能だろう。いいかえれば、そのドキュメントが隅から隅まで権威を持っているということがすでに疑問視されており、編集者による審美的対象の構築物に合わせるように調整されてしまっている、ということだ。すでに、ヨーロッパの編集者たちのなかには、一歩踏みだす用意のある者もいる。"rese,bled / rese, bled / rose, bled" の場合においては、正しい語である "resembled" を含むドキュメントは存在しない（一度も存在しなかった）。その上、作者が、"rose, bled" に気づくなり異議を唱えるなりしていたことを示すドキュメントの形での証拠は存在しない。このヴァリアントを訂正する編集者は、不完全な——非常に説得力はあるのだが——証拠と向きあい、個人の判断力を行使していることになる。この一歩を踏みだす意思のある編集者は、奇妙ではあるが可能なヴァリアントを、作者のものだと推論されるヴァリアントで置き換えてきた。この場合、憶測の度合いは低い。だが、もし編集者にそのような変更を行うことが可能だとすれば、現存する証拠が含意しうる他のさまざまな解釈に対して、批評的な返答となるような変更をする扉が開かれている。こうなるとすでに、ドキュメントが全体として持つ権威は、破壊されていることになる。

この開かれた扉を恐れることなく、英米系の編集者たちは次のように結論づける。オーソリティの混合されていないテキストを作る唯一の方法は、折衷的に進めること、つまり、現存する歴史的なドキュメントを作り出した性急な商業的要求が生んだ、まじりあった結果を受け入れるのではなく、ある一つのオーソリティ（ある一人の、権威を与える行為者）を再現／表象するヴァリアントを選ぶことである。このように表現すると、おそらく、ヨーロッパ式と英米系式の編集者の態度の間にある根本的な違いをあらわにすることになってしまうかもしれない。ただし、念のため次のことを指摘しておこう。このようにして作られた「批判版」、あるいは「折衷テキスト」は、多くの英米系の編集者（私自身も含む）には、歴史的ドキュメントに取って代わるものとみなされてはいないのである。そうなることが目標であった時代もあったかもしれないが、今日、この多様な意図の時代、書物の歴史への関心が高まっている時代においては、私たちの誰もが、歴史的ドキュメントの堅牢性と重要性を認めている。批判版は、失われたテキストを復元するべく、あるいは実現されなかったテキストを創造するべく折衷的に作られ、そのテキストを単にもう一度反復した（ただし以前は入手できなかった）ものの一つとなり、その作品のさまざまな歴史的なテキストの一団のなかに、自らの地位を占めるのだ。

ドイツやオランダのドキュメントにもすべて瑕疵があるというのは本当だ。しかし、問題は、もしかすると、それらはどのように瑕疵があるかということ、あるいはそれらの瑕疵の本質は何かということなのだろう。私がこのことを持ち出すのは、現在のアメリカの編集文献学者のなかで最も影響力がある者の一人であるジェローム・マッギャンが、どうやら、アメリカの編集の理論と実践をドイツの理想に近づけるように牽引しているように見えるからだ。マッギャンは、ジョージ・ゴードン、つまりバイロン卿の作品を、作者の最終的な意図を追究する折衷的方法で編集したことで有名である。しかし、その仕事を完成させたあと、彼は、採るべき編集の方法についての考えを変え、いまバイロンを編集したなら、かつての自分の編集方法は採らなかっただろうと断言する。バイロンの手稿は、完璧な形で仕上げられているわけではない。彼は形式面の細部には無頓着だった。句読法や綴り、時には文法まで、印刷業者がきっちり整えてしまった。これに対するマッギャンの現在の考えは、以下の二つの議論に則っているようだ。第一に、出版された最初の刊本は、［たとえバイロンの「意図」を忠実に反映しなくても］書誌的には重要であり、歴史上インパクトを与えたものでもあるのだから、尊重され、勝手に編集の手を加えるべきではない、ということ。第二に、バイロンの書いたものは、最初の印刷業者が行ったように「きれいにする」必要がある、ということ。少なくともこの二つの理由から、現在のマッギャンは、英米系の規範的となっている編集作業を否定する。W・W・グレッグやフレッドソン・バワーズやG・トマス・タンセルによって展開された規範、すなわち、基底テキスト《コピー》として初期のドキュメントを選び、そこに後に加わった作者の訂正を組み込むように修正していくことで、作者による形式のテクスチャーを保持しつつ、製作過程での介入の痕跡を消していくというやり方を否定する。実際、今やマッギャンは、バイロン自身の形式のテクスチャーは雑すぎて、テキストに対する関心の前面に持ち出す価値はない、とさえみなしているようなのだ。[*17]

バイロンの編集を完了したあと、マッギャンは、詩人であり画家でもあるダンテ・ゲイブリエル・ロセッティの作品のデジタル・アーカイブ作りに乗り出した。ロセッティは、バイロンとは対極的な創作姿勢の持ち主である。ロセッティは、非常に厳密に、注意深く校正し、印刷テキストも周到に管理監督していたため、印刷業者にきちんとした仕事をしてもらっている――バイロン作品に対して果たした役割と、ロセッティのテキストに対して果たした役割とはまったく異なるが、どちらも同じくらい「いい仕事」をしてもらっている――と、マッギャンは信じているようなのだ。[*18] ここでも、折衷的・意図主義的な編集原則を否定するマッギャンの姿勢は、ロセッティという特殊な事例、ほとんどの英米系の作家の経験とは対極的な事例に基づいているように思える。マッギャンは二人の文学者のテキストを扱った。彼の見解では、それぞれが、異なるやり方で出版社によくしてもらっている（片方はテキストを変更することで、片方はテキストに手を加えないことで）。その結果、［英米系の学術編集の伝統である］折衷的な作業を行う必要性は、減じているか、あるいは、まったく失われてしまっているのだ、と。

おそらく、オランダ人やドイツ人たちも、マッギャンと同じような理由で、英米系の編集の伝統に不信の眼差しを向けるのだろう。おそらくヨーロッパの印刷業者は、酔っぱらうことなどめったにないのだろう。ヨーロッパでは、作家たちは、英米の作家以上にきちんと注意深く原稿を書くのだろう。印刷業者も、原稿に対して英米の同業者よりも大きな尊敬の念を抱いているのだろう。そして、もし作家たちが粗雑な仕事をしたとしても、植字工や印刷工は、慈悲深く賢く彼らの作品を取り扱ったのだろう。もしそうだとしたら、ヨーロッパの人々が普通でありふれていると思っていることは、イギリスやアメリカの出版界からすると、まったく普通ではない、きわめて異例のことに思えると指摘しておきたい。

マッギャンの他にも、もう一人、人工物として残されたテキストを重視する編集を支持するアメリカの編集文献学者がいる。ジェイムス・ソープだ。ソープは、芸術としての文学は、出版されて初めて「作品となる」のだという。[19] 彼は、先述したハーマン・メルヴィルの『白いジャケット』の事例について詳細なコメントをしている。"soiled fish of the sea" はメルヴィル自身のフレーズではないかもしれないが、それでも "soiled" という語は、作品のテキストの歴史、批評の歴史において相応の地位を占めており、単に作者の手による文だとか、権威の裏づけのある文だとかいったレベルを超えた審美的な魅力を有するものだと結論づける。[20] この論理展開は、いかにもヨーロッパの編集者からは批判を受けてしまいそうだ——なかには、ソープが擁護しようとする〔出版されたテキストを重視するという〕編集方針自体には賛成する者もいるかもしれないけれど。ソープはまた、作家たちが、自分は出版社や印刷業者たちからこんなによくしてもらったと語っている、対照的な事例のリストを挙げている。[21] ソープは、そしておそらくマッギャンも、次のように信じているのだろう。「通常の場合」作家は、印刷業者に充分よい仕事をしてもらっている。それゆえ、人工物として残っているテキスト、審美的な対象ではなく、手に触れられる記録として残っているものこそ、学術版編集が集中すべき「本体」だ、と仮定して、編集作業を始めるべきだ、と。

だが、私にいわせれば、ソープもマッギャンも、通常というよりは例外的なテキストの問題に目を向けているのだ。多くの英米の学術版編集者の経験からすれば、手稿と印刷テキストを比べると、作家たちが印刷業者に「よい仕事」などしてもらっていないことが明らかになるものだ。そして、英米の編集者たちの大部分は、今後も変わらず、従来の見解に固執し続けるだろう。人工物の形で残っているテキストは、編集作業の基本的な証拠ではあるけれど、混じりあい、傷ついたものであることが普通で、芸術作品の再現としてはしばしば不適切でさえある、という見解に。大部分の場合、手稿の形式では、作品は不完全であり、注意深く用意された「清書」の段階にも達していない。となると、書物の製作に携わった人々が、手稿の問題点を自由に変えていい、それどころか、変えざるをえないと考えたのも、無理のないことなのだろう。英米の印刷業者の訓練マニュアルには、テキストの改良の責任をどこまで負うべきかについての明確な規定など存在しなかった。それどころか、有名な植字工向けマニュアルの一つには、手稿に句読点を打とうとする作家たちがいる、という恨み言さえ見られる。そのマニュアルの書き手はこう続ける。作家たちは、手稿に句読点など付けないでほしいものだ。そうした大事な仕事は、句読法については作家などよりずっと通暁している植字工に任せたほうがいいのではないか、と。[*22]

多くのアメリカの学術版編集者にとって、彼らが取り組むテキストが含んでいるこうした問題の性質が、彼らの編集作業に対する態度を決定してきた。学術版編集者たちが作者の意図を再現するようなテキストを読者に提供する方向を目指すようになったのは、書物の形で現存するテキストでは、その意図に接近することが不可能だったからだ。こうしたアプローチの仕方が、注意を要するものであるのは確かだ。とはいえ、こうしたアプローチを拒否してしまうことにも注意が必要である。マルカム・ラウリーの詩が、そのことを示唆してくれる。


私は書いた。「私たちの生まれた暗い洞穴 cavern で」。

印刷業者はそれを「酒場 tavern」に変えてしまった。そちらの方がマシかもしれない which seems better。

だが、その酒場に、どうやら私たちの歓楽の原因があったようだ。

なぜなら次の頁で、「死 death」という単語が「食べ物不足 dearth」という単語になっていたから。

それで、神の言葉では「気晴らし distraction」であったはずのものが、
私たちの奇妙な印刷版では「破壊 destruction」のように見える。

これは辛辣だ Which is bitter。

cavern と tavern、death と dearth、distraction と destruction といった二項の混乱に加えて、このテキストには別の混乱も生じている。第二行目に呼応している最後の行は、『選集』（アール・バーニー編）では Which is bitter となっている。それが学術編集版『全詩集』（キャスリーン・シャーフ編）では、Which is better になっているのだ。残念ながら、シャーフ版は、この問題を解決するための充分な情報を与えてくれていない。シャーフは、ラウリーの手稿アーカイブには三つのヴァージョンがあることを注記している。そのうち最初のものは bitter、三番目のものは better だと。だが、第二のヴァージョンがどのようになっているのかは、教えてくれない。そればかりか、第二・第三のヴァージョンというのが、ラウリー自身の手になるものなのか、妻などの手になるタイプ原稿なのかといった情報も告げられない。この件に関しては、公開された証拠がないのをいいことに（アーカイブには無論、充分な証拠が眠っているのだろうけれど）審美的な判断を下してみたいという誘惑に駆られてしまう。第一稿にあったという bitter の方が、私たちの「破壊」に対する反応をより切実に表現しているのではないか。それに、bitter という語は、テキストに関する事柄では、私たちは所詮、印刷業者や編集者の掌中にあるのだという「苦い」認識とも一致している。

こうした問題は、間違いなく将来の研究者たちによって探究されていくだろう。そして、調査の結果は印刷され、その答えが載った雑誌なり書物なりを購入した図書館に行けば手に入ることになる。また、まったく別の場所にいる人も、専門分野の学術年鑑で最新の成果を知れば、図書館の相互貸出制度によってその知識を手に入れることができる。あるいはその情報は、第4章で述べたような電子ナリッジサイトに追加されるかもしれない。そこでは、質問が寄せられ、答えられるだろう。あたかも、そのナリッジサイトが扱う分野に関心を抱き、研究している学者たちが一緒に、協力して働いているように。そして、話題に乗り遅れたくない読者はみな、学問の世界への充分かつ自由なアクセスを得られるだろう。まるで彼らが、巨大な調査用図書館のなかに住みついているかのように。次章では、素晴らしい新世界について、ふたたび想像し、構想し、実現するように努めてみよう。

第10章

文学研究における無知

Ignorance in literary studies

他の人々の無知は、せいぜい怠惰として非難されるだけだろう。だが学者の場合は、裏切りとして断罪されなければならない。

サミュエル・ジョンソン「学者の性格と義務について」
（"On the Character and Duty of an Academic," 1995 初版の手稿）

真実はこうだ。あらゆる形式・状態の知識は、事実や記録に基づく知識でさえ、絶対的・決定的に「媒介されたもの」なのだ。……したがって、文献学的批判であれ評釈であれ同じこと、学問とは解釈に他ならない。

ジェローム・マッギャン『テキストの条件』（*The Textual Condition*, 1991）

おれが知っていることなんか無いに等しい。一方、知らないこととときたら実に大したもので、アレグザンドリアの図書館にだって、おれの無知は入りきらないだろう。

リチャード・フラナガン『グールド魚類画帖』（*Gould's Book of Fish*）［渡辺佐智江訳、白水社、三六二頁］

本章のタイトルは、初め、冗談として思い浮かんだものだ。それが軽口に終わらず、なぜこのように章題となるほど記憶に残ってしまったのかはわからない。ただ、この言葉が思い浮かんだ状況は覚えている。最初は、第1章でも触れた、ある学会でのことだった［本書一五頁参照］。世界中のすべての図書館の本をハードディスクに収納できたとして、どの程度の正確さが保たれるのかという私の質問に対して、テクノロジーの専門家はあっさり答えたのだ。「私たちはみんな、ノイズを我慢することを学ばなければなりません」と。編集文献学者としては反対せざるをえないが、私のように懸念するのはおそらく現実的ではないのだろう。未来はすでに到来している。それはノイズ混じりのものなのだ。私が想像した「not」が欠けているようなテキストや、「独身者celibate」が「祝うcelebrate」に、「死death」が「食糧不足dearth」に、「洞窟cavern」が「酒場tavern」に、不用意に置き換えられているテキストは、実際に現れているのだ。もちろんそうしたテキストは、電子形式で再出現するはるか以前から、印刷物の形で現れていた。エラーは、たとえいま風に「ノイズ」と呼ばれようとも、電子テキストというか、テキストというものを扱う人間にとっては懸念の材料なのだ。じっくり考えてみれば、巨大なハードディスクへの情報の収蔵能力が発明されたことが、間違いだらけのテキストという問題を直接生み出したり導いたりしたわけではないというのは認めざるをえない。次に無知というトピックが頭に浮かんだのは、別の学会で、いくつかの発表に耳を傾けながら、専門誌の論文に目を通していたときのことである。それらの論文は、残念なことに、何らかの形の無知によって台無しになっていた。不充分・不適切な証拠に基づいてあまりに大まかな一般化を行っているものもあれば、粒々辛苦して伝えている詳細な情報の重要性を見落としているものもある。なかには、トマス・ジェファーソンのものとされる言葉を借りれば「誤った事実」——私はこれが冗談でいわれたのだと思うが——に基づく論文もあった。無知に対して関心を抱くべき、より重要な、長年にわたる思想に基づく理由もあるのだけれど、本章を執筆した直接のきっかけになったのは、いま挙げたようなことである。

これに加えて、次のようにいえるかもしれない。無知は、節約志向と無頓着とが合わさって、学者が何かの本について書くとき、容易に（あるいは否応なしに）手に入るはずの、テキストに関する事実を知らないばかりに、とんでもない間違いを犯す理由の説明になる、と。たとえそうする意志があったとしても、すべてのことをきちんと裏づける時間などないことはざらにある。私たち学者は、たいていの場合、教師でもあって、講義の準備には時間の制約があるし、教室で閃いたことを話すときには、それを裏付ける前に喋っているものだ。［時間をかけて準備する］学術的な出版の場合でさえ、不明瞭な部分が残っているのも許されるべきだろう。もしそれが、証拠が破壊されていたり利用不可能だったり、あるいは証拠が曖昧だったりするためであれば。さらに、テキスト批判や学術編集版の作成についていえば、学術編集版で通常扱われている情報の提示法は近づきがたく、文学批評家や文化史家が、テキスト批判は秘教的な探究行為だと信じたくなるのも無理からぬところがある。彼らは、テキスト批判が、自分たちの知的な活動のための下準備をし、それを支えてくれるものだとは思っているが、直接関わってくるものだとは考えていない。けれども、［文学研究者が］事実をうまく扱えないのは、［学術編集版によって］目の前に提示されている証拠を利用し損ねているため、という場合が往々にしてあるのだ。

だが、無知の果たす役割について、とりわけ、編集文献学の領域では、真剣に考察することを正当化するだけの理由もある。すべての無知を排除できないことが、私たちの仕事に影響していること、そして私たち文献学者の成果が公開されるやり方がまずいせいで、せっかくの発見が他の人々からは無視されてしまうこと、これらを知っておくことは重要だ。こうした問題について考えていくことは、編集文献学と、その学術的な成果を普及させることとの関連を、新たに作り直す計画へと繋がっていく。ある学者が、おそらく冗談のつもりで（あるいはこの［編集文献学の成果をどのように普及させるかという］トピックの持つ可能性をより真剣に考えているせいで）こんなことをいっていた。普及活動には賛成だ、「そうすれば理論的なものが経験的なものへとふたたび関連づけられるようになるし、抽象的な思考は具体的な資料に、文学理論は書誌学に戻っていくようになるだろうから」[*1]。実際、そうしたことも起こりうるだろう。知られていないことや、そもそも知ることが不可能なことをどのように扱うべきなのかについて、注意を向けるようにするだけで。そうすることによって、自由気ままな知の乱舞が持つ楽天性を、勢いを削ぐというよりは矯正してくれることになるからだ。けれども、このトピックは、逆に同じくらい容易に、書誌学を文学理論に、具体的な資料を抽象的な思考に、そして経験的なものを理論的なものとの関連に、引き戻しもする。あるいは、もっと穏やかないい方をするなら、このトピックは、事実と一般化、具体的な資料と抽象的な思考の関係を、より対立的でない、より生産的なものへと変えることもできるだろう、ということだ。この見方を支える議論を組み立てることは可能だ。冗談で始まった章題は、いまや真剣な問題を指しているのだ。まず、私たちの大部分が、文学研究における重要性を認めている事柄をリストアップしておきたい。そのリストに、無知と無知の役割が、家族会員のようにしてつけ加えられなければならないと、私は考えている。

事実　私たちがテキスト、人物、歴史について知っている、ないしは知っていると考えている事柄。事実は「正しく理解される」こともあれば「誤解される」こともあり、あるいは消え去って二度と手に入らないこともある。時には、事実の消失それ自体が、一つの事実として認められることもある。

コンテキスト　私たちが直接の関心を寄せる出来事にとっての、関連のある背景をなすもの。①コンテキストの認識に事実が関わってくる場合、それは正しいことも間違っていることも、消え去っていることもある。②コンテキストを特定する場合、その判断や選別は嗜好と洞察力の問題であり、そこでは関連のあるものと無いものとの分別が行われている。

構造　自分たちが知っていると考えていることと組み立てたり特定するために、事実を配列する際の、古くからの、あるいは新しいやり方の数々を指す。コンテキストは、たとえば、物語、議論、描写、カテゴリー、ヒエラルキーといった形で構造化されうる。あるいは、視点や立場によって構造化することもできる――西洋的、東洋的、資本主義的、社会主義的、宗教的あるいは非宗教的、中心あるいは周縁といった形で。

前提　私たちがおそらく、自分では認識していないもの。なぜなら、私たちが言葉にするまでもなく信じている事柄だからだ。これらはおそらくイデオロギーを、ほとんど口にされることのない価値観やヒエラルキーを明らかにしている。そうしたものによって、私たちは事実を選別し、重要なものとそうでないものを仕分け、事実の構造化を行い、その上で因果関係を示すような事実関係を想定する傾向がある。

方法論　分析のタイプと、問いかけの範囲を定める。

理論　知識あるいは認識について、コミュニケーションについて、ジェンダーについて、アイデンティティについて、コンテキストへの依存度について、証拠のルールとみなすものについて、そして解釈について。

これらに加えて、**無知**の役割を挙げなければならない。

「無知」が、学者の敵ではなく、学者の武器の一つだと示唆するのは、確かに躊躇される。私たちは「探究の光」を手にして、無知を攻撃し、無知と結びつけられている蒙昧を追い払うように学問的な訓練を受けているからだ。サミュエル・ジョンソン博士の忠告を思い出せば、無知の重要性を主張するのはさらに困難になる。彼はこう書いている。「学者とは、知識を獲得し人々に分け与えるべく、公の費用を使って支えられ、公の名誉で飾られた男（いまなら「あるいは女」もつけ加えるべきだろう——引用者）のことである。……他の人々の無知は、せいぜい怠惰として非難されるだけだろう。だが学者の場合は、裏切りとして断罪されなければならない[*2]」。

だがそれでも、無知というこの主題はさらに検討してみる価値がある。一つには、無知には二つの種類があるからだ。無知には、私たちがどうにかできるものと、私たちにはどうしようもないものとがある。この区分に反対する向きもあるだろう。実際、辞書のなかには、無知とは「知ることができるものを知らないでいること」とだけ定義してあるものも多い。そうすることによって、「知りようがないこと」を知らないでいることについては、私たちを免罪してくれているのだ。だが、どうしても「知りようがないこと」があるのは事実だとしても、それらを知らないでいることによって、やはり私たちは何らかの影響を受けているのではないか。ともあれ、「知らないでいること」は、それが「無知」と呼ばれようと呼ばれまいと、私たちがどうにかできるものと私たちにはどうしようもないものとから成り立っているのは確かだろう。私たちにはどうしようもないことについての無知は、必ずしも悪い結果ばかりをもたらすわけではない。ウンベルト・エーコは『セレンディピティ』のなかで、〝真理の力〟について述べている。「真実は遅かれ早かれ明らかになるものだ」という慣用表現にも、それは現れている、と。けれどもエーコは、それに対抗する力があることも示している。すなわち「虚偽の力」。エーコは、この「虚偽の力」が、歴史を変えるほどの出来事や状況を数知れず生み出してきたことを指摘する。たとえば彼は、興味深い例としてコロンブスを挙げている。西に航海して中国にたどり着くというコロンブスの遠大な計画は、多くの反対を受けたと信じられてきた。地球は平らだと信じる人々が、コロンブスは海の端から落下してしまうといって反対してきたのだ、と。しかし、これはまったくの間違いなのだ。エーコによれば、地球平面説は、中世において、非常に少数の人々によって信じられていたに過ぎなかった。中世には地球平面説が支配的だったという考えは、一九世紀末に広まったものだ。一八九七年に刊行された、粗雑だが影響力の大きな書物がその元凶だという。[*3] エーコによれば、コロンブスは地球平面説とは異なった、しかし同じくらい重大な誤解に基づいて航海に出たのだという。彼は、地球が実際よりもはるかに小さいと信じていたのだ。エーコ曰く、したがって、コロンブスの計画への反対は、むしろ賢明な人々から提出されたのだ。彼らには、西回り航路で中国に向かうルートが既知の東回りルートの代替になるには遠すぎるということがわかっていたからだ、と。だが、エーコの論点で重要なのはここからだ。「[コロンブスに反対した]これらサラマンカの賢明な人々は、正しかったけれど、間違っていた。そしてコロンブスは、間違っていたけれども、信念を持って自らの誤解を貫いた結果、正しいことが証明された——セレンディピティのおかげで」[*4]。さてこれから、無知について、どちらかといえば否定的な考えを挙げていくことになる。それでも根底には、無知を擁護する二つの論拠があり、私は最終的にはそこに戻って行くつもりである。第一に、無知は、一種のノイズであり、私たちにとっては常に逃れがたいものであるということ。第二に、間違いに基づいて行われる探究も、重要な新発見を生み出してきたし、生み出すことが可能だということ。

無知をいくつかのカテゴリーに分けるには、別のやり方がある。それは、無知が、(ほとんど無数のバリエーションを示しつつも)大きく分ければ二つの形で現れるということだ。一つは、知識の不在という形。ある問いに直面したときに、それに対して「知らない」としか答えられないような、そんな状況を思い浮かべてもらえばいいだろう。もう一つは、はるかに有害である。なぜなら、気づかれないままに終わってしまうことがほとんどだからだ。それは、ある問いに直面したときに、それに対して何らかの適切な答えを知っていると考えてしまい、しかし実際にはその答えが適切ではない、あるいは、鵜呑みにした間違った情報によって損われているという状況である。「発見の最大の障害は無知ではない――『知っている』という幻想である」[*5]。とはいえ、「『知っている』という幻想」もまた、無知の一形態にほかならない。

第一のタイプ「知識の不在」を分類すると、以下のようになるだろう。

偶然の、あるいは意図せぬ無知　運悪く、探し求めた適切な知識の発見にまったく失敗してしまったか、答えを導くための適切な問いを思いつけなかった場合。

不注意な無知　適切な答えを探し求める際の、充分に注意を払わなかった、労力を惜しんだ、などの怠惰によるもの。こうした人々の標語はつねに「もういいだろう」そして「これだけあれば何とかなるだろう」。

意図的な、あるいは熟慮した無知　何らかのアイディアや結論やバイアスや伝統を守るため、それに不都合な多くの情報の精査を避けようとして起こる無知。このテーマに関しては、フランシス・ベーコンによる、明確な思考を妨げる四つのイドラについての論が、優れた教材になってくれる。

致命的でない、あるいはトリビア的な無知　知ったところで結果に影響を与えないような知識を知らないこと。こうした知識は、たとえ正確なものであったとしても、目の前に現れて知識に組み込まれる際にはノイズにしかならない。レコード盤の針の音や、ライブ録音の観客の咳払いなどは、もちろん事実として存在してはいるけれど、私たちはそれを無視しがちである。

致命的な無知　私たちが、自分たちの視点を根底から改めざるをえなくなるような事柄、あるいは研究を、悲惨で実りのない行き止まりに導くような決断を迫る事柄について、知らずにいること。

だが、さらに破滅的であり危険でもあるのは、誤った情報や間違いが表面化していない場合に起こる、第二の形式の無知である。なぜならそれは誤解を導き、その誤解が、それと認識されるまで正しい理解として通用してしまうからだ。第二のタイプは、次のように分類できる。

偽情報　誤判定、そして「虚偽事実」。知的世界で流通している誤りを信じているだけなら、罪がないのかもしれない。彼らは、欺瞞の犠牲者ではあっても、実行者ではない。少なくとも、間違いをなくすためのあらゆる努力が行われ、その努力が失敗した場合は、そういえるだろう。だが、無実だからといって、だまされた側が間違いの結果の責任を取らなくていいということにはならない。間違いは繰り返される。それが繰り返されるのは、証拠が間違いないことを確認し損ねた著作家たちによって永続化されるからなのだ。

詐欺　科学上の不法行為、偽物、偽造は、断じて無実ではない。その実行者は、私たちからの軽蔑と断罪に値する。

忘却　これは非常に無知に似ている。自分が忘れてしまったことを知っている場合なら、記憶が自然に戻って来ないときは、意図的に思い出そうとすることができる。だが、記憶は時に、何も忘れていないかのように振る舞う。そして、私たちはしばしば、誤った記憶の犠牲者になる。記憶を手助けするために、ペンと、紙と、コンピュータが発明された。そして、誤った記憶を避けるため、証拠の裏づけとダブルチェックが必要になる。ミラン・クンデラの小説『無知』は、記憶の問題を考える際の優れた教材になってくれる。

ここまでは、自明でありすでによく知られたことを確認したにすぎない。ただ、注意しておきたいのは、無知の危険をメモしたからといって、私たちが避けるべき敵を特定する手助けにはならないということだ。それは、骨身を惜しまぬ仕事と、より深い探究と、より徹底した読みと、より正確な思索と、よりよい調査テクニックによって克服しなければならない。私たちは、個人としてはどれだけ失敗を重ねようとも、学者としては、無知を克服するためになしうるすべてのことを行うべきである。だが、ノイズや貧困同様、無知もまた根絶することは不可能である。そのすべての形態を攻撃することなどできないからだ。では、間違いや「知らないでいること」の責任を問わないようにすると、どのような結果をもたらすのか、検討してみよう。文学研究「から」無知を追放するために何をなしうるのか、何がなされるべきかを考えるのではなく、文学研究の「なか」で無知がどのような役割を果たしているのかを考えてみよう。もし無知を文学研究から（あるいはその他のどんな研究からでも）追放することが不可能なら、私たちは「無知」という概念にしっかり向きあい、それを基本的な条件として受け入れつつ、ともに生きていく術を学ばなければならない。

別のいい方をしてもいい。もし私たちが、真実を発見し無知の黒いベールを吹き払うことこそ学問の目的だと信じているのなら、私たちは真実が確実なものとして確証されうることも信じなければならなくなる。もしそうなのだとしたら、確実な真実を手にした人々は、彼らの見解を、真実を手にするのに失敗した人々に対して押しつける権利を持つことになるだろう。こうした見方をするかぎり、無知というものは、嘆かわしいが一時的な状況に過ぎない。端的にいえば、真実がきちんと確証されうる世界では、正しいものと間違っているもの、証明されたものと証明が得られなかったもの、信頼可能なものと信頼できないことが明らかになったものを区別する必要がある。突きつめていくと、学者の仕事をこのように定義した場合、絶対的な基準が要求されることになる。問いに対する答えは、絶対正しいか、そうでなければ不満足なものである、と。

こうした考え方への支持はアカデミズムの世界を超えて拡がっている。なぜなら、これは政治的な力をもたらし、ある者にとっては宗教的な安心を与えてくれるからだ。こうした考えは、次のような意見のなかにも窺うことができる。すなわち、私たちの知るような社会の秩序維持のためには「唯一の真実」が必要である。複数の真実が競合するという考えを許容してしまえば、社会・政治の状況に無秩序と不安定さを導き入れ、結果として、せいぜい良くて不必要に論争的な状況、最悪の場合はアナーキーを生じさせる、と。確実性に対するこのような考えが、帝国を――軍事的な、政治的な、文化的な、商業的な帝国を――可能にした。自分たちは正しい《ライト》という考えは、容易に、自分たちには権利《ライト》があるという考えにすりかわってしまう。こうした立場を、真摯に思索する人ならすぐに混同とみなすだろう。一言断っておきたいのは、日常的に人々が議論している場合には、ただ一つの「正しいこと」「間違っていること」がありうる、ということだ。必ずしも複数の正しい見解が存在するわけではない。だが、学問の世界の「なか」で、さらには人生そのもののなかでの無知の役割は、あるテーマに関するある人の見解が、真実と対応しているという確信を掘り崩すものなのだ。物事に対する、唯一絶対の見方があるのかないのかという話と、特定の個人、集団、政府が、確かにその正しい見解に行きあたっているかどうかは、まったく別の問題だ。複数の観点を許容することが、必ずしも不確実性に繋がるわけではない。不確実性は、調査やコミュニケーションの企図全体に、最初から内在しているのだ。なぜなら、他の理由はさておくとしても、無知は避けがたいものだからだ。知ることができないものは常に残るだろうし、自分では知っているつもりで実はそうではないものも無くなることはないだろう。そのこと自体は、知性や啓蒙の敵ではない。無知は私たちが存在する場（環境）に組み込まれた条件である。この条件の帰結として、確実性を装う姿勢は――政治の世界でも学問の世界でもよくあることだが――知的であろうとすれば、維持できるものではないのだ。

　無知が文学研究の道具になりうるというのは、それが、傲岸不遜さや知性の専制主義・絶対主義を避けるのに役立ち、謙虚さや注意深さや慎重さ、そして別の解釈への寛容を促してくれるからだ。それはまた、当該分野の権威から引き継いだ金科玉条を鵜呑みにしないような、探究と検証の精神を養ってくれる。あらゆる主張が、常に疑問と修正に対して開かれていなければならない。

もちろん、無知と不確実性が溢れているからといって、事実を追求し、それを分析して結論を引き出すのを諦めてはならない。農民が、自分の畑が石ころだらけで、石ころを取り除いてもまだその下に石があるからといって、作物を植えるのを止めないのと同じことだ。自分が存在する土地の状況を踏まえて、農民はその土壌に植えるべき作物を決め、仕事を続ける。無知、ノイズ、恐怖、邪悪、貧困といった避けることのできない状況を認識したうえで、私たちは何が可能であるかを見定め、それを受けて進んでいかなければならない。私がまず主張したかったのは、無知が不可避であると認識することは、不確実性を受け入れることに繋がるという点だ。その結果、次のことも主張できるだろう。確実性やドグマや傲岸不遜さや自分の見解を他人に押しつける行為は、知的であろうとすれば、維持することができない、と。では、それ以外のどのような道が私たちには残されているのだろう？　私たちの前に開かれているディシプリンとはどのようなものだろう？

目を閉ざし、引っかかりを感じながらも、何も無かったかのようにいままでどおりの作業を続けるという選択肢は、議論の余地なく却下させてもらいたい。同時に、極端な相対主義もまた、却下したい。つまり、あらゆる立場に不確実性がついてまわる以上、どの立場も同じくらいよいものだというような結論は受け入れられない、ということだ。「真実の力」とその信奉者たちは、時に、唯一の真実が存在する可能性と、自分たちが理解しているのが正しくその「唯一の真実」であるということを、混同してしまう。同じように、「相対性の力」とその信奉者たちは、物事の関係に対して複数の有効な説明が存在する可能性と、不確実な情勢によって以前は有効だった説明が不適切になったり、間違いの遍在によってあらゆる説明が不充分なものになったりするという可能性を混同してしまうことがある。つまり、相対主義者は、そうした可能性を、あらゆる説明が等しく価値があり、あらゆる見解が可能な見解として等しく尊重されるべきだという考えと混同してしまうことがあるのだ。こうした相対主義の見解は、ディシプリンを欠いており、ジョン・デューイによる「自由」と「気まぐれ」の区分を思い出させる。デューイはいう。自分にはあらゆる気まぐれに従う自由があるという人は、実のところ自由ではなく、偶然というものに操られる囚人にすぎないのだ、と。デューイは、ディシプリンと思慮に裏打ちされた選択に基づく自由の方を好むとも述べている。加えて、私は、極端な相対主義は、間違いの可能性など存在しないだとか、間違いが存在しても構わないといった考えに荷担しているともいっておきたい。私は、間違いの可能性はあるのだと思う。そして私には、ディシプリンを持って課題にアプローチする自由の方が、与えられた理論を無批判に受け入れてしまうよりも好ましい。

もちろん、すべての相対主義がここまで極端だというわけではない。近代初期から、少なくとも、相対主義理論はさまざまな領域で主張され、それ自体が「真実の力」として影響を及ぼしてきた。つまり、きちんと理性とディシプリンに裏打ちされた探究は、物事の本質を探ろうという試みではなく、物事の関係性への注目から生まれる理解力の効果から生み出されてきたのだ。この相対主義的な考えへの抵抗は、ほとんど常に、既成のドグマや、権力者に受け入れられ愛でられる（おそらくは彼らが権力の座にとどまるのに役立つからだろう）「唯一の真実」を、新しい思想が脅かすという考えに結びついてきた。ドグマの確実性と相対主義の不確実性との絶えざる複雑な争いの歴史は、さまざまな局面で具体的な形を取った。コペルニクスの宇宙論がプトレマイオスの宇宙論を葬り去った一件によって、生物学における進化論によって、そして物理学におけるアインシュタインの相対性理論の定式によって。いずれの場合も、新しい理論は、物事の本質的構成要素・存在・一貫性ではなく、物事の関係性=相対性を強調することによって、既成の説に戦いを挑んだ。どの場合にも、ドグマの支持者の側が反対を唱え、最終的にはそうした反対自体が間違いと無知を支持することにほかならないと明らかになっていった。

さらに、いまでは次のことが明らかになったといっていいだろう。物理現象、天体の運行、生命の発達、言語の機能、社会の構造といったものの、実現可能で実践的な説明の可能性を探る場合は、それらが本質的に何から構成されているかといったことではなく、物事が相互にどのような関係を持っているのかという観点から行う方が生産的である、ということが。物の大きさや重量は、［物それ自体の「本質」ではなく］高度や速度に依存する。赤や青も、変わらぬ本質ではなく、方向や速度の機能なのだ。単語は、辞書で定義されている意味をあらかじめ表しているわけではない。あるコンテキストによって、それを取り囲む単語や、その単語と置きかえ可能な別の単語との関連で、誰が話したり書いたりしているのかによって、単語の意味は決まるのだ。家族制度や政治制度は、無数の異なる方法で、有意義に構築することができる。私たちは、あるレベルにおいては、こうした考え方に親しむようになっている。日常的には、私たちは太陽は東から「昇り」西に「沈む」と口にするけれど、実際に太陽がそうしていると信じている者はいない。ある状況下では車で道路の右側を走るが、状況が変われば何の問題もなく左側を走り、そのことで「道路のどちらを走るのが絶対的な真実なのか」などと頭を悩ませたりはしない。物を計測するのに最も正しい方法は何なのかなどと思い煩わずにメートル法を使うし、男が死んだ妻の妹と結婚するのは法的に正しいことなのかといったことで良心の呵責に苛まれることもない。理由はさまざまだが、私たちは現実的かつ相対的なオプションの数々を受け入れて、行動し、物事に理屈を付けている。

ここまでに述べた点を踏まえると、自分たちの真理の追究はあくまでかりそめのものであり、無知を追放・根絶しようとする努力は失敗を運命づけられているということを信じざるをえない理由は二つあるように思う。私たちの知識には、今後も常に断絶やノイズがついてまわるだろうということ、そして、私たちが知る事実の間の関係は、私たちがどのような立場を取るかに依存し、立場次第で変化するということ。この二つの条件のために、自分たちのものとは異なる解釈に耳を傾ける充分な理由があるといえるだろう。けれども、無知が遍在し、間違いが絶ちがたいために、相対性に向かうからといって、それが降伏を意味するのではないということははっきりさせておきたい。つまり、絶対主義や本質主義を捨てるからといって、極端な相対主義や頑なな姿勢を、必ずしも選ぶ必要はないということだ。それに、無知を認めることは、物事を諦める理由にはならない。いくらかの悲しみを持って思い出すのだが、不確実性が否応なしに自分の仕事に影響すると初めて悟ったとき、私の反応はこんな具合だった。「確実に知ることができないのなら」と若かった私はうそぶいた、「何が問題なんだ？　何をあれこれ思い煩う？」と。今から考えれば、昔の私のこうした態度は、知的な存在としての私たちの土台を間違って理解していたことが原因なのだ。確実性は、決して思考の選択肢にはならなかった。私の若い頃は、信仰家やその他のオプティミストが、よくそう唱えていたけれど。だが、不確実性の発見が、必ず絶望に繋がるわけではない。事実を証明することを重視するディシプリンは、間違いの可能性を認めることと両立しうるのだ。

　最後に、第三のポイントが挙げられる。それはこういうことだ。私たちは現在という特権的な場所に立っており、それに対して死者たちは徒党を組んで自己弁護したりしない。だから私たちは安心して、自分たちの考えているヴァージョンの「真実」が正確なのだというふりをしていることができる。しかしそれでも、自分たちと自分たちの意見を守る私たちの力に支えられた私たちの真実を超える、別の真実があるのだ。しばしば忘れがちだが、デカルトがラディカルな懐疑主義を否定したときの、有名な定式「コギト・エルゴ・スム（我思う、故に我あり）」は、元々は「デュビト（我疑う）」と始まっていたのだ。すなわち、我疑う、故に我思う。我思う、故に我あり。私たちはすべてを知らない、私たちは充分に知らない、私たちが知っている事実は、気づかないだけで誤りなのかもしれない。これらの事実から生まれる疑念によって鍛えられるときにこそ、最も優れた真実の探求が行われるのだ。それによって私たちは、自分の見解や意志を他人に押しつけようとすることがなくなるだろう。同様に、私たちが、他人の見解を、どれも同じくらい可能なものとして無批判に受け入れることもなくなるだろう。かくして、抽象的な思考は具体的な証拠によって書物にもたらされ、書誌学はその原理を理論のなかに見つけ、理論は経験からその意義を獲得する。そして、無知と疑いは常にそうした学問の現場にあって、他の選択肢や、さらなる証拠や、さらなる理論に対して、変わらず好奇心を持ち続けるように求めるだろう。

マタイ伝の一五章一五節には、こう記されている。「もし盲人が盲人を導けば、二人揃って溝に落ちてしまうだろう」。学問の世界においては、そして政治の世界においても、自分自身のものの見方の正確さに対する過信こそ一種の盲目であり、攻撃性や傲岸さなどの容認できない行動へ、そしてそこで死ぬには値しないような溝へと、人々を導いていくようなものだと私には思える。

註

序章

＊1　XML（Extensible Markup Language 拡張可能なマークアップ言語）、TEI（Text Encoding Initiative テキストコード化イニシアチブ）、DTD（Document Type Definition 文書型定義）。こうしたものについての知識は電子版を構築しようとする者にとっては必須だが、本書を読む際には前もって知っている必要はまったくない。

＊2　このアイディアは、現在の私にとっては自明のものだが、最初はドメニコ・フィオルモンテから示唆を受けた。

＊3　後に詳しく取り上げるものをいくつか挙げておくと、ロセッティ、ブレイク、『ベオウルフ』、『農夫ピアズ』、エミリー・ディキンソン、チョーサーなど。だが、リナ・カールソンとリンダ・マルムによる、三一の電子学術編集版のレビューも参照すること。"Revolution or Remediation?: A Study of Electronic Scholarly Editions on the Web," *HumanIT* 7.1(2004), 1-46.

＊4　例として、以下を参照。Paul Eggert, "Text as Process" in *Editing in Australia*, Sydney: University of New South Wales Press, 1990; rept. In Phil Cohen, ed. *Devils and Angels*. Charlottesville: University Press of Verginia, 1991, pp.124-33; his "Document or Process as the Site of Authority: Establishing Chronology of Revisions in Competing Typescripts of Lawrence's *The Boy in the Bush*," *Studies in Bibliography*, 44(1991), 364-76; and Donald Reiman, "'Versioning': The Presentation of Multiple Texts," *Romantic Texts and Contexts* (Columbia: University of Missouri Press, 1987), 167-80. Reiman seems to retreat from this position in his *The Study of Modern Manuscripts: Public, Confidential, and Private*. Baltimore: Johns Hopkins University Press, 1993).

＊5　*Jahrbuchs für Computerphilologie* 5(2003), 126-46を参照。また、http://computerphilologie.unimuenchen.de/jg03/

robinson.html（二〇〇四年一一月二三日アクセス）を参照。

第1章

＊1　本章の初稿は、デ・モンフォート大学で二〇〇一年一一月に行われた、ヨーロッパ文献学会の創立大会の基調講演として読まれ、*Variants* 1(2002), 19-32で活字化された。

＊2　アラン・レニアは、結論こそ同じだが、別の議論を展開している。彼は、批判版の編集者たちが「非批判版の編集」の複雑さを十分に理解していないと仮定しているが、私に言わせればこれは誤りだ。あらゆる学術的な編集プロジェクトはいわゆる逐語的な転写から始まるのだから、学術版編集に真剣に取り組む人々は転写に内在する問題点に自覚的である。この問題を克服する適切な手立てがないことに絶望して仕事を放棄した人々もいた。そしてレニアが指摘するように、テキストのなかの特徴や曖昧さをそのままコード化して電子テキスト化する方法を開発する試みは、完成されてもいないし、標準化もされていない。彼の“Literal Transcription – Can the Text Ontologist Help?” in *New Media and the Humanities: Research and Applications*, ed. Domenico Fiormonte and Jonathan Usher(Oxford: Humanities Computing Unit, on behalf of Instituto Italiano di cultura per la Scozia e l'Irlanda del Nord, 2001), pp.23-30参照。

＊3　Cambridge University Press, 2002.

＊4　ただし、「完全なテキスト」「テキスト以外に何もつけ加えない」「解釈抜き」という中立的なテキストの提示を目指すブラウン大学の女性作家プロジェクトが抱える問題点についてのアラン・レニアの論を参照すること（“Literal Transcription,” 28-9）。

＊5　あらゆる編集上・歴史上の資料を巻末に収め、頁数と行数で参照箇所を示すという学術版のテキストは、「透明なテキスト」と呼ぶことができる。読者を註の番号や本文下の脚註で煩わせることがないからだ。提示におけるこの透明性は、その形式において——いってみればそのボディ・ランゲージにおいて——当該テキストを「確立された」ものとして

示す。つまり、読者は好奇心に駆られるか、編集者の仕事ぶりを確認したいというのでもなければ、わざわざ別のバージョンにアクセスする必要がないと主張しているようなものだ。逆に、本文に何らかの参照項を組み込んでいる版は、その形式によって、自らが作品そのものではなく、作品の数あるエディションの一つでしかないことを宣言しているといえる。

＊6　実際、もしそれがロンドンで一八四八年二月に刊行された初版だとしたら、ドイツ語で書かれていたはずである。最初の英語版は、ヘレン・マクファーランドの翻訳により、二年後に、ジョージ・ジュリアン・ハーニーの『赤い共和国』との合本として刊行された（Julian Harney's Red Republican, London, 1850）。

＊7　私もこれを試してみた。グーグルに「共産党宣言」と打ち込み、"I'm feeling lucky" ボタンを押してみたのだ。私は即座にある英語版のテキストにたどり着いた。タイトルの下には一八四八年と書かれているものの、本文の一箇所を除き、一八八八年版を再現したとの触れ込みだった。同サイトには、この著作のさまざまな版の序文も掲載している。www.anu.edu.au/polsci/marx/classics/manifesto.html 参照。

＊8　David Holdeman, "The Editor as Artist," Society for Textual Scholarship, New York, April 2001; revised, Annual Faculty Lecture, English Department, University of North Texas, November 2001.

第2章

＊1　本章は、二〇〇〇年七月三一日〜八月二日にシンガポール国立大学で行われた、"Moving Text into E-Space" という学術会議で読まれたペーパーに基づいている。

＊2　ソープは書いている。「テキスト批判の理想は、著者が意図したテキストを提示することだ」。むろん彼は、「最終的に細部に至るまで完成された形で、この理想を達成することは不可能である」と認めている（*Principles of Textual Criticism*, San Marino: Huntington Library, 1972, 50）。バワーズは書いている。「著者のテキストやあらゆる改訂から、最初の純粋さを回復し（ただし現存するドキュメントで可能な限りにおいてだが）、その純粋さを、リプリントによる転写の際

についてまわる腐敗のプロセスから守ることこそ、テキスト批判の目的である」（"Textual Criticism," in *The Aims and Methods of Scholarship in Modern Languages and Literatures*, ed. James Thorpe, New York: Modern Language Association, 1970, p.30）。

＊3　McKenzie, *Bibliography and The Sociology of Texts*(London: British Library, 1986); Jerome J. McGann, *A Critique of Modern Textual Criticism*(Chicago: Chicago University Press, 1983), *The Textual Condition*(Princeton: Princeton University Press, 1991); Bodo Plachta, "In Between the 'Royal Way' of Philology and 'Occult Science': Some Remarks About German Discussion on Text Constitution in the Last Ten Years," *TEXT* 12(1999), 31-48; and Siegfried Scheibe, "Theoretical Problems of Authorization and Constitutions of Texts" 1990-91; trans. in Hans Walter Gabler, George Bornstein, and Gillian Borland Peirce, eds., *Contemporary German Editorial Theory*(Ann Arbor: University of Michigan Press, 1995), pp.171-91.

＊4　このアイディアは、ポール・エガートに負っている。"The Golden Stein of Time," *Books and Bibliography: Essays in Commemoration of Don McKenzie*, ed. John Thomson(Wellington: Victoria University Press, 2002), pp.116-28. また、Burghard Dedner's "Editing Fragments as Fragments," *TEXT* 16(2004), 97-111 を参照。

＊5　つまり、テキストに変更を持ち込んだ人のすべてが同じ、あるいは同等の権利をもってそうしたわけではないということである。誰がその変更を行ったのかを示す証拠が見つかったとき、その人物にどの程度の権限があったのかについて、テキストの利用者のあいだで完全な合意が得られるというわけでもない。著者に権限を限ろうとする人もいるだろうし、その本を作るための資金を提供した人にも権利を認める人もいるだろう、等々。

＊6　この文章を書いた後で、紫外線を使って抹消された詩を読み取ろうとする試みが成果を上げそうだということを聞いた。

＊7　出版者による新しい活字の購入と『虚栄の市』の分冊の出版に関しては、拙著 *Pegasus in Harness: Victorian Publishing and William M. Thackeray*(Charlottesville: University Press of Virginia, 1992) の第五章で触れている。

第3章

＊1　マリアンヌ・ムーアによる警告は、エミー・ヴェロニカ・サンダースによって引用され、それがまたロビン・シュルゼによって、*Becoming Marianne Moore: The Early Poems, 1907-1924*, ed. Robin Schulze(Berkeley: UCLA Press, 2002), p.385 に引用されている。

＊2　私がサウス・カロライナ大学でメリウェザーの学生だったころ、このフレーズは毎年、何らかの形で彼によって繰り返し発せられていた。

＊3　言語学者デレク・ビッカートンは書いている。「ここで提示される議論の主張はこうだ。人間の言語の必要条件は、哺乳類の進化の過程で用意されてきた。なかでも最も重要な前提条件――声道の発達は確かに必要だったが、しかし、けっして充分な要因ではない――は、外部世界の巧みな表象を、単なる知覚ではなく概念として、精神の中に形成できるということなのだ。いいかえれば、「思考」（もちろん、発達した人間の思考に比べればはるかに原始的なのは明らかだが）と認めうるものが、何であれ、言語として認めうるものの最も初期の形態にも先んじて存在しなければならないのである」（*Roots of Language* (Ann Arbor: Karoma Publishers, 1981), pp.294-5.）。

＊4　こうしたアイディアを一般読者にも読みやすく解説したものとして、Rey Jackendoff, *Patterns in the Mind: Language and Human Nature* (New York: Harvester/ Wheatsheaf, 1993) がある。カルヴィンとビッカートンによって言及された著作も参照のこと。

＊5　発話行為理論についての簡便な入門は、Barry Smith, "Towards a History of Speech Act Theory," in A. Burkhardt, ed., *Speech Acts, Meanings and Intentions* (Berlin/ New York: De Gruyter, 1990) を参照。しかし、J. L. Austin, *How to Do Things with Words* (Oxford: Clarendon, 1962)［J・L・オースティン『言語と行為』坂本百大訳、大修館書店、一九七八年］および、クエンティン・スキナー、ポール・ハーナディ、ジョン・サールらが挙げている著作も参照。

＊6　William H. Calvin, *Conversations With Neil's Brain: The Neural Nature of Thought and Language* (Reading, Mass.: Addison-Wesley,

1994), p.235.

＊7　Ray Jackendoff, *Patterns in the Mind: Language and Human Nature* (New York: Harvester/ Wheatsheaf, 1993), p.44.

＊8　Oliver Sacks, "The President's Speech" in his *The Man Who Mistook His Wife for a Hat* (London: Picador, 1985), pp.76-7［オリバー・サックス「大統領のスピーチ」、『妻を帽子とまちがえた男』晶文社、一九九二年、一五三頁。一部改変］.

＊9　おそらく「痕跡（trace）」という言葉を、これとは異なるジャック・デリダの用法を想起させずに使うのは難しい。すなわち、抑圧されて潜在するバイアスや偏向を、意図せず浮かび上がらせる証拠という意味だ。「足跡／拍車（spoor/spur）」というアイディアは、書くことそれ自体が、全体として、ある感覚が過ぎ去っていったことを示すドキュメントに他ならず、残された足跡から、その通過の意味が推測され、再構築されるのだという考えを表している。その意味で、デリダの「痕跡 trace」は、ここでいう「足跡 spoor」の微妙な一要素なのだ。

＊10　Peggy Kamuf, "Preface," *A Derrida Reader: Between the Blinds* (New York: Columbia University Press, 1991). 批評用語として「脱構築」という言葉を発明し、そのオリジナルの概念を作り上げたのはジャック・デリダだが、この言葉は文学批評の理論と実践においてさまざまな形で猖獗を極めた。この言葉に言及したのは、デリダその他の人々のこの語の用法を明らかにするつもりもなければ、その微妙な点について論じるためでもなく、この概念がヒントになったことに感謝し、私自身の、いくらか異なる書くこと／読むことについての考えを明らかにするべく、類似点を示しておくためである。

＊11　ウェブ上の自動検索ソフトや、パターン認識マシンは、読者に代わってテキストを「読み」、「テキストの意味に従って」内容を分類し、インデックスを付け、あるいは構文解析してくれるように見える。これらは例外だと思われるかもしれない。すなわち、人間の働きなしに読解をしているのだと。しかし、「機械」は人間という行為者によって、テキストに反応するやり方を教えられ、すでに学んだパターンに対してプログラムされたやり方で反応するだけである。実験的だったり、皮肉に富んでいたり、暗示的だったり、嘘に満ちていたり、冗談に満ちていたりするテキストに対しては、人間なら犯さないような誤読をするだろう。それはともかく、私の主題は、人間が人間に読ませるために書いたものを人間

が読むやり方についてである。テキストの理解には、［中間段階はともかく送り手と受け手という］その両端に行為者が存在することが、不可欠の要素であるように思われる。

＊12　当該言語についての知識がまったくない人間が、その記号の意味を何一つわからないまま、紙に書かれている言葉をそのまま白紙に書き写すことも、もちろん可能だ。こうした人間は、ひょっとすると人間コピー機として、正確きわまりない複写を作れるかもしれない。実際、非常に安い値段で、活字を組んだり、データを入力したりする仕事が、こうした人々によってしばしば提供されている。理解力ではなく、コピーする能力が重要なのだ。

＊13　『パイドロス』二四四～五において、詩は狂気や聖なる熱狂の産物と解説され、『アイオーン』においては、詩人は自分の知識がどんな領域においても、おそらく他の人々に比べても限られていることを認めるようにやんわりと諭される。二七五行目で、プラトンはソクラテスに書かれた言葉についてこう語らせている。「あたかも知性を持つもののように、書き言葉は君に語りかけているように思える。だが、学習熱心な気持ちから、それらが語っていることについて君が尋ねても、それらの言葉は同じことを永遠に繰り返し語るだけだ」。だが、芸術や詩に対するプラトンの発言の常として、彼の主張が一貫していないと論じ、疑う余地が残されている。

＊14　プラトンは『国家』のなかで、ソクラテスに若者への教育システムを構想させている。そのなかでは、若者は真実の物語しか教えられない。そのため、「誤った理解」や間違いを知識の領域から根絶できるというわけだ。しかし対話が進み、ある種の物語について言及する段になると、彼はこんなことを口にするのだ。「もしそれらの物語が真実だとしても、それらの物語を安易に若い人々や分別を欠く人々に聞かせてはならない……」(trans. Waterfield; Oxford: Oxford University Press, 1993, 378a)。したがって、問題は真実か虚偽かということではない。ここでいわれている重要なことは、ある種の物語を禁止することではなく、それらを若者や分別を欠く人々に安易に聞かせることなのだ。最終的に、ソクラテスというかプラトンが見落としているのは、完璧な共同体に向けてこうした提言を行う優れた哲学者自身が、あらゆる物語や詩をふんだんに含んだ教育から生まれたということだ。だからこそプラトンは、後半で詩の役割についての議論をあらため

て取り上げる際に、「あらゆるジャンルの詩は聞き手の精神を歪める。聞き手が、解毒剤として、それらの詩が本当はどのようなものなのかを理解していないかぎりは」（595b）と主張する。そう、確かに、詩は詩でしかなく、フィクションはフィクションでしかないと理解している人物であれば、虚偽だの不道徳だのが本当らしく表象されている場合にも、間違った道に迷い込まないようにあらかじめ備えができているといえる。プラトンによる詩の追放の前提となっているのは、人々は概して分別を持っておらず、フィクションや詩を、本来それらが属するジャンル・形式として見ることができないということである。したがって、そういった人々は、フィクションや詩によって誤った方向に導かれるしかないというわけだ。

多くの不適切な基準で詩をあげつらい、それが単に合理的な知性・有益性・信頼の置ける情報といったものを欠いているばかりでなく、情緒や感傷や人を誤らせる傾向においては過剰すぎるとしながら、ソクラテスは、詩の擁護者に対してかりそめのチャンスを与えてみせ、欠点や問題点にもかかわらず、その有益性を示して詩を支持するような議論が組み立てられるかどうか、と誘い水を向ける（607d-e）。グラウコンは、その議論が非常に興味深い結論を導き出すだろうと賛成する。なぜなら、彼は実際にも詩を楽しんでおり、詩が禁止されるのを嫌がっているらしいからだ——ソクラテスも、実はどうやらそうらしいのだが。例として、二人は悲劇を楽しんでいる観客を想像する。ただし用心深く、そして「自らの内なる政治体制にとって、悲劇に耳を傾けることがどのような効果を及ぼすのかを懸念しつつ、慎重に進んでいかなければならない。そして彼らは、私たちの詩についての議論に従って、態度を決めるべきだ」（608b）。ソクラテスは詩を、それ自体としては望ましいが、しかし腐敗をもたらしうるもののリストに加える。「名声、富、政治権力、そして詩」、これらは、人間が「自らを、道徳性や善に関わることに向かわせる」妨げになりかねない。

要するに、プラトンによる明らかに人工的であり仮定的な国家は、人間らしくまた正しいことに対する純粋に理性的な評価に基づく議論のために構築されたものなのだ。この国家は、徹頭徹尾、若く未経験で無軌道な、過ちや罪や無益さに落ち込むのを避けるのに必要な知的能力を欠いた大衆のためにデザインされているのである。しかし、同時に、プラトンの示す原則は、紛れもなく社会のリーダーたちが持つべき優れた特徴を表してもいる。

西洋の啓蒙教育は、検閲によって貧弱な精神を培養するようなテクニックを拒絶してきた。それは抵抗の存在しないところでは、精神の力強さは育てられないという考えに基づいている。

*15 *The Open Work* (Cambridge: Harvard University Press, 1989)［ウンベルト・エーコ『開かれた作品』篠原資明・和田忠彦訳、青土社、二〇〇二年］は最初、*Opera aperta* のタイトルで、一九六二年に刊行された。

*16 *The Limits of Interpretation* (Bloomington: Indiana University Press, 1990).

*17 *Validity in Interpretation* (New Haven: Yale University Press, 1967).

*18 E. D. Hirsch, *Cultural Literacy* (Boston: Houghton Mifflin, 1987).

*19 この詩についての詳細な議論は、拙著 *Resisting Texts* (Ann Arbor: University of Michigan Press, 1997), pp.156-9で行っている。

*20 第二二章の最後のパラグラフ。

*21 一八四七年七月二日の手紙。*Letters* II, ed. Gordon N. Ray (Cambridge, Mass.: Harvard University Press, 1946), p.309.

*22 Jerome McGann, "The Gutenberg Variations," *TEXT* 14(2002), 6. マッギャンは初版を取り上げた *The Quarterly Review* の書評者によって、この詩に対する矛盾する反応が記録されていることを指摘している。Hugh J. Luke, "The Publishing of Byron's Don Juan," *PMLA* 80(June 1965), 199-200.

*23 *Radiant Textuality* (New York: Palgrave, 2001).

*24 この別の解釈は、プライス・コールドウェルが、以下で論じられる分子意味論の説明として私に語ったものである。

*25 「ジャンク批評」という用語は「ジャンク言語学」や「ジャンク科学」との連想から生まれた。これらの概念は、ポール・M・ポスタルの愉快なエッセー *Skeptical Linguistic Essays* でつるし上げを食らっている。インターネット上に掲載されたものを二〇〇三年七月四日にダウンロードして参照した。

*26 私たちの最も鋭敏な批評家の一人、ジェローム・マッギャンは、解釈のこれらの側面について重要な本を書いてきた。

テキストの歴史的、コンテキスト的な側面については *The Textual Condition* (Princeton: Princeton University Press, 1991) を、解釈のゲーム理論については *Radiant Textuality* を参照。

＊27　テキスト批判の要点は、正しく正確なテキストをつくることではない。あらゆる手がかりや証拠を使ってテキストの歴史を検証し、それがどのように作られ、配置され、複製され、利用されたかについて確実に知ることが大切なのだ。そうすることによって、私たちは私たちの手元にある書物の歴史と意義をよりよく理解できるのだ。

＊28　意味分子という言葉は、この言葉の発明者であるプライス・コールドウェルから拝借した。彼はこの言葉を、テキスト生成の際に意味を構築する諸要素の、複雑で相互に絡み合った全体像のメタファーとして考案したのだ。"Molecular Sememics: A Progress Report," *Meisei Review* 4 (1989), 65-86; "Whorf, Orwell, and Mentalese," *Meisei Review* 19 (2004), 91-106. テキストの生成は、進化する意味の分子構造のなかで起こる出来事と捉えられる。個々の単語が組み合わさって文を作るように、文法構造や歴史的その他のコンテキストが複合的に組み合わさって、創作をしている書き手に働きかける。文のなかのそれぞれのポイントは、意味分子が作用するノードとみなされる。意味作用は人が、それぞれの地点で、そこで「いわれていないこと」が何であるのか、その可能性は比較的限られているのだということを見出すのを助ける。そして、可能性のある別の選択肢は限られたその意味分子によって支配され、「名詞」だとか「形容詞」だとかいった、「発話の一部」に属するあらゆる言語が関わっているわけではないのだということを理解させる。同様に、必ずしもまったく同じというわけではないが、複雑な要素の組み合わせが、（複数の）解釈行為を行う読者に働きかける。

＊29　テキスト性の三つの側面、および物質としてのテキスト・概念としてのテキスト・行為としてのテキストの相互関連について、より完全な議論は拙著 *Resisting Texts: Authority and Submission in Constructions of Meaning* (Ann Arbor: University of Michigan Press, 1997) の第三章で展開しておいた。

＊30　実際、こうした要素が脚註や巻末註のかたちで提示されている場合でも、多くの読者は意図的にそれを無視する。

第4章

＊1　Donald Pizer, Review of the Pennsylvania *Sister Carrie*, American Literature 53(January 1982), 731-7.

＊2　Warren and Taylor, *The Divisions of the Kingdom; Henry Binder, ed., Red Badge of Courage* (New York: W. W. Norton, 1979).

＊3　Jack Stillinger, *Multiple Authorship and the Myth of Solitary Genius* (New York and Oxford: Oxford University Press, 1991) の巻末に付せられた、論争を引き起こした事例の一覧を参照。

＊4　*Proof* 2-4, 1972-4.

＊5　巻末註のある本をマイクロフィルムで読もうとした経験のある人なら、巻物よりも冊子体が優れているということを即座に理解してくれるだろう。

＊6　当初、私は電子版のことを建築からの類推で考えていた。その痕跡はこの章のタイトルに残されている。だが私は、「建築」がメタファーとして不充分であり、「インフラストラクチャー」や「サンゴ礁」の方が有効だということを、ピーター・ロビンソン、ウィラード・マッカーティから、そして彼らとの会話を通じて知ったマイケル・スパーバーグ＝マックイーンから学んだ。彼らはみな、私よりもはるかにコンピュータの世界に通暁している。

＊7　一九九六年五月一七日〜一九日にプリンストンで開かれた「テキスト分析ソフトウェア計画会議」におけるマイケル・スパーバーグ＝マックィーンの「旅のレポート」におけるコメントを参照。http://tigger.uic.edu/~cmsmcq/trips/ceth9505.html.

＊8　現在のURLはそれぞれプロジェクト・グーテンベルク (http://www.gutenberg.org/)、ロセッティ・アーカイブ (http://www.rossettiarchive.org/)。チョーサーのCD-ROMは現在でもhttp://www.sd-editions.com/から購入可能。

＊9　現在のジョイス財団の態度からすると、これは起こりそうもない。同財団は、著作権を盾に、そうした版を作ろうとする試みを、最近になって少なくとも二回差し止めているからだ。

＊10　これは、私のところにきたあるEメールから直接引用した一節。書き手の名前は伏せておこう。無防備ではあるが、

必ずしも無思慮というわけではないこの発言の責任を取らせるのは本意ではない。残念ながら、似たような発言は、電子メディアに対する熱狂状態の表現として、しばしば見られるものだ。このメール以降も、他の人々が、我々に必要なのはＸＳＬ－ＦＯとＸＳＬのフォーマット機能だと主張していた。こうした発言のリストは今後、膨らんでいく一方だろう――新しい方法でテキストにアクセスしそれを表示しようとする私たちの欲望やそのための能力と同様に。

＊11　Institute for Advance Technology in the Humanities: www.iath.virginia.edu/.

＊12　www.sd-editions.com/.

＊13　http://www.unsw.adfa.edu.au/ASEC/aueledns.html ［二〇〇九年四月現在］

＊14　Eric-Olivier Lochard and Dominique Taurisson: “'The World According to Arcane.' An Operating Instrumental Paradigm for Scholarly Editions,” in *Perspective of Scholarly Editing/ Perspektiven der Textedition*, ed. Bodo Plachta and H. T. M. van Vliet (Berlin: Weidler Buchverlag, 2002), pp.151-62. 参照。もちろん、ここに挙げなかった何十ものプロジェクトを無視するつもりはない。これらの例を挙げたのは、私がその内実を充分に知っており、それぞれのプロジェクトが他のプロジェクトにはない長所を持っていることを理解しているためだ。私がいいたいのは、要するに、電子テキスト編集において、真に洗練された実験が行われると、他のプロジェクトには見られない独特の性能を発達させるということだ。

＊15　www.hyperl.org. ［HyperNietsche サイトは http://www.hypernietzsche.org/。また、このプロジェクトは NietzscheSource になると予告されている］

＊16　Edward Vanhotte, “A Linkemic Approach to Textual Variation: Theory and Practice of the Electronic-Critical Editions of Stijn Streuvels' *De teleurgang van den Waterhoek*,” *Human IT* 1 (2000) http://etjanst.hb.se/bhs/ith/1-00/ev.htm ［二〇〇九年四月現在］

＊17　名指しするのは気が引けるが、サイモン・ガートレルによるトマス・ハーディのウェセックス小説サイトは、テキスト面では洗練され、文学批評とテキスト批判が最良の形で組み合わされているのだが、しかし技術的には、素人が建てた納屋程度のアピールしか持っていない（http://www.english.uga.edu/wessex/）。逆に、ＩＡＴＨのハリエット・ビーチャ

ー・ストウ・プロジェクトは、技術的にはレーシング・カーなみの洗練と美しさを誇っているが、テキストに関する多くの問題がなおざりになっている。この状況を改めようと、ウェスリー・ラーベがIATHでの作業にかかっている（http://www.iath.virginia.edu/utc/）。

＊18　こうした観点から、ある種の共同体を作ろうという試みが、MLAの編集文献学委員会の内部から、あるいはそこに関連する分野で、起こっている。"Guidelines for Scholarly Editions" http://sunsite.berkeley.edu/MLA/guidelines.html と http://Jefferson.village.virginia.edu/~jmu2m/cse/CSEguidelines.html を参照。また、Report from an Editor's Review of the Modern Language Association's Committee on Scholarly Editions' Draft Guidelines for Electronic Schlarly Editions http://www.iath.virginia.edu/~jmu2m/cse/Editors.rpt.htm と John Unsworth, "Reconsidering and Revising the MLA Committee on Scholarly Editions' Guidelines for Scholarly Editions" http://www.iath.virginia.edu/~jmu2m/sts2001.html も参照のこと。

＊19　本書の一三五〜一三六頁を参照。

＊20　サンゴ礁のイメージは、マイケル・スパーバーグ＝マックィーンから採られている。彼は、"New TA Software: Some Characteristics, and a Proposed Architecture" のなかで、このイメージを繰り返し用いている。「私たちは建物を建てているのではない。青写真を作ったところでどうにもならない。私たちはサンゴ礁を育てるべきなのだ。私たちにできることは、サンゴの幼生（ポリープ）がはり付けるような場所を提供し、その成長を見守ることだけである」（http://www.cch.kcl.ac.uk/legacy/staffdb/papers/bergen/design.htm［二〇〇九年四月現在］）。ピーター・ロビンソンは "Where We Are With Electronic Scholarly Editions, and Where We Want To Be" のなかで、このイメージを採用し、さらに洗練させた。「現在までのところ、こうしたゴールに到達するためにどのような道を辿っていくべきかについてさえ合意ができていない。私たちは、誰もが利用するような、単一のアーキテクチャを作り上げるべきなのだろうか？　それとも、道具セットやインフラのようなものを用意して、それを使えば自分たちが望むどんな版でも作れるようにするべきなのか？　あるいはもっとアナーキーな考え方だってありうる。マイケル・スパーバーグ＝マックィーンが「共同するプログラムのサンゴ礁」として描いてみ

せたものだ。そこでは、ばらばらの個人やプロジェクトが、「実験とコミュニケーションのカオス的環境」で働きながら、どうにかして一つながりになって機能するようなテキストを生み出していくのだ。ありそうもないことと思われるかもしれないし、秩序のあるソフトウェアのプログラミングやデータの開発——資金提供者に褒められるような、きちんとスケジュールに則った製品のパッケージ化——に慣れている人にとってはあまりにいい加減に思えるかもしれない。だが、この最後のものが私たちにとっての最良の希望なのだ。このモデルは実際、ソフトウェアの世界ではきちんと機能している。過去数年の間、それこそサンゴ礁のように開発されたオープンソースのソフトウェアが、コミュニティの大きな部分を動かしている」(http://computerphilologie.uni-muenchen.de/jg03/robinson.html)。

＊21　こうしたさまざまな「志向性」の複雑さ・重要性を改めて述べるとなると、長くなりすぎてしまう。*Scholarly Editing in the Computer Age*, 3rd edn. の第二章「形式」を参照されたい。

＊22　この点に関するより詳細な議論は、拙著 *Scholarly Editing in the Computer Age*, 3rd edn. の特に「志向性」についての章を参照。

＊23　ある種の批評的アプローチにとって不必要だったり、それどころか異議があったりする資料なり情報にもスペースを割いているということは、この概観に対する批判としては当たっていない。もし、誰かが必要とするような資料や分析のカテゴリーを提供できないとしたら、それはこのシステムにとっての大きな欠陥になるからだ。

＊24　特にニーチェ・プロジェクト(ドロリオほか)のために、以下の書誌を参照。Alexandra Brown-Rau's *King Lear* prototype, Dirk Van Hulle's Samuel Beckett project(プロトタイプではあるが);Marcel De Smedt and Edward Vanhotte, *Stijn Streuvels, De Teleurgang van den Waterhoek. Elektronisch-kritische editie/Electronic-Critical Edition* (Amsterdam: Amsterdam University Press/KANTL, 2000[CD-Rom]); Kevin Kiernan's Beowulf and Boethius projects.

＊25　光学的照合は、同一の活字版、あるいはもっと可能性が高いのは、一行ごとに前の版を摸した新しい活字版を使って印刷された、まったく同一に見える何冊もの刊本に対して行われる。最終的な校正や刊本の間の異同は、光学的照合に

よって最もよく発見できる。ここで述べた装置は、二冊の本を同時に示しながら、異なる部分を照らし出してくれる。したがって、二・三秒あれば、一頁を照合し、あらゆる違いを見つけることができる。

＊26　考える前にまず行動するタイプの研究者のなかには、次のようなことをする人がいるかもしれない。まず一つのテキストをタイプまたはスキャンする。次に、照合を必要とする他のテキストをタイプまたはスキャンする時間や労力を節約して、最初に転写したテキストを使い、そこに他のテキストに見られる相違点を書き込んでいく。このように作業してしまうと、相違点の発見を人間が行うため、人間による照合をダブルチェックするための照合装置としてのコンピュータはまったく役に立っていないことになる。素材となるテキストはそれぞれ個別に転写されなければならない。すなわち、機械による照合によって人間の見落とした違いを見つけるために。

＊27　私が読んだなかで、このコンセプトに最も近づきやすい説明は、Michael Sperberg-McQueen's "Textual Criticism and TEI" (http://xml.coverpages.org/sperb-mla94.html) である。

＊28　http://www.unsw.adfa.edu.au/ASEC/aueledns.html［二〇〇九年四月現在］と、そこからリンクされているサイトを参照。

＊29　http://www.unsw.adfa.edu.au/ASEC/JITM/publications.html［二〇〇九年四月現在。ただし、そこからのリンクも機能していない。His Natural Life の JITM 版は次で閲覧できる。http://web.srv.adfa.edu.au/JITM/HNL/Annotation_Viewer.html］を参照。

＊30　*Vanity Fair* (1989), *Henry Esmond* (1989), *Pendennis* (1991), *Yellowplush and Gahagan* (1991), *Newcomes* (1996), *Barry Lyndon*(1998), *Catherine* (1998)——前の四冊はガーランドから、後の三冊はミシガン大学出版局から刊行された。

＊31　包括的な書誌は存在していない。CBEL3で私が示したサッカレーの著書一覧を補ってくれたのが、Edgar Harden, *A Chechlist of Contributions by William Makepeace Thackeray to Newspapers, Periodicals, Books, and Serial Part Issues, 1828-1864*, No.68 ELS Monograph Series(Victoria, B. C.: English Literary Studies, University of Victoria, 1996) である。

＊32　Costerus n. s. 2(1974) に掲載されている、コルビーとサザーランドによる、サッカレー手稿の調査を参照。これに対

する補遺は、同号でラングによって、また *The Thachkeray Newsletter* のさまざまなリストによって行われている。

＊33　サッカレーのイラストについての主な議論は以下のとおり。
Nicholas Pickwoad, "Commentary on Illustrations" in *Vanity Fair*, ed. Peter Shillingsburg(New York: Garland, 1989) and in *The History of Pendennis*, ed. Peter Shiilingsburg (New York: Garland, 1991); J. R. Harvey, *Victorian Novelists and their Illustrators* (New York: New York University Press, 1971); Patricia Runk Sweeney, "Thackeray's Best Illustrator," *Costerus* n. s. 2(1974), 84-111;and Anthony Burton, "Thackeray's Collaborations with Cruikshank, Doyle, and Walker," *Costerus*, n. s. 2(1974), 141-84.

＊34　この学術版の編集方針と財政支援がどのように展開していったかの説明は、"Editing Thackeray: A History," *Studies in the Novel* 27(Fall), 363-74 にある。同論文は *Textual Criticism and the Common Reader*, ed. Alexander Pettit(Athens: University of Georgia Press, 1999) に再録されている。

＊35　CASEは、もともとは修士学位のためのプロジェクトとしてスーザン・フォレットによって開発され、ラッセル・ケグリーによって改良された。ケグリーはテキストファイルを扱うための全部で九つのルーチンをつけ加え、UNIVACメインフレーム機上での印刷版学術版編集の調査・作成の能力を向上させた。ボイド・ネーションズはこのプログラムを PC-CASE へと移植し、フィル・ベリーはそれを MacCASE として改良した。PRIME、DEC、IBMなどのメインフレームのために開発されたその他のヴァージョンのプログラマーの名前は、わからない。

＊36　Miriam Shillingsburg, "Computer Assistance to Scholarly Editing," *Bulletin of Research in the Humanities* 81(Winter 1978), 448-63; Peter Shillingsburg, "The Computer as Research Assistant in Scholarly Editing," *Literary Research Newsletter* 5(1980), 31-45.

第5章

＊1　Nigel Cross, *The Common Writer* (Cambridge University Press, 1985), p.1.［ナイジェル・クロス著、松村昌家／内田憲男訳『大英帝国の三文作家たち』研究社出版、一九九二年、二頁。］

＊2　本章と次章は、拙論“The Faces of Victorian Fiction”(*The Iconic Page*, ed. George Bornstein and Theresa Tinkle (Ann Arbor: University of MichiganPress, 1998), pp. 141-56) の増補と考えてもいい。同論文においては、ヴィクトリア時代の読者が、出たばかりで、まだ架蔵用に特別な装丁を施していない書物に対してとった典型的な反応を想像しようと試みた。それを、現代のヴィクトリア朝文学コースの学生たちが、今日それらのテキストに、現代のペーパーバックの本の形で出会ったときの反応と対比している。

＊3　Simon Eliot, *Some Patterns and Trends in British Publishing, 1800-1919* (Occasional Papers of the Bibliographical Society, No.8, 1994), sections A and C および、Richard Altick, *The English Commmon Reader* (Chicago: University of Chicato Press, 1957). Gordon N. Ray は、*Bibliographical Resources for the Study of Nineteenth Century Fiction* (Los Angeles: Clark Library, 1964) の中で、四万を超すと見積もった。John Sutherland は、“Victorian Novelists: Who Were They?” (*Victorian Writers, Publishers, Readers* (New York: St. Martin's, 1995), 151-52) のなかで、五万と見積もっている。サザーランドは、*The Stanford Companion to Victorian Fiction* (Stanford: Stanford University Press, 1989) で、九〇〇人近い作家に関して個別の註釈を付けている。

＊4　Margaret Harris, *A Checklist of the "Three-Decker" Collection in the Fisher Library, University of Sydney* (Department of English, University of Sydney, 1980).

＊5　Graham Law, *Serializing Fiction in the Victorian Press* (London: Palgrave, 2000).

＊6　Guy Tuchman and Nina Fortin, *Edging Women Out: Victorian Novelists, Publishers, and Social Change* (London: Routledge, 1989).

＊7　Robert Patten, *Charles Dickens and his Publishers* (Oxford: Clarendon, 1978); Peter Shillingsburg, *Pegusus in Harness* (Charlottesville: University Press of Virginia, 1992); June Steffensen Hagen, *Tennyson and his Publishers* (London: Macmillan, 1979); Simon Gatrell, *Hardy the Creator* (Oxford: Clarendon, 1988) and R.L. Purdy, *Thomas Hardy: A Bibliographical Study* (London: Oxford University Press, 1954); Robert Keane, *Dante Gabriel Rossetti: The Poet as Craftsman* (New York: Peter Lang, 2002); Morton Cohen and Anita Gondolfo, eds. *Lewis Carroll and the House of Macmillan* (Cambridge: Cambridge University Press, 1987).

＊8　N. N. Feltes, *Modes of Production of Victorian Novels* (Chicago: University of Chicago Press, 1986)、および *Literary Capital and the Late Victorian Novel* (Madison: University of Wisconsin Press, 1993). 前者については拙論（*JEGP* 87 (1988), 262-5）を参照。

＊9　Simon Nowell-Smith, *International Copyright Law and the Publisher in the Reign of Queen Victoria* (London: Oxford University Press, 1968) が古典的な解説を与えてくれる。

＊10　タウフニッツ版が実際にどこかで現地の文学の生産に悪影響を及ぼしたかどうかは定かではない。しかし、一九世紀のオーストラリアとアメリカにおいてイギリス文学が安価に入手できたことについては、この両国の作家たちによって強い苦情が出ていた。ここで即座に付けくわえるべきは、主としてアメリカの出版業者こそが、そして第一にハーパーズ（タウフニッツではなく）こそが、しばしば、対価を払わなくてはならないアメリカの作家たちの作品ではなく、著作権によって保護されていない「無料の」イギリスのテキストの方を出版することを選んだのだということだ。

＊11　William Todd and Ann Bowden, *The Tauchnitz International Editions in English 1841-1955: A Bibliographical History* (New York: Bibliographical Society of America, 1988).

＊12　Philip Gaskell, *A New Introduction to Bibliography* (Oxford: Clarendon, 1972) に詳述されている。

第6章

＊1　Theodore Roethke, *Collected Poems of Theodore Roethke* (New York: Doubleday[1966]), p.38.

＊2　“Principles for Electronic Archives, Scholarly Editions, and Tutorials,” in *The Literary Text in the Digital Age*, ed. Richard J. Finneran(Ann Arbor: University of Michigan Press, 1996), pp.23-35.

＊3　個々に挙げたプロジェクトの多くは第2章で言及しておいた。モデル・エディションズ・パートナーシップについては、www.adh.sc.edu を参照。マッギャンのロセッティ・アーカイブは、www.iath.virginia.edu/rosette/fullarch.html を。ロビンソンのチョーサーは、www.canterburytalesproject.org/index.html。スミスのディキンソンについては www.emilydickinson.

org/index.html。フランダーズの女性作家プロジェクトは、www.wwp.brownedu。ヴィスコーミのブレイク・アーカイブは、www.blakearchive.org/main.html。デュガンの『農夫ピアズ』は、www.iath.virginia.edu/piers/archive.goals.html。ベリーのＪＩＴＭについては、idun.itsc.adfa.edu.au/ASEC/JITM/publications.html を、それぞれ参照。また、http://www.selc.ed.ac.uk/Italian/digitalvariants/home.htm は、精選されたイタリア人作家の著作の「厨房を再開する」という野心的な試み。

＊4　ジョンソンは http://uk.cambridge.org/literature/features/cwbj/project/、ニーチェは http://www.hypernietzsche.org を参照。

＊5　マッギャンとロビンソンの発言は、ワシントン大学で一九九七年一〇月二九日から一一月一日にかけて開かれた、「ミレニアムにおける声、テキスト、そしてハイパーテキスト」会議でなされたもの。マッギャンについてはさらに、"Imagining What You Don't Know," *Voice, Text, and Hyper Text, ed. Raimonda Modiano, Leroy Searle, and Peter Shillingsburg* (Seattle: University of Washington Press, 2003) を参照。

＊6　ロビンソンの、「バースの女房」序詞プロジェクトと Hengwrt 写本プロジェクトとの編集方針の違いに注目。前者では編集の役割が裏に隠れているのに対して、後者では編者の存在をより明らかに示している。(Stubbs and Robinson, The Hengwrt Chaucer Digital Facsimile CD[Leicester: Scholarly Digital Editions, 2000] を参照。) また、McGann, *Radiant Textuality: Literature After the World Wide Web*, New York: Palgrave, 2001 も参照。

＊7　"The Faces of Victorian Fiction" in *The Iconic Page*, ed. George Bornstein and Theresa Tinkle (Ann Arbor: University of Michigan Press, 1998), pp.141-56.

＊8　The Victorian Web, www.victorianweb.org（二〇〇四年一二月三日にアクセス）。

第7章

＊1　本章の元になったエッセイは、*Problems of Editing*, ed. Christa Jansohn, Special issue, edition (Tübingen: Niemeyer, 1999), pp.1-8. で発表したものである。

＊2　私の記憶が正しければ、パーカーは一九八五年四月のＳＴＳかどこかで襟のボタンを見せびらかしたのである。ヒルの、Dave Oliphant と Robin Bradford の著書 *New Directions in Textual Studies* (1990) についての書評は *TEXT* 6 (1994), 370-81 に掲載されている。ライマンについては、*The Study of Modern Manuscripts: Public, Confidential, and Private* (Baltimore: John Hopkins University Press, 1993) を参照。ライマンの論文の方は、一九九七年一〇月にワシントン大学で行われた「声、テキスト、ハイパーテキスト」についての会議で発表されたものである。

＊3　A. E. Housman, "The Application of Thought to Textual Criticism," *Proceedings of the Classical Association* 18(1922), 67-84; rpt. In *Selected Prose*, ed. John Carter(Cambridge: Cambridge University Press, 1961), pp.131-50. R. B. McKerrow, "The Treatment of Shakespeare's Text by His Earlier Editors, 1709-1768," *Proceedings of the British Academy* 19(1933), 89-122. W. W. Greg, "The Rationale of Copy-Text," *Studies in Bibliography* 3(1950-1), 19-36. Fredson Bowers, "textual preface"(Vol.1) and "Textual Introduction" (Vols. Ⅰand Ⅱ) for *The Centenary Works of Nathaniel Hawthorne* (Columbus: Ohio State University Press, Vol.Ⅰ1962; Vol. Ⅱ 1964). Hershel Parker, *Flawed Texts and Verbal Icons: Literary Authority in American Fiction*(Evanston: Northwestern University Press, 1984). And Jerome McGann, *A Critique of Modern Textual Criticism*(Chicago: University of Chicago Press, 1983).

＊4　Robert E. Lougy, "The Structure of Vanity Fair," *PMLA* 90(1975), 256-69.

＊5　私が原稿段階で目にしたこの論文は、私が知るかぎり、出版されることはなかった。

第8章

＊1　この章の別ヴァージョンは、*Voice, Text and Hypertext*, ed. Raimonda Modiano, Leroy Searle, and Peter Shillingsburg(Seattle: University of Washington Press, 2003), pp.412-23 に収録されている。

＊2　私の編集したサッカレーの版に関するより詳しい説明は、拙論 "Editing Thackeray: A History," *Studies in the Novel* 27(1995), 363-74 を参照。

＊3　Hans Walter Gabler, George Bornstein, and Gillian Borland Pierce, eds., *Contemporary German Editorial Theory* (Ann Arbor: University of Michigan Press, 1995).

＊4　"Structure and Genesis in Editing: On German and Anglo-American Textual Criticism," in *Contemporary German Editorial Theory*, ed. Hans Walter Gabler, George Bornstein, and Gillian Borland Pierce(Ann Arbor: University of Michigan Press, 1995), pp.95-123.

＊5　私がこの非難を表明したのは、"A Resistance to Contemporary German Editorial Theory," *editio* 12 (1998), 138-50 においてである。この論文は、ツェラーの議論をよりよいものに見せようという反応を引き起こした。Bodo Plachta, "In Between the 'Royal Way' of Philology and 'Occult Science': Some Remarks About German Discussion on Text Constitution in the Last Ten Years," *TEXT* 12 (1999), 31-47. この問題については、次章で詳しく述べる。

第9章

＊1　一九九八年から二〇〇三年にかけて、私は六つの学会会議に出席した。いずれもテーマはオランダとドイツにおける編集文献学と編集方針・実践だった。これらの大会で重要な役割を果たしたドイツとオランダの学者たちが、ニューヨークで開催された文献学会の二年に一度の大会にて、ペーパーを読んだ。これらの大会で継続的に議論されたテーマは、史的批判版と、英米の理論と実践のさまざまな形との間の相違であった。これらの大会の結果としての論文は、次註のとおり。

＊2　この議論をめぐる中心的な記録は、*Contemporary German Editorial Theory*, essays translated into English and edited by Hans Walter Gabler, George Bornstein, and Gillian Borland Pierce (University of Michigan Press, 1995)。これらのドキュメントに対する反応を私が最初に発表したのはハーグにおいてであり、"A Resistance to German Editorial Theory," *editio* 12 (1998), 138-50 として出版された。Bodo Plachta の反応は、ニューヨークにて文献学会で発表され、"In Between the 'Royal Way' of Philology and 'Occult Science': Some Remarks About German Discussion on Text Constitution in the Last Ten Years," *TEXT* 12 (1999), 31-47 として

刊行されている。それに対する反応として私が出した“Orientations to Texts,” in *editio* (2001) は、リンゲンで開催されたドイツの文献学会（二〇〇〇年）で発表したものだ。加えて私が *Text und Edition: Positionen und Perspektiven* (Berlin: Erich Schmidt, 2000), edited by Nutt-Kofoth, Plachta, van Vliet, and Zwerchina に寄稿した論文は、“Anglo-amerikanische Editionswissenschaft: Ein knapper Überblick” における意見の交換に関係している。他の重要な寄稿論文として、ともに *Problems of Editing* beihefte zu *editio,* ed. Christa Jansohn (1999) 所収の、Dieter Mehl, “Editorial Theory and Practice in English Studies in Germany,” ; Bodo Plachta, “Teaching Editing – Learning Editing”。より長期的に見ると、この大西洋を挟んだ意見交換は Hans Zeller の “A New Approach to the Critical Constitution of Literary Texts” in *Studies in Bibliography* (1975) に端を発しているということができ、ジェイムズ・ジョイス『ユリシーズ』の Hans Walter Gabler 版（1987）をめぐる重要な議論がそれに続いた。

＊3　Gunter Martens, “(De)Constructing the Text by Editing: Reflections on the Receptional Significance of Textual Apparatuses,” in *Contemporary German Editorial Theory,* ed. Hans Walter Gabler, George Bornstein, and Gillian Borland Pierce(Ann Arbor: University of Michigan Press, 1995), pp.125-52.

＊4　私はこのアイディアをH・T・M・ヴァン・ヴリエとの会話で思い出した。

＊5　Hans Zeller, “Structure and Genesis in Editing: On German and Anglo-American Textual Criticism,” in *Contemporary German Editorial Theory,* ed. Hans Walter Gabler, George Bornstein, and Gillian Borland Pierce(Ann Arbor: University of Michigan Press, 1995), p.116.

＊6　F. O. Matthiessen, *American Renaissance* (New York: Oxford University Press, 1941), p.392.

＊7　何らかの形で作者の目が入っている版はアメリカの初版とイギリスの初版のみである。“coiled” が “soiled” に置きかわってしまったのは、一九二二年のコンスタブル Constable 版による。マシーセンの誤りを初めに指摘したのは、John W. Nichol, “Melville, ‘“Soiled” Fish of the Sea,’” *American Literature* 21 (November 1949), 338-9. である。この致命的な誤りとその発覚については、Gordon N. Ray, “The Importance of Original Editions,” *Nineteenth Century English Books* (Urbana: University of Illinois Press, 1952) がすぐれた説明を与えてくれている。James Thorpe は、“The Aesthetics of Textual Criticism” (*PMLA* 80 1965; rptd. In

Thorpe, Principles of Textual Criticism, pp.3-49) において、この件を別の観点からふたたび問題にし、論じている。

＊8　ヨーロッパ大陸の印刷会社の場合も同じような警告や状況が存在するかどうか、ざっと調べてみたが、今のところ何も出てきていない。その理由は、北ヨーロッパの印刷会社はイギリスの場合よりも管理が徹底していることにあるといえるかもしれない。ドイツの規律正しさというステロタイプは、作家と植字工双方に、ある条件づけられた、それによって一つのドキュメントのなかに複数の権威が混じりあうのが稀になる振る舞いが存在したことを示すのかもしれない。その結果、ドイツの編集プロジェクトでは、折衷的編集を行うメリットがほとんど残されていない。

＊9　こうした例や、さらに数多くの例は、"The Treatment of Accidentals" in James Thorpe, *Principles of Textual Criticism* (San Marino: Huntington Library, 1972), pp.141-51. に挙がっている。

＊10　以下の例は、James B. Meriwether と彼の学生たちが一九六八年に作成した、この短編のタイプ原稿と、書物のためのタイプ原稿と、モダンライブラリー版（一九四二年）の三者を比較し、特別にマークアップした原稿から採ったものである。

＊11　この点から、議論は二つの方向に展開しうる。私が選んだ議論の方法は、素材としてのテキストを調べる際、どのテキストにも、容認できない深刻な理由があるということを、その活字の組み方や物体としての存在のなかに探ろうとするものだ。別のアプローチとして、「権威を付与するためのルール」の発達を支えてきた根拠を再検討するというものがあろう。

＊12　もしも検出と記録のプロセスの速度を上げてくれるコンピュータ照合プログラムＣＡＳＥがなかったならば、私は一万八〇〇〇のヴァリアントのすべてを記録するなどという根気の要る仕事はできなかっただろう。

＊13　手稿は、ケンブリッジ（イギリス）のトリニティ・カレッジ図書館にある。照合は、一万八〇〇〇のヴァリアントすべてを記録したＣＡＳＥ（コンピュータによる照合のプログラム）を用いて行われた。Edgar Haden 編集の学術版は、ガーランド・パブリッシャーズより、ニューヨークで、一九八九年に出版された。

＊14　私自身の試みとしては、"Authority and Authorization in American Editing," *Autor – Autorisation – Authentizität*, ed. Thomas Bein, Rüdiger Nutt-Kofoth, and Bodo Plachta. Special issue of *editio* (Tübingen: Max Niemeyer Verlag, 2004), 73-81.

＊15　W. W. Greg, "Rationale of Copy-Text," *Studies in Bibliography* 3(1950-1), 19-36.

＊16　英米系の編集者の間では、この区別を適用する方法に関して論争が続いている。グレッグは重要なヴァリアントと重要ではないヴァリアントを区別してはいなかった。彼が区別していたのは、テキストのなかの、植字工が尊重して大部分変更を加えないままにしておいた部分（本質的な部分）と、植字工が通常の手続きに従って処理し、自分たちの理解に合うように変更していた部分（付随的な部分）であった。

＊17　Jerome McGann, "Literary Pragmatics and the Editorial Horizon," in *Devils and Angels: Textual Editing and Literary Theory*, ed. Phillip Cohen(Charlottesville: University Press of Virginia, 1991), pp.1-21. McGann also has a programmatic explanation, developed first in *A Critique of Modern Textual Criticism* (Chicago: University of Chicago Press, 1983), in which the "shared authority" of author and production processes unseats the notion of a unitary, authorial authority.

＊18　Jerome McGann, "Rossetti's" *Iconic Page*," in The Iconic Page, ed. George Bornstein and Theresa Tinkle(Ann Arbor: University of Michigan Press, 1998), pp.123-40; and "The Rossetti Hypermedia Archive: An Introduction," *Journal of Pre-Raphaelite Studies* 8(Spring 1997), 5-21.

＊19　*The Principles of Textual Criticism*(San Marino: Huntington Library, 1972).

＊20　James Thorpe, "The Aesthetics of Textual Criticism," *PMLA* 80(1965), reprinted Thorpe, in *Principles of Textual Criticism*, pp.3-49.

＊21　Thorpe, "The Treatment of Accidentals," in Thorpe, *Princiapals of Textual Criticism*, pp.141-51, passim.

＊22　C. H. Timperley, *The Printers' Mannual* (London: H. Johnson, 1838), p.4.

＊1　二〇〇二年一一月のポール・エガートからのEメール。彼は本書の執筆を、さまざまな形でサポートしてくれた。

＊2　Samuel Johnson, "On the Character and Duty of an Academic," first published in "J. D. Fleeman: A Memoir" by David Fairer, *Studies in Bibliography* 48(1995), 1-24.

＊3　エーコはE. J. Dijksterhuis, *Mechanization of the World Picture* (Oxford: Clarendon, 1961) を引用している。

＊4　Umberto Eco, *Serendipities: Language and Lunacy* (New York: Harcourt Brace, 1998), p.7.

＊5　出典は明示されていないが、ダニエル・ブーアスティンの言葉として、Wisdom Quotes（http://www.wisdomquotes.com/001426.html）に見られる。また、次のような形で、やはり出典は明示されていないが、Brainy Quotes に見られる。「地球や大陸や大洋の形状を発見する際に、最大の障害となったのは、無知ではなく、『知っている』という幻想だった」(http://www.brainyquote.com/quotes/authors/d/daniel_j_boorstin.html)。

編集文献学の不可能性――訳者解説に代えて

本書では、編集文献学という、多くの方々にとって未知の聞き慣れない言葉が繰り返し登場している。編集文献学とは何か。訳者がまず最初に果たさなければならないことは、この新しい言葉で示す学問分野がいったい何か、それについての解説だろう。しかし、私はどうやっても、その説明を客観的に語ることはできない。

なぜか。なぜなら、私は、この編集文献学という学問分野に、非常に複雑な感情を抱いているからである。本来であれば、その分野を日本に初めて本格的に紹介する人間として、その重要性を説き、日本における普及と発展を願わなければならないところだろう。しかし、正直にいって、とてもそのような明るい鼓舞する文章は書けない。

編集文献学について考えれば考えるほど、私の心は暗く重苦しくなっていく。にもかかわらず、この本を訳し、それをめぐる議論を喚起しようとしている。私のこの矛盾した気持ちはいったい何なのか。

おそらく、この矛盾した気持ち、複雑な心を素直に伝えることが、編集文献学という困難な学問の本質を一番わかってもらえることになるのだと思う。

以下、訳者としての任をなんとか果たすべく、解説に代えて、本書を翻訳するにいたった経緯、そしてそれをめぐる私の心の問題を、主観的に綴っていくことをお許しいただきたい。

*

私は、英文学者でもなく、出版関係者でもなく、情報システムの専門家でもない。日本の学術領域の区分けでいえば、所属はドイツ文学であり、そしてそこでの専門は、いわゆるカフカ研究である。

本書を読んで（めくって）くださった方ならびっくりなさるぐらい、表面的にははるか遠いところを本来の専門としている人間である。そんな人間がなぜ——。自分でもこう書きながら、不思議な巡り合わせにため息が出てしまうのだが、ともかく、ごく簡単にいえば、私のカフカ研究の方法が、「編集」の問題と直結しているからである。

私が編集文献学という言葉に初めて出会ったのは、一〇年以上前、一九九〇年代半ばにドイツのミュンヘン大学に留学したときのことである。当時そこでは、著名なカフカ学者で、八二年から刊行中の「批判版カフカ全集」の編集委員の一人であるゲルハルト・ノイマン教授が教鞭を執っていた。ノイマン教授の元を訪れた私は、自分の研究課題を次のように語った。新しい批判版の全集は、たしかに従来のブロート編集のものに比べて、カフカの遺稿の情報をはるかに多く伝えてくれている。が、その編集方針には問題点も多いようにも思う。この全集の編集に関して、その意義と限界を確認しながら、そこから逆にカフカの遺稿の本質をあぶりだして、カフカの「書くこと《エクリチュール》」について考察していきたい——。

今から思えば、当の編集担当者を前に、その編集方針の批判をします、といったわけで、相当の冷や汗ものなのだが、寛容にもノイマン教授はこうアドバイスしてくださった。「とてもいい研究です。ぜひ思ったとおり進めなさい。ただ、それを学術的にしっかりしたものにするには、編集理論を学ぶことが必要です。Editionsphilologie の勉強をすぐ始めなさい」。

Editionsphilologie——すなわち、これがそれである。Edition は編集、Philologie は文献学、編集文献学である。

先生の言葉に励まされた私は、すぐに勇み立って、図書館でその名前がついている本を探した。二冊あった。一冊はそのもの“Editionsphilologie”、もう一冊は、日本語に訳すと『ドイツ近代文学のための編集文献学入門』というタイトルのものだった。

さっそく借りてそれらの本をめくって、正直少しがっかりしたのを覚えている。そこで扱われている内容は、Textkritik＝テキスト批判という、日本にいたときでも何度も耳にしたことがある古めかしいものだったからである。テキスト批判がいまになってどうして？　二冊の本は、どちらも（当時から見て）最近、前者は一九九〇年、後者は九一年に刊行されたばかりだった。

いぶかりながらも、それらを手がかりに探り始めてみて、そして驚いた。どうもここ二〇年ぐらいでテキスト批判をめぐる議論は急速な盛り上がりを見せているようなのである。Editionswissenschaft あるいは Textologie と、分野としての名前に揺れはあるものの、この Edition というテーマのまわりには、明らかに新しい学術コミュニティが形成されようとしていた。実際、専門の学術誌 *editio* も、一九八七年には刊行が始まっていた。

本来ならここで、この七〇年代以降の隆盛をめぐる要因について、説明していくべきところだろう。それはたしかにこの分野の理解にとても重要な部分であるのだが、重要であるがゆえに、きちんと説明しようとすると、どうしても長くならざるをえない。ここでは、残念ながら紙数の都合上割愛させていただくしかない。実はこのあたりすでに七年前に出した拙著でふれていることでもあり、ご興味のある方はそちらを参照していただきたい。

初学者として幸運だったのは、九〇年代のミュンヘン大学は、その古くて新しい学問のドイツでも数少ない拠点のひとつだったことである。『ユリシーズ』の批判版の編集で名を馳せたハンス・ヴァルター・ガーブラー教授が指導する Graduiertenkolleg（教授および博士号取得資格者で構成される、ドイツ学術振興会認定の共同研究プログラム）が開催されていたのを始め、Edition と名のついた授業がいくつも開講されていた。

思い切ってそれらに片っ端から参加してみて、また驚いた、というよりショックを受けた。どの授業でも、コンピュータが話題の中心だったのである。シラーの編集の授業では、（当時まだ珍しかった）スキャナーを使って画像データを作り、それをOCRにかけてテキストデータ化して、といった作業が進められたし、ゲーテの時間では、（本書でも何度も言及される）TEIによってテキストをいかに構造化するかといったことが議論されていた。また別の授業では、マルチメディアやインターネットなどといった当時最先端の言葉が飛び交い、ガーブラー教授にしても、自身の批判版『ユリシーズ』テキストのデジタル化の問題に、熱心に取り組んでいたのである。

ショックといった理由は、自分が、自他共に認める大の機械オンチ、技術オンチだからである。おまけに私は、現在にいたっても、自分の文章のプリントアウトは必ず縦書きという典型的アナクロ〈文系〉人間なのである。編集文献学を学ぼうとするかぎり、コンピュータと仲良くしなければならないと知って、本当に閉口したし、いまも閉口している。

ただ、幸か不幸か、そのころ同時に並行して行っていたカフカ研究は、明らかに、もっとコンピュータとの深い付き合いを要求していた。調べれば調べるほど、カフカの遺稿からは、活字テキストとしての再現はとうてい不可能な、途方もない〈自由〉が読み取れた。つまり、彼の生前未発表で未完結の草稿の様相は、紙の書籍の直線性と定着性への抵抗の表れ、別の言葉でいえば、既存の制度の枠内に収まろうとしない革新的な芸術表現として理解できてきたのである。とすれば、紙の批判版全集では追求しきれなかった編集の理想は、あの流動的で非線的な新しいメディアであれば実現可能なのではないか。とくに、その頃急に人口に膾炙しだしたハイパーテキストという言葉は、夢を叶える魔法の呪文のように思えた。いまから思えば、相当に浅はかな期待から、デジタル関連の勉強にも少しずつ手を染め始めたのである。

編集文献学については、その他にも非常に驚かされた点がある。概して議論がとても〈国際的〉である点である。先にふれた専門誌 *editio* は、英独仏の三カ国語で投稿可能で、ドイツの研究者のみならず、英米やフランス、またその他の国々の研究者が多く参加していた。本書の著者であるピーター・シリングスバーグや、本文中で繰り返しふれられるオーストラリアの学者ポール・エガートらの論文も、何度もそこで目にした（ちなみに、第9章でシリングスバーグと〈対決〉したことが伝えられるボード・プラハタは、一九九八年からこの機関誌の編集主幹である）。

端で見ているかぎり、国境を自在にまたいだその汎ヨーロッパ的状況は、長年ドイツ文学、フランス文学といった枠組みに慣れ切っていた目にはとても新鮮でおもしろく映った。が、問題は自分がいざこのコミュニティと関わり始めたときである。彼らと直接会うようになって困惑したのは、彼らの目から見れば、私はあくまで日本の代表だということだった。いくら、専門はカフカです、といっても、誰も私から新しいカフカ・テキストの提示法について話を聞きたいと思ってはくれなかった。日本ではどうなっている？　日本の編集に関する議論はどうなのか？　――同じ質問を当然のように何度も繰り返された。

こうした経験が重なるうち、日本にいたときには思いもよらなかったジレンマに悩み始めた。私のカフカ研究とはいったい何なのか。何のために学んでいるのか、どこに向けて何を書けばいいのか――こう書くと、いかにも〈青臭い〉悩みのように聞こえるかもしれないが、しかし本当に、一種のアイデンティティ・クライシスに陥っていったのである。

ドイツの生活も三年めを迎えた頃、ついに意を決してノイマン教授にこう打ち明けた。「最近、自分の研究の意義というか、メッセージとしての意味がまったくわからなくなりました。まず日本に帰って、日本語で書きながら、自分のテーマを、自分の文化のなかで考え直します」。先生の答えは、またもやありがたくも適切で、ふたたび私に転機をもたらした。「大変大事な決断です。あなたは、あなたの研究で、あなたの生きていく文化のために貢献しなさい（beitragen）」。

もう一〇年以上も前のことだから、本当に先生がその通りに仰ったかどうかは記憶が定かでない。だが、ひとつはっきり覚えているのは、会話のなかで beitragen（貢献する）という言葉が繰り返されたことだ。また、「論文」という意味で Beitrag という言葉も何度も使われた。そう、ドイツ語では、Beitrag が「貢献」であり、同時に「論文」（ただし、正確には寄稿論文だが）を意味する。なるほど、そういうことだったのか――大げさかもしれないが、たしかにそのときひとつの啓示を得たのである。

そして、帰国し、数年後にカフカの遺稿編集に関する本を書き終えたあと、もうひとつドイツから持ち帰った大きな〈宿題〉に取りかかったというわけである。

＊

本書の翻訳は、その〈宿題〉の一環としてご理解いただければ、と思う。といっても、私が〈貢献〉を目指して、編集文献学の伝道師となるべしという啓示を受けたと誤解されては困るので、以下もう少し説明を続ける。

顰蹙を買うのを覚悟のうえでいえば、私は編集文献学の勉強を、心底おもしろいと思ったことは一度もない（その理由にはあとでふれる）。そもそもこの分野に入ったのは、カフカの遺稿という存在について、よりよく理解したかっただけであるし、なろうことなら、どこかで編集とは切り離して、正面から彼のテキストと向き合いたい、とも本の執筆中何度も思った。ただ、編集を入り口にすれば、自分の研究との関わりのなかで、私なりに、日本の文化というものについての思考を展開していけるかも、という感触はあった。少なくとも「日本はどうなっている?」という質問には、明快に答えられるようになってみたかった。そこを起点に歩き始めてみよう、最初はそんな気持ちだったのである。

そして、すぐにわかったのは、日本ではどうも編集に関してはまったく表立っては議論されていないという点だった。とくにそう感じたのは、この分野に関する翻訳の状況を調べたときである。巻末に添えている「参考文献」をごらんいただきたい。そこの英語文献のうち、邦訳があるのは文学作品がほとんどであって、その他はほぼゼロなのが見て取れるだろう。すなわち、編集理論に関する英語文献は、まだ全然といっていいほど訳されていないのである。

では、日本では、これまでまったく別の理論、別の論拠でもって、文学テキストの編集が行われてきたのか。ところが、調べてみると、どうもそうではないようだった。一昔前の文献をめくると、ドイツ文献学やテクストクリティークあるいは本文批判といった言葉は頻繁に登場していた。とすると、ドイツ語の文献であれば? ところが、そちらも訳されている気配はない。断片的には紹介されているものの、書籍あるいは論文を丸ごと日本語に、といった形のものはどうもないようだった(補足しておけば、ヨーロッパでの議論の大きな盛り上がりは、前述のように最近ではあるものの、議論そのものは、二〇世紀前半から繰り返されていた。したがって、ドイツ語なり英語なりの編集理論の文献は、その頃のものからすでにかなりある)。

いったい、なぜだろう。そう考えたとき、答えはさほど無理なく、自分のあのジレンマから類推できた。まず、こうした外国語の学術書の翻訳を行うのは、一般的に「日本文学研究者」ではなく、「外国文学研究者」である。だから、「外国文学研究者」が、訳したいと思わなければ、ことは始まらない。ところが、これまた一般的に、「外国文学研究者」は、文学作品を理解することが主目的であって、その理解の土台となるテキスト、すなわち学術版の編集の部分には関心がない。関心がない理由のひとつは、そこに関与できないからで、なぜなら、学術版編集という行為は、第8章でも論じられているとおり、「文化のエンジニアリング」に関わるものだからである。

文化のエンジニアリング——第8章に出てくる別の言葉でいえば、モニュメントの構築、もっと直裁ないい方をすれば、文化の正典形成。このあたり非常に難しい問題を孕んでいて、かように短絡的に語りたくはないのだが（そもそも「外国文学研究者」、「日本文学研究者」という区分け自体危ういと思っているが）、しかし、論旨を明確にするために、思いきって荒っぽく次の点までは踏み込んでおく。つまり、「外国文学研究者」は、自らにとって「外国」でしかない場所で、基本的に学術版編集の主体を担うことはない。編集プロジェクトに加われることはあっても、まずめったに、それのリーダー＝意志決定者に選ばれることはない。

では、「日本文学研究者」だとどうか。「日本文学研究者」が、自らの文化のエンジニアリングにあたろうとして、海外の編集理論に関心をもったとしよう。その際、はたして彼は自分で何らかの理論書を訳そうと思い立つだろうか。いや、万一そう意を決したとしよう。だが、彼が立ち向かう先には、非常に高い二重の壁が立ちはだかっているにちがいない。ひとつは、むろん語学力という壁であり、もうひとつは、それが理論書だという壁である。なぜ、理論書であることが壁になるのか。なぜなら、ジョナサン・カラーも『文学理論』で指摘しているように、理論とは本質的に「常識を、自然だと考えられている諸々の概念を、批判する」ものだからである。逆にいえば、理論を深く理解するには、それを取り巻く環境の「常識」や「自然だと考えられている諸々の概念」に精通していなければならない。であるなら、欧米の理論書の翻訳には、欧米文化に知悉していることが条件となるのだが、これは彼にとって、かなり酷な条件のはずである（なお、ここでは日本語への翻訳を前提としているので、この〈彼〉とはあくまで日本語を母語とする者を前提としている）。

つまり、構造的な問題だということである。構造的に、日本における欧米の編集文献学をとりまく言説は空洞化せざるをえない。これに気づいたとき、私は、ぼんやりと、この空洞こそが、自分の〈宿題〉のテーマとなるだろうと予感した。誤解を避けるためにふたたび言葉を足せば、それは、その空洞を自分で埋めようと思いついたことを意味しているわけではない。むしろ、それが空洞でしかありえないこと、いわば編集文献学の不可能性がテーマとなるだろうと考えたのである。

もう少し説明しよう。この〈不可能〉という言葉は、前にちらりとふれた私の気持ちとつながっている。顰蹙を買うのを恐れながらも言葉にしたように、私は編集理論の勉強を心底おもしろいと思ったことがない。実はこの分野に関わり始めたときから、自分のその気持ち自体が謎だった。なぜだめなのか。けっしてこの学問をやる価値がないと思ったわけではない。むしろ、逆である。知れば知るほど、この学問が、文化の根幹を支えるインフラ（この言葉は本書でも使われている）に関わっていると理解でき、その重要性は日増しに認識できた。ところが、どうやっても気持ちが乗らないのである。いや、はっきりいって苦痛に近い。そのうち、直感的にではあるが、これは自分だけに限らないだろうと思えてきた。きっと誰もこの分野は進んでやりたがらないだろう。

あるとき、なぜこんなに苦しいのか、自分の心に、どうしても答えが出したくて、徹底した思考実験を行うことを思いついた。もし万一、自分がカフカの学術版編集を主導することになったら、と仮定して、自分の任務を細かく順を追って確認してみたのである（実際には、思考だけでなく、手を動かすことまで試みたのだが、それについてはまたあとでふれる）。抽象的にではなく、具体的に考えて痛感したのは、私は「構築」にはまったく向いてないという点であった。

この構築は、前にふれた「モニュメントの構築」としての「構築」である。が、それと同時に、非常に実際的な構築そのものも指している。どういうことかといえば、学術版編集とは、紙メディア上だろうが、デジタルメディア上だろうが、いうなればデータベースの構築とほぼ同義である。すなわち、そこで行うことは、文学作品を、一定の規則に従って、多くの人々が共有できて活用できる形にまとめて並べて整理していくことである。そしてその種の作業を行ったことがある方ならお察しのとおり、その作業の実態は、ものを作り上げていくための、たくさんのルール決め、たくさんの妥協、たくさんの決断の連続である。つまり、編集文献学とは、いわば、構築のための規則の言語化、明示化をめぐる学問なのである。いいかえれば、曖昧性を回避し、決定していく学問ともいえる。

ここまで理解して、ようやく私は、自分の心に説明がついた、と同時に確信した。これは自分には無理だ。そして、文学好きな人間たちなら、誰もが敬遠する。

なぜか。なぜなら、私が、私たちが愛でてやまない文学とは、決定より曖昧を志向するものだからである。独断と偏見をおそれずもっといえば、文学とは本質的に、規範より自由、停滞より流動、組織より個人、構築よりも解体というダイナミズムをもつものである。

編集文献学は、明らかにそれとは逆のダイナミズムのなかにある。よって、編集文献学は非常に重要な学問ではあるが、けっして文学研究の主流とはなりえない。それは、ある意味〈必要悪〉のようなものである。その場所は、あくまで文学研究者の副業の場所、もっといえばシニアな文学研究者が社会的責任感から自らの性向を押さえ、自分の文化のエンジニアリングを考え担う場所である。

*

編集文献学は、不可能である。いや、不可能という強い言葉は多分に私の個人的感情の表れであって、もう少しマイルドに困難というべきだろう。それは、本質的な構造として困難であり、日本では、先に指摘したヨーロッパの「外」であることからくる構造によって、さらに困難である。だから、ここでいままで学術版編集をめぐる議論が活発化してこなかったのは納得できるし、また活発化していないのも納得できる。

しかし、それは、これまで編集なしですまされてきたことを意味するわけではないだろう。「文学研究」があるかぎり、その研究の基盤となるテキストは、なくてはならないもののはずだからである。では、誰がそれを担っていたのか。

こう疑問に思って調べてみると、日本でもヨーロッパ同様、文学全集に関しては、主に研究者によって「編集委員」なり「編者」なりといった役割が務められていたことがわかった。そして、ヨーロッパ同様、それらの研究者とは、おおむね対象となる作家の研究においてすでに顕著な業績を挙げている者たちである（なお、話の混乱を避けるために、ここでの「文学研究」とは、あくまで日本で「近代文学研究」として了解されているものの枠内にとどめたい）。

ところが、あるとき、次の事実を発見してびっくりした。九〇年代に刊行された新しい「漱石全集」の「編者」が無名となっていたのである。実際の編集担当は、「岩波書店編集部」だったようなのだが、しかし、日本近代文学の代名詞といっていい夏目漱石の全集が、なぜ実名を立てて仕事をする研究者によって編集されていないのか。

少し探っていくうち、その背景を明らかにする記述に出会った。次に引くのは、当時の「編集部」の一員であった秋山豊が、岩波書店退職後の二〇〇六年に出版した著書『漱石という生き方』の「あとがき」の一節である。「〔集英社の漱石文学全集を編集した〕荒さんにしても、岩波書店の漱石全集をずっと担ってきた小宮豊隆さんにしても、漱石の自筆の原稿を見たとはいっているけれども、その「見た」は「眺めた」であって、実地に原稿をつぶさに検討したわけではなかった、らしい。（……）実際の作業者は、私のような出版社の編集部員であったり、校正の担当者であったりしたにちがいない」。そして、推測の理由が述べられたあと、こう続いているのである。「ここにおいて、私は、実務の伴わない著名な作家や学者・評論家を名目だけの全集編集者として奉るのはやめたいと思った」。

これは〈反乱〉といっていいだろう。ここで主張されていることというのは、かみ砕いていえば、お偉い先生方は、編者として名前は出すけれども、実際の作業は行っておらず、全集編集の実務はすべて出版社の編集者や校正者が行ってきたのだ、ということである。

なるほど、それはそうかもしれない。私は、この「王様は裸だ」と暴露するかのような文章を初めて目にしたとき、発言の勇敢さに感心するとともに、さまざまな謎が一気に解けた気がした。むろん、安直な一般化は避けて、先の引用はあくまで「漱石全集」のケースを語っているのだと捉えるべきかもしれない。とくに、著名な学者や評論家であっても、名目だけでなく、実直に実務もこなした事例は、実際にはあるように思われる。

だが、その批判部分はともかくとして、そこで示唆されている編集者や校正者の勤勉ぶりは一般化していいだろう。少なくとも、私のこれまでの本作りの経験からも十分に同意できることである。おそらく一般に日本の編集者・校正者たちは、とても高い職業倫理、高い使命感でもって、非常に優れた実務を行っている。

そして、研究者たちもそれを十分に知っているのである。だから、実務者たちの仕事に厚い信頼を寄せることができる。たぶん、これがもう一つの、そして日本特有のあの空洞化の要因である。つまり、研究者たちが集って理論を議論して、自ら指針を示して現場の陣頭指揮をとらなくても、これまではずっと、研究が基づくことのできる〈正確〉な、緻密に編集された〈信頼のおける〉テキストが供給され続けてきたのである。

この日本の状況の特異さは、以下の点に気づけば、もっとよく理解できる。いままで当然のように、文学全集イコール学術版であるかのように語ってきたが――また読者の方々もそれに違和感を抱かなかったと思うが――しかし日本の全集は、欧米の学術版と最も重要な点で大きく異なっている。それは、欧米の学術版は最初から学術利用という目的で、利用者をあくまで研究者と想定して、種々の助成等を受けながら、（建前上は）採算度外視で作られているのに対し、日本の全集は、市販用に、基本的には一般読者に向けて、出版社という私企業のビジネスのなかで〈商品〉として作られているものだということである。にもかかわらず、これまでその〈商品〉に基づいて、学術研究がなされてきても何の問題も生じてこなかった――。

むろん、（卵が先か鶏が先かの問題かもしれないが）制度の違いが先にあったと見ることもできるだろう。欧米の文学研究の制度が要求しているテキストと、日本の制度が要求しているテキストとがそもそも異なっていると考えることもできる。たしかに、いまいった点だけでなく、欧米の学術版と日本の全集では、少なくとも形式面でかなり大きな違いがある。詳細は本書で読み取っていただくとして、いずれにせよ、どんな形式、どんな質のテキストを基盤に、文学研究を行うのかという問題は、何を、どんな行為を文学研究と見なすか、という制度の問題に直結する。

念のためにいっておくが、文学研究とは制度である。これはあまりにも、いまさらな指摘かもしれない。なぜなら、そういってしまったとたん、文学研究者もまた、つまるところ、編集文献学者と同じ穴のむじなであることをあらわにしてしまうからである。いくら文学好きであるとはいえ、文学研究者も、「研究者」であるかぎり、本来文学とは相容れないダイナミズムのなかで、社会的な職業を営んでいる。前に編集文献学の構築的な要素を苦痛の根源のように言い立てたが、しかし多かれ少なかれ、学問とはすべからくその要素をもっている。すなわち、学術研究とは、本質的に目的志向であり構築的なものである。脱構築がけっして破壊とはなりえないように、文学研究者は、研究を職業としているかぎり、既存の制度の保守と運営の一翼を担っているといえるのである。

だから、苦しい。少なくとも私にとって、編集文献学が苦しいのは、目を逸らしたいその事実、自分の最も矛盾した欺瞞的な部分に、どうやっても直面させられてしまうからである。編集文献学者は、いわば最前線で建前をかなぐりすてて、制度の保守管理にあたっているソルジャーである。私は、なろうことなら、「文学」という甘い柔らかいシーツにくるまって、できるだけ長く後衛の位置でまどろんでいたいのである。

だが、非常に悲しいことに、平和な時間はもう長くは続かない。制度への危機がすぐそこまで迫っているからである。もし、その制度を守りたいのであれば、誰もが前線へ駆り出されてしまう悲劇的な時間が近づいている。制度のありようと直結する基盤の部分に、世界規模で、大変化が生じているからである。

すでにドイツにいたときから、コンピュータと編集の深い結びつきを見せつけられていた私は、以来デジタル化の流れを避けようがないものと覚悟していた。本書でも繰り返し強調されているように、二一世紀の文学研究用テキストは、ほぼ間違いなくデジタルのものとなる。理由は本書でふんだんに語られているが、ここでも一点だけ挙げるとすれば、学術版とは、（先にもふれたが）本質的にデータベースだからである。データベースであるとすれば、紙に比べデジタルの方がはるかに優位であることは、今さらいうまでもない。誤解してほしくないのだが、紙の本がなくなるといっているわけではない。「読書」ではなく、「研究」という制度を支える基盤は、デジタル上のものに移行すると予測しているのである。

そして、日本の文学全集もデータベースである。とすれば、現在ほどデジタルメディアが普及した状況で、これから出版社が、学術志向の高い〈売れない〉紙の全集を作り続けていくとは、ほとんど考えられない。では、出版社は、今後デジタルの全集作りに移行していくのだろうか。しかし、それはありえないと思われる。なぜなら、それこそまったくビジネスにならないからである。

であるとすれば、日本のこれからの文学研究のインフラはどこで整備されるのか。商業ベースでは無理となったら、公的機関か。また資金は公的な補助金なのか。いや、場所や金はともかく、いったい人は誰なのか。

これまでその担当は、先に示唆したように、実質的には主に出版社の編集者たちだった。しかし、出版社がもはや作らないのだとすれば、彼らもそれを作ることはできない。となれば、理屈でいえば、答えは「日本文学研究者」ということになる。

つまり、前線出動である。

だが――。

すでに私には予見されてしまうのだが、その戦いは、おそらく、悲劇を通り越して、喜劇に近いものとなってしまうだろう。それは、矛盾に充ち満ちた、苦しい、徒労感の大きなものになるはずである。

なぜなら、彼らが懸命に守ろうとする制度は、けっして日本のものとはなりえないからである。彼らが、「研究者」

としての職業意識で誠実に戦えば戦うほど、独自の制度を守っているように見えて、いつしかその独自性の消滅へと手を貸している。

先に私は、日本には西洋と異なる独自の規格があり、独自の制度があるかのように話をした。たしかに、現在においては、それらは、西洋のものとかなり違った様相を見せているかもしれない。が、その差異はあくまで本質を外れた部分のものであって、ベースのところの設計はじつは同じである。そして、その起源は、向こうにある。したがって、「日本文学研究者」が、日本の研究制度を守ろうと、独自の規格で設計を企てたとしても、その独自性とは、つまるところ、表面的なアレンジの部分でしかない。システムの根幹部分に、すでに独自性はない。

いや、だったら、ベースからすべてを変更しよう、一から制度を建て直そうと勇み立ったとしよう。しかし、もし万一それが作れたとしても、その新たな独自な制度は、もはや学術研究の制度とはみなされないだろう。学術研究とは、一点〈真実〉という目標を目指す構築的な制度である。それは、徹底した探求の営みであり、とすれば原理的にそれは、境界という境界を打ち破り、普遍を目指して進んでいく。つまり、その営みは、まったくどこにも他者との接点がない、本当の意味で独自の空間のなかでは、生き長らえることはできないのである。

逆にいえば、学術研究の原理に従い、できるかぎり多くの他者との接点を求めるとすれば、その制度は、すべからく独自のではなく、世界の標準の共通基盤の上に成り立つほかないということになる。

これは人文学の研究の大きな矛盾である。人間の営み、文化、すなわち文学、歴史、哲学、芸術、社会その他もろもろ生きている人間そのものに関わる学問のもつ大きな矛盾である。文化とは、本質的に独自のものである。ところが、その文化を学術的に追い求めようとすると、その文化の根底は、しだいに大きな普遍化へのうねりのなかに巻き込まれていく。

学術研究とは、いや文学研究、人文学の研究とは、いったい何なのか。

先走りすぎたかもしれない。現実に生きる者として、あまり自分の絶望を語らず、一歩一歩、いまなすべきことを見極め、前へ向いて歩いていくべきだろう。

話を戻そう。好むと好まざるとにかかわらず、現実的には、もはや設計のベースは、西洋型にするほかない。とするといずれ彼はあの二重の壁と格闘することになる。「日本文学研究者」の彼は、語学という壁と文化理解という壁の二つの高い壁に阻まれながら、あの「外国」の理論を懸命に学ぼうとするだろう。

しかし、それは何度も強調しているように、苦痛に満ちた闘いである。彼が文学研究者であればあるほど、困難な、いや不可能な闘いである。

*

つまり、ミイラ取りがミイラになってしまったということである。自分には不可能だという一点を追いかけて、結局、私だけでなく、誰にも不可能だ、それが身にしみてわかってしまったのである。おまけに、にもかかわらず、現実においては、誰かがそれをやらなければならないということも——。

そこにたどり着いて以来、耳の奥で、半鐘のようにあの単語が鳴り響いている。ただし、くぐもった弱々しい音色で。**Beitragen, beitragen.** この単語を「貢献する」と訳してしまうと足がすくむが、しかし、bei（そばで）いっしょに **tragen**（運ぶ）と分解したら、なんとかなるかもしれない。いっしょに運ぼう。まずは自分にできること、何か一冊訳するところから始めよう、こう考えた次第である。

本書を選んだ理由は、この分野のものにしてはめずらしく、概説的に（しかもタイトルにうかがえるように多少扇情的に）、わかりやすく書かれているからである（本書でも、難解に思われるかもしれないが、他の関連書、とくにドイツ語で書かれた理論書に比べると、著者がいうとおり、はるかに「より広い読者層向け」である。なお、誤解のないように付け加えておけば、第3章で論じられている「書記行為理論」は、この著者に独自の個性的な論であり、従来の編集文献学の専門的な理論とはかなり趣が異なっている）。

また、選択のポイントとしては、他ではお目にかかることのできないドイツ系理論と英米系理論の対立について論じられていることも大きい。編集文献学の議論の現場に行けばひしひしと感じるこの対立は、ただし、こうして表立ったところで語られることは、まれである。おそらく著者のシリングスバーグだけが、ある意味タブーをおそれず、ここに踏み込んでいるかもしれない。

これは、実は先に指摘したグローバリズムの問題につながるところである。従来、現実にはドイツ系ならドイツ系、英米系なら英米系と分かれて（建前上は前述のように〈国際的〉に）議論し実践に移されてきたことが、昨今のデジタル化、グローバル化の波のなかで、いつしか本当に同じ〈統合〉した「村」の問題になってきているのである。

しかし、実質的には、それは〈統合〉というよりも、〈吸収〉である（本書の記述からは残念ながらあまり読み取ることができないが）。むろん、あくまで普遍的な〈真実〉を目指す営みのなかでの出来事であるがゆえ、一方的な吸収とはなりえず、要所要所で、ドイツ系の理論は、英米系のそれに対して大きな揺さぶりをかけている。とはいえ、それは英米系の体系を強固にこそすれ、逆の作用を発生させるにはいたらなかった。ここで見逃してならないのは、それらエポックメーキングとなったドイツ系の論文とは、すべて英語に翻訳されたものだということである。いま私はドイツ系対英米系とまるでそれが対等な立場での対立であるかのように書いたが、ところが実際にはそれは対立にすらなっていない。英米系の研究者たちは、英語で文献を読み、英語で論じている。ドイツ系の研究者たちも、英語で文献を読み、英語で論じている。つまり、ドイツ系の研究者たちは、結局、相手の武器で勝負をしているわけである。

今回、この本を訳していて、それを痛感した。たとえば、本稿でも何度も登場させている「学術版」という言葉。これは、英語でいうscholarly editionの訳語として使っているのだが、しかしドイツ語では、その直訳的なwissenschaftliche Ausgabeという言葉はあまり一般には用いられない。ドイツ語ではむしろ、Textkritikを経た版ということで、広くkritische Ausgabeという言葉を使う。私の語感でいえば、scholarly editionとkritische Ausgabeはほぼ同義であり、学術的な検討を経た版は、すべからく「批判版」と呼びたいところなのだが（またそう呼んだ方が、私のこれまでの著作での用法と整合性がとれるのだが）、しかし、scholarly editionを「批判版」と訳すわけにはいかなかった。なぜなら、英語には、それとは別に、それこそ「批判版」としか訳すしかないcritical editionという言葉があって、それは明らかにscholarly editionとは異なる、その下位概念を指しているからである。詳しく説明すると長くなるのでやめるが、つまり、それが示唆しているのは、英語のtextual critisismとドイツ語のTextkritikは、字面上では同じに見えるが、しかしすでに意味的には同じではないということである。英語のそれは、あくまで学術的な方法論のひとつを指すが、ドイツ語のそれはむしろテキストに対する学術的な態度そのもの、理念とか姿勢に近いものを指す言葉である。ドイツ語のコンテキストのなかで、「テキスト批判」という言葉が表すことは、英語のコンテキストにおける「テキスト批判」では表しえない。この分野の文献を、初めて英語から日本語へと翻していく作業を行っていて、自分なりにこれまで培ってきたドイツ語のコンテキストでの訳語の体系が、次第に崩れ落ちていくのを感じた。

だが、これも時代の必然と諦めるしかないのだろう。今回の翻訳は、予想されたことではあったが、やはり最初から最後まで苦しかった。いまのドイツ語と英語の体系の齟齬の問題だけではない。日本語の内部の齟齬にも頭を悩ませた。

日本では、体系的な議論こそさほどなされなかったものの、一昔前の文献にドイツ文献学やテクストクリティークといった言葉が登場していたように、ドイツを中心に、イギリス、フランス、イタリアと欧米諸国からの編集理論の輸入は繰り返し行われていた。

複雑なのは、そのうえ、明らかにこの分野に関わる輸入が、まったく別経路でも行われてきたという点である。すなわち、中国からのものであり、（にわか勉強ではあるが）むしろこちらの方がはるかに体系的で本格的な輸入に見えた。日本語には、こうした複雑な起源の状況が染みついた言葉が、非常に多く存在する。たとえば、「校訂」、「校勘」であり、あるいは「編纂」や「翻刻」、あるいは「原典」、あるいは「本文」や「異文」である。

これらをどう組み込もうか、かなり苦吟したが、しかし結局のところ、すっぱり諦めた。それら〈歴史〉を背負った言葉は、それだけで意味を増殖させる力があるため、使い方を少しでも誤ると、あっという間に、全体の網の目に亀裂を生じさせてしまう。試行錯誤を繰り返した末、最後は、なるべくプレーンな、中立的な言葉（「編集」「転写」「テキスト」等）だけで構成していこうと決心した。

今回の翻訳では、おまけに、ねじれた次元の横断による新手の齟齬にも遭遇した。技術の言葉と文学の言葉のコンフリクトである。一例だけあげれば、text は、文学の言葉としては、明らかにテクストなのだが、技術の言葉としてはテキストでしかありえなかった。そして、文学用語のテクストは、テキストとしてもなんとか通じるが、text file は、テクストファイルと訳すことはできない。結局、これも訳し分けは不可能で、全部テキスト、テクノロジーのパワーに圧倒さで統一した。これはごく些細なことに見えるかもしれないが、このような事例に出会うたび、私はあらためてテクノロジーのパワーに圧倒された。

ご覧のように、全体として、訳語選択の方針は、長いものには巻かれろにならざるをえなかった。が、ひとつだけ抵抗して、独自色を出したものがある。それが「編集文献学」である。

今回の翻訳で、編集文献学という訳語をあてた英語は、基本的には scholarly editing であるが、そもそもその編集文献学という日本語を使おうと思い切るまでは、かなり長い逡巡があった。

scholarly editing は、それだけを独立させて見れば編集作業を表す言葉だが、本書においては（また他の英語文献においても）、明らかに、作業そのものと同時に、編集作業をめぐる方法論の議論全体を指す言葉として二重の意味で使われている。最初とにかく、この言葉が出てくれば「学術版編集」と訳して（そして編集文献学という語を使わないままで）乗り切ろうとしたのだが、しかし、この日本語だとどうしても、実務のイメージを喚起させてしまうため、学問的状況全体を指したいときには無理があった。そして、途中から、その場合には、その scholarly editing に「なんとか学」という訳語をあてざるをえないだろうと観念し始めた。

現在の英語の体系では、scholarly editing は textual scholarship の下位概念にあたる。textual scholarship とは、それこそ直訳すれば「テキスト学」であるが、私の個人的な語感では、それは「文献学」である。

日本語の文献学という言葉は、とても不思議な用いられ方をしている言葉であって、まさしくここでいう編集文献学と同義の、校訂や本文批判といった概念と結びつく狭い意味で使われることもあれば、起源のドイツ語である Philologie の意味に寄り添った、文学や言語学をも含み込む非常に大きな意味で使われることもある。ただし、現在では、もっぱら一般的には、前者の狭義のものとして用いられているといっていいだろう。

実は、この翻訳を始めた当初は、編集文献学などという自前の訳語ではなく、その狭義の意味での文献学という言葉に頼って訳し切ろうとも考えていた（したがって、scholarly editing には、途中から「文献学」という訳語をあて始めた）。実際、これまでの自分の著作でも、あえて新しい学問分野であることを強調する必要がない場合には、編集を外して文献学だけで、その分野を指すことも行っていた。率直な気持ちをいえば、「なんとか学」という言葉の安易な氾濫を避けるためにも、自分としてはことさらに新しい言葉を持ち込みたくはなかった（またもっと本音をいえば、それをすることで無用の責任が生じることが怖かった）。

しかし、そうやって、文献学という言葉を狭義の意味に押し込んで使っているうち、逆に強い罪悪感にさいなまれ始めた。せっかく、その文献学という語は、狭義の意味だけでなく、大きな意味をもつものとしても通用しているのに、そっちを切り捨てることに加担しているのではないか。もし、ここでずっと、文献学を狭義の意味として使い続けたら、その用法にお墨付きを与えてしまうことになりはしまいか。そうなると、ニーチェの文献学とか、アウエルバッハの文献学といった言葉が通用しなくなってしまう——。そう、頭を抱え始めたのである。

一方、textual scholarship の方には、最初あっさり「テキスト学」という言葉をあててすまそうとしていた。ところが、こちらも、訳が進むにしたがって、語感的にどうもしっくりこないものを感じていた。textual scholarship という言葉が指しているのは、端的には、モノとしてのテキストを扱うソリッドな学問なのだが、それと、一般的なテキストあるいはテクストという言葉がかもしだす、あの二〇世紀後半のフランス思想の影響の残るムードとは、あまりそぐわないように思えた。そもそも textual scholarship とは、二〇世紀末に立てられたかなり野心的な学問で、無謀ともいえる射程範囲で、scholarly editing に加え、二〇世紀半ばに隆盛した bibliography（書誌学）、さらに歴史学にも通じる paleography（古文書学）、そして文学そのものまでも次々包含しようとしている。その重戦車のような攻撃性と「テキスト学」という言葉の軽さも何か不釣り合いのように感じられた。これにふさわしい訳語は何か。そう悩んでいるうち、あの大きな包括的な意味をもちながら、かつモノへ密着した狭い意味ももち、さらに重厚感まである「文献学」という言葉こそが、これにぴったりなのでないかと思いついたのである。つまり、「文献学」という日本語自体を、新たに「文献の学」と解釈し直して、それをこの textual scholarship にあてようと考えたのである。

となると、もはや、この textual scholarship の下位概念である scholarly editing に、「文献学」という言葉は使えない。さて、どうしようと思ったとき、やはり、役に立ちそうだったのは、いつもの自前の看板だった。また、いまさらいえば、実はドイツで、Editionsphilologie あるいは Editionswissenschaft を英語に訳すとき、定訳として使われていたのは、たしかに scholarly editing であった。よし、textual scholarship を文献学、そのなかの実践的特殊領域である scholarly editing を編集文献学、こう使い分けようとついに決心したのである。

しかし、言葉とは本当に難しい。なかなかの妙案に見えたのだが、実際に、そうやって訳していくと、文献学という言葉のあの狭義の意味がじゃまをして、日本語のテキストがなんだか混乱し始めた。同じ意味のことに、文献学と編集文献学という二種類の訳語をあてているかのような錯覚を生じさせる結果になってきたのである。つまり、結局のところ、ヴィトゲンシュタインではないが、私的言語というのはないわけで、いくら私が一所懸命頭をひねった妙案でも、それはあくまで私流の使い方であって、読む人に通用するとは思えなかった。

ただ、幸運なことに（?）、シリングスバーグの使う textual scholarship という言葉が指している部分は、だいたいのところが、そのなかの scholarly editing の部分と一致しており、したがって、むしろその場合には、そちらにも編集文献学という言葉をあてても大丈夫のように思えた。というわけで、結局のところ、文献学という言葉は逆になるべく使わず、scholarly editing は編集文献学、また textual scholarship もたいていの場合は編集文献学（ただし、正式な学会名等を指している場合は文献学）といった用法に落ち着いたのである。

これがベストな解決策かどうかはわからない。しかし、現在の状況下で、悩みに悩んで最善を尽くしたということで、ご勘弁いただきたい。

*

最後に大事なことを書いておかなければならない。この文章だけを読んだら、まるで私が一人で、翻訳に悪戦苦闘していたかのような印象を与えるかもしれないが、けっしてそうではない。むしろ、私は、英語が専門ではないのをいいことに、粗雑な穴だらけの下訳をして、あとはほとんど、英文学が専門の大久保譲さん、そしてウェブ技術が専門の神崎正英さんに、おんぶにだっこだった。彼ら二人の英語の読解能力は本当に素晴らしく、原稿が戻されるたび、うなり、感動し、勉強させていただいた。訳語の選択についても、最終決断は私にまかせてもらえたが、途中何度も議論を交わし、たくさんのアイディアや適切なアドバイスを頂戴した。訳文に関しても、相互に全体を検討しあい、その意味で、どこを誰が訳したとはとてもいえない、本当の意味での共訳になったと思う。

「いっしょに運ぼう」と決心して立ち上がった私が、すぐに行ったことが、「いっしょに運んでくれる」人捜しであったことは、滑稽かもしれないが、時代の象徴だとも思っている。グローバル化、デジタル化の大波によって、私たちには、もはや一人の人間の能力で解決できる以上の探求の課題が与えられ続けている。英語を母語としない人間たちは、これからの時代、ますます協力しあって事にあたる必要が出てくるだろう。大久保さんは英文学の知識を、神崎さんはコンピュータに関する知識を、そして、私は（苦しいながら多少は積んだ）編集文献学に関する知識を提供し、三人の力を合わせて、ようやくシリングスバーグが一人で書いた一冊の本を訳し終えることができた。

第4章で彼がいうように、デジタルの時代、「村をあげての仕事」が重要になる。これはとても大事な問題を孕んでいるので、蛇足かもしれないが、この件に関し、もう少し私の気持ちを綴らせていただきたい。

非人間的なスピードで変化が繰り返される現代、たしかにこれからは、人とのつながり、コミュニティが重要になっていくと思われる。一人ではできない。だから、みんなで、というのはよくわかる。ただ、私の感覚だと、「村」ではまだ大きすぎるように感じる。

彼が希望を託す「ナリッジサイト」も、正直大きすぎるし、複雑すぎると思っている。ユートピアとしては十分な機能を果たすかもしれないが、現実のシステムとしてはどうかと考えると、相当難しい点が多いのではないか。

みんなのために、大きいものを、というのであれば、グーグルがある。むろん、グーグルの出す情報を信頼できるのか、というのが本書の主旨である。本書が出版された二〇〇六年には、すでにグーグルブックサーチは十分話題になっていたから、グーグルの世界図書館に対する不安、危機感が本書のタイトルの背景にあるものだろう。

ご承知のとおり、このグーグルブックサーチについては、ごく最近巷で非常に大きな議論の対象となっている。取りざたされている中心はもっぱら著作権の関係であり、あとはグーグルによる情報の独占管理といったあたりである。しかし、本書がテーマとするような情報の質や信頼性の問題については、まだあまり検討されていないように思われる。その点に人々の注意を喚起する意味でも、この時期の本書の出版は意義のあることかとも思っている。

ただし、質や信頼性という問題は、きわめて重要でありながら、きわめて難しい問題である。学術研究のためには、できるだけ高品質の、信頼のおける情報基盤の存在が必要であるのはいうまでもない。だが、どこまでの質や信頼性を、という線引きは、それこそ、不可能なまでの難しい価値判断である。これは明らかに編集文献学の出番であり、彼らはこれからも、ますます活発に、その線をめぐり、議論を続けていくだろう。また、同時に今後は、情報の受け手、とくに〈信頼のおける〉テキストの入手が生存に不可欠な文学研究者自らが、どんなテキストが自分たちには必要なのか、どんな質のものを使いたいのか、どんなものなら使えるのかといったことを自分たち同士で議論し、情報発信していくことも大事なように思われる。いずれにせよ、こういう微妙で難しい問題は、答えをあせらず、それを問い続けること、むしろ、答えなど必要なく、とにかくえんえんと議論し続けることに意義があるのではないだろうか（その意味で、「ナリッジサイト」という概念も、ひたすらそれをめぐって考え、試行錯誤を繰り返し、その過程自体に価値を置くコミュニティの形成につながるというのであれば、有効であるかとも思う）。

しかし、現実の落としどころというのであれば、グーグルブックサーチは、ひとつの解であるように思う（著作権等の問題は別として）。少なくとも、「みんな」と「たくさん」を重視するかぎり、それへの対抗戦略を企てるのはおそろしく難しい。

「村」と「ナリッジサイト」というのは、おそらく信頼性の担保のための、適度な規模、適度な量というものを表しているのだろう。繰り返すが、その適正の境界線をめぐる思考は不可欠であり、そこを見極めることを諦めてしまってはならないとも思う。ただ、現実に実現しようとなったとき、それはさじ加減を少し間違えば、あっという間に、「みんな」と「たくさん」の世界とそう変わらないものとなってしまうだろう。

これは私のほんの些細な個人的経験から思うことである。前に、自分で自分の気持ちを確かめようとして、カフカの学術版編集者だったら、と思考実験を行ったと書いた。そのときほのめかしたように、現実には思考だけでなく、少しだけ実践も試みた。ドイツ系の編集理論に基づいて、いわゆる「史的批判版」のカフカ全集システムのようなものを実際にデジタルメディア上で動かしてみることを企画したのである。一時期、情報学系の研究者の方々に、たくさん議論に付き合っていただき、教えを請い、またそのプログラミング等の協力もいただいた。だが、結局いろいろ試みたものの、芳しい成果は得られなかった。

失敗の一番の原因は、前にも述べたように、構築作業に向かない私の性格がある。妥協と決断ができず、形式とか仕様といったものをめぐるコミュニケーションを有効に成立させられなかった。世にいう文理の壁というのも、あったようにも思う。

だが、それ以前にともかく、自分が自分の欲しいものについてのイメージを明確化できていなかった。そして、そのイメージ化に失敗した理由は、いまならとてもよくわかるのだが、自分の欲しいものではなく、みんなの欲しいものを作ろうとしていたからだと思う。みんなのために、みんなに役立つものを、そう考えるうち、私はどんどん自分を見失い、みんなを見失っていった。

実は、みんなのためにものを作ろうとすることをやめて、しばらくたってひょっこり、思いもかけないときに、思いもかけないところで、ものを作ることができた。それは、もはや作ろうとか、ましてや研究などとも思っていなくて、たんに近所にいる昔からの本当に気のおけない友人と、久しぶりに会えて遊んでいて、ひょっこりできたものである（いや、「友人」とか「遊んで」といっては失礼なぐらい立派な年長の方で、私はその方を医者という職業から「先生」と呼んでいるのだが、しかし、心情的には「友人」であり、またお互い忙しくてなかなか本当には遊べないのだが、ぴったりくる言葉でいえば「遊び仲間」である）。あるとき、久々の楽しい会話を弾ませたその延長線上で、自分のカフカ研究の所作のようなものを話していたら、「それはいいシステムになるよ」といってもらえて、あれよあれよという間に、小さな私専用のツールを作ってくださった。たまたま「先生」の元の職業がプログラマという幸運があったのだが（もちろん、それも知っていて、そういう会話の流れになったのだが）、だが、どういえばいいのだろう、肩の力を抜いて、本当に自分がやりたいのはたったこれだけ、ということを素直に話したら、それがとてもよく相手に通じたのである。そこから先、ある程度本格的に動くプロトタイプ完成までの過程は、もの作りの苦手な私とは思えないぐらい、楽しく順調な共同作業だった。

このときの経験で強く思うのは、言語化、明示化の限界である。成功の理由は、「仲がよかったから」、そのことに尽きる。「先生」が、私がどういう人間で、どういうことを大事と思い、どういうことを楽しいと思うか、それを本当によくわかってくださっていたから、「何もいわないで」、私に役に立つ、私にとってはこれ以上ない価値あるものを作っていただけた。

あまりにも学者らしくないことを、いってしまっているのかもしれない。ただ、結局のところ、価値というのは、そういうものであるように思う。みんなで、たくさん、価値あるものを持つのは理想である。しかし、「みんな」と「たくさん」に通底する価値を見つけるのは至難の業である。不可能ともいえるかもしれない。

いや、それでもやはり、それについての議論は続けていかなければならない。答えは出ないとわかっていても、なるべく「引きのばし」続けなければならない。そう、カフカのヨーゼフ・Kの戦略である。そして、どれぐらいの「みんな」に、どれぐらい「たくさん」伝えて、そしていっしょに運んでいけるか、その境界線を測量し続けることも重要である。永遠の測量技師Kの戦略である。そして、それは、学者という職業、私の職業の戦略でもある。しかし、それと同時に、現実に生きているこの世界において、目の前の一人、あるいはもう一人と、価値とは何かについて実感し合い、日常の日々のなかで、しっかりとした手応えのある絆、ぬくもりのある信頼感を築き続けることも、それと同じくらい重要である。

けっして自分一人ではなく、でもみんなでもなく、小さなあたたかな確かな空間で、いっしょにわかりあって生きること。「村」というより、「家族」「隣人」、まずはそこから、始まるような気がしている。

この本も本当に、私の人生で偶然そばにいてくれた人々のおかげで、形にできた。

もう一度あらためて、共訳者の大久保譲さん、神崎正英さんに心から感謝の意を表したい。とても楽しい共同作業でした。

それから、この本の編集者、慶應義塾大学出版会の上村和馬さん。まさしく日本の編集者の職業倫理の高さを、また私にきっちり教えてくださいました。大変お世話になりました。ありがとうございました。

それから、本作りとは直接関係がないけれど、勤務先である埼玉大学教養学部の先輩、同僚、職員の方々、それから研究室の富澤浩樹さんを始めとする学生のみなさん、おっちょこちょいでとっちらかった私の職場での生活を、いつもしっかりサポートしてくださり、ありがとうございました。

そして、日常生活では、大事な隣人で遊び仲間の菅生紳一郎先生、それから、もはや私の家族といっていいぐらいいつも私のそばにいてできそこないの私のお世話をし続けてくださっているお隣りの吉岡満美さん、お二人にはどんな感謝の言葉を書いていいかわかりません。

そして、私のかけがえのない大切なパートナーそして娘。あなたたちからは、毎日、希望をもらっています。

明星聖子

二〇〇九年八月

グーテンベルクからグーグルへ
——文学テキストのデジタル化と編集文献学

2009年9月25日　初版第1刷発行
2010年2月25日　初版第2刷発行

著者 ———— ピーター・シリングスバーグ
訳者 ———— 明星聖子、大久保譲、神崎正英
発行者 ——— 坂上弘
発行所 ——— 慶應義塾大学出版会株式会社
〒108-8346　東京都港区三田2-19-30
TEL〔編集部〕03-3451-0931
〔営業部〕03-3451-3584〈ご注文〉
〃　03-3451-6926
FAX〔営業部〕03-3451-3122
振替　00190-8-155497
URL　http://www.keio-up.co.jp/
装丁 ———— 鈴木衛
印刷・製本 —— 株式会社丸井工文社
カバー印刷 —— 株式会社太平印刷社

Printed in Japan　ISBN 978-4-7664-1671-8

リングスバーグ（Peter L. Shillingsburg）

ロヨラ大学教授（英文学科）。
2003年から2008年まで英国ド・モンフォール大学教授。
2005年より同大学文献学センター（The Center for Textual Scholarship）長を務めた。
学術版W. M. サッカレー全集編集責任者。
サッカレーを中心とするヴィクトリア朝文学研究に関する主な著作は次のとおり。
Pegasus in Harness: Victorian Publishing and W. M. Thackeray, University of Virginia Press, Fall 1992.
William Makepeace Thackeray: A Literary Life, London: Palgrave Macmillan, 2001.
また本書以外の編集理論書としては以下2点をあげておく。
Scholarly Editing in the Computer Age, 3rd edn. Ann Arbor: University of Michigan Press, 1996
Resisting Texts: Authority and Submission in Constructions of Meaning, University of Michigan Press, 1998
その他詳しい経歴については次のサイト参照。http://peter.shillingsburg.net/briefbio.htm

［訳者］

明星聖子（みょうじょう　きよこ）

埼玉大学教養学部准教授
東京大学大学院人文社会系研究科博士課程修了。博士（文学）。
著書に、『新しいカフカ――「編集」が変えるテクスト』（慶應義塾大学出版会、2002年）。本書にて日本独文学会賞受賞。訳書に、リッチー・ロバートソン『カフカ』（岩波書店、2008年）、シュテン・ナドルニー『僕の旅』（同学社、1998年）等がある。

大久保譲（おおくぼ　ゆずる）

埼玉大学教養学部准教授
東京大学大学院総合文化研究科中退。
主要論文に「新歴史主義に触れる　理論のアフター・ライフ」（『英語青年』2007年）、「塹壕と寝室」（『間文化の言語態』東京大学出版会、2002年）、「足と手のモダニズム」（『表象のディスクール3　身体』東京大学出版会、2000年）。訳書に、シオドア・スタージョン『ヴィーナス・プラスX』（国書刊行会、2005年）等がある。

神崎正英（かんざき　まさひで）

ゼノン・リミテッド・パートナーズ代表。
京都大学文学部卒業。コロンビア大学でMBA取得。
著書に、『プロフェッショナル電子メール』（ハルアンドアーク、1999年）、『ユニバーサルHTML/XHTML』（毎日コミュニケーションズ、2000年）、『セマンティック・ウェブのためのRDF/OWL入門』（森北出版、2004年）、『セオリー・オブ・スタイルシート』（技術評論社編集部・編、2006年）、『セマンティックHTML/XHTML』（毎日コミュニケーションズ、2009年）等がある。

人名・作品名索引

＊電子編集版／アーカイブ、プロジェクト名も含む

ナ行

ハ行

マ行

ヤ行

ラ行

ワ行

参考文献

Altick, Richard. *The English Common Reader*. Chicago: University of Chicago Press, 1957.

Austin, J. L. *How to Do Things with Words*. Oxford: Clarendon, 1962. ［J. L. オースティン『言語と行為』坂本百大訳、大修館書店、1987年］

Beowulf. See Kiernan, Beowulf project.

Bickerton, Derek. *Roots of Language*. Ann Arbor: Karoma Publishers, 1981. ［デレック・ビッカートン『言語のルーツ』筧寿雄他訳、大修館書店、1985年］

Binder, Henry., ed. *Red Badge of Courage*. New York: W. W. Norton, 1979.

Blake. See Viscomi, Blake Archive.

Bornstein, George. *Material Modernism*. Cambridge: Cambridge University Press, 2001.

Bowers, Fredson. *Bibliography and Textual Criticism*. Oxford: Clarendon, 1964.

Essays in Bibliography, Text, and Editing. Charlottesville: University Press of Virginia, 1975.

Textual preface and "Textual Introduction" to *The Scarlet Letter* and *The House of Seven Gables* in *The Centenary Edition of the Works of Nathaniel Hawthorne*. Columbus: Ohio State University Press, 1962, 1964.

"Textual Criticism," in *The Aims and Methods of Scholarship in Modern Languages and Literatures*, ed. James Thorpe. New York: Modern Language Association, 1970, pp.23-42.

Braun-Rau, Alexandra. *King Lear* project. www.textkritik.uni-muenchen.de/abraun-rau/lear/King_Lear/startseite.html (accessed 15 November 2004).

Bryant, John. *The Fluid Text: A Theory of Revision and Editing for Book and Screen*. Ann Arbor: University of Michigan Press, 2002.

Burton, Anthony. "Thackeray's Collaborations with Cruikshank, Doyle, and Walker." *Costerus* n. s. 2 (1974), 141-84.

CSE Guidelines for Scholarly Editions. www.jefferson.village.virginia.edu/~jmu2m/cse/CSEguidelines.html; and www.sunsite.berkeley.edu/MLA/intro.html.

Caldwell, T. Price. "Molecular Sememics: A Progress Report." *Meisei Review* 4 (1989), 65-86.

"Whorf, Orwell, and Mentalese." *Meisei Review* 19 (2004), 91-106.

Calvin, William H. *Conversations With Neil's Brain: The Neural Nature of Thought and Language*. Reading, Mass.: Addison-Wesley, 1994.

Cambridge, Ada. *A Woman's Friendship*. Ed. Elizabeth Morrison. Kensington, NSW: University of New South Wales Press, 1989.

Chaucer. See Robinson, Chaucer.

Chesnutt, David, Susan Hockey, and Michael Sperberg-McQueen. Model Editions Project. www.adh.sc.edu.

Cohen, Morton, and Anita Gondolfo, eds. *Lewis Carroll and the House of Macmillan*. Cambridge: Cambridge University Press, 1987.

Colby, R. A. and J. Sutherland. "Thackeray's Manuscripts: A Preliminary Census of Library Locations." *Costerus* n. s. 2 (1974); and Lange, T. V. "Appendix: The Robert H. Taylor Collection." *Costerus* n. s. 2 (1974).

Cross, Nigel. *The Common Writer*. Cambridge: Cambridge University Press, 1985. ［ナイジェル・クロス『大英帝国の三文作家たち』松村昌家、内田憲男訳、研究社出版、1992年］

Dedner, Burghard. "Editing Fragments as Fragments." *TEXT* 16 (2004), 97-111.

Deppman, Jed, Daniel Ferrer, and Michael Groden, eds. *Genetic Criticism: Texts and Avant-Textes*. Philadelphia: University of Pennsylvania Press, 2004.

De Smedt, Marcel, and Edward Vanhoutte. Stijn Streuvels, *De Teleurgang van den Waterhooek. Elektronisch-kritische editie/electronic-critical edition*. Amsterdam: Amsterdam University Press/KANTL, 2000 (CD-Rom).

Dickinson. See Smith. Dickinson.

Dijksterhuis, E. J. *Mechanization of the World Picture*. Oxford: Clarendon, 1961.

D'Iorio, Paolo, et al. HyperNietzsche Project http://www.hypernietzsche.org (accessed 28 October 2004).

"Draft Guidelines for Electronic Scholarly Editions." Committee on Scholarly Editions http://www.iath.virginia.edu/~jmu2m/cse/Editors.rpt.htm.

Duggan, Hoyt, et al. *Piers Plowman Archive*. www.iath.virginia.edu/piers/archive.goals.html.

Eco, Umberto. *The Limits of Interpretation*. Bloomington: Indiana University Press, 1990.

The Open Work. Cambridge, Mass.: Harvard University Press, 1989 (first published as Opera aperta in 1962). ［ウンベルト・エーコ『開かれた作品』篠原資明、和田忠彦訳、新装版、青土社、2002年］

Serendipities: Language and Lunacy. New York: Harcourt Brace, 1998.［ウンベルト・エコ『セレンディピティー』谷口伊兵衛訳、而立書房、2008年］

"After Secret Knowledge." *TLS* (22 June 1990), 666.

Eggert, Paul. "Document or Process as the Site of Authority: Establishing Chronology of Revisions in Competing Typescripts of Lawrence's *The Boy in the Bush*." *Studies in Bibliography* 44 (1991), 364-76.

"The Golden Stain of Time." *Books and Bibliography: Essays in Commemoration of Don McKenzie*, ed. John Thomson. Wellington: Victoria University Press, 2002, pp.116-28.

"Textual Product or Textual Process: Procedures and Assumptions of Critical Editing" in *Editing in Australia*. Sydney: University of New South Wales Press, 1990, pp.19-40; rept. In Phil Cohen, ed. *Devils and Angels*. Charlottesville: University Press of Verginia, 1991, pp.124-33.

Eggert, Paul, Phill Berrie, Graham Barwell, and Chris Tiffin. JITM (Just In Time Markup). www.unsw.adfa.edu.au/ASEC/PWB_REPORT/JITM/.pdf; and www3.iath.virginia.edu/sds/Eggert-Berry.html.

Eliot, Simon. *Some Patterns and Trends in British Publishing, 1800-1919*. Occasional Papers of the

Bibliographical Society, No. 8, 1994, sections A and C.

Faulkner, William. *Go Down, Moses*. New York: Random House, 1942. ［ウィリアム・フォークナー『フォークナー全集16』大橋健三郎訳、冨山房、1992年］

Feltes, N. N. *Literary Capital and the Late Victorian Novel*. Madison: University of Wisconsin Press, 1993.

Modes of Production of Victorian Novels. Chicago: University of Chicago Press, 1986. [See my review in JEGP 87 (1988), 262-5.]

Fiormonte, Domenico, and Cinzia Pusceddu. "The Text as a Product and as a Process. History, Genesis, Experiments." *Verslagen en Mededelingen van de KANTL* (forthcoming, 2006).

Digital Variants. http://www.selc.ed.ac.uk/italian/digitalvariants/.

Flanagan, Richard. *Gould's Book of Fish: A Novel in Twelve Fish*. London: Atlantic Books, 2001. ［リチャード・フラナガン『グールド魚類画帖——十二の魚をめぐる小説』白水社、2005年］

Flanders, Julia, et al. Women Writers Project. www.wwp.brown.edu.

Frankel, Nicholas. *Oscar Wilde's Decorated Books*. Ann Arbor: University of Michigan Press, 2000.

Gabler, Hans Walter, George Bornstein, and Gillian Borland Pierce, eds. *Contemporary German Editorial Theory*. Ann Arbor: University of Michigan Press, 1995.

Gaskell, Philip. *A New Introduction to Bibliography*. Oxford: Clarendon, 1972.

Gatrell, Simon. *Hardy the Creator: A Textual Biography*. Oxford: Clarendon, 1988.

Geisel, Theodore Seuss (Dr. Seuss). *The 500 Hats of Bartholomew Cubbins*. New York: Vangard, 1938.

Goethe, Wolfgang. "Venetian Epigrams." MSS at the Goethe Archive. Weimar, Germany.

Google. www.google.com.

Greetham, David C. *Theories of the Text*. London: Oxford University Press, 1999.

Greg, W. W. "The Rationale of Copy-Text." *Studies in Bibliography* 3 (1950-1), 19-36.

"Guidelines for Scholarly Editions." Committee on Scholarly Editions. http://sunsite.berkeley.edu/MLA/guidelines.html and http://jefferson.village.virginia.edu/~jmu2m/cse/CSEguidelines.html.

Hagen, June Steffensen. *Tennyson and his Publishers*. London: Macmillan, 1979.

Haight, Gordon, ed. George Eliot, *The Mill on the Floss*. Oxford: Clarendon, 1980. ［『研究社英文学叢書89』研究社出版、1983年］

Harden, Edgar. *A Checklist of Contributions by William Makepeace Thackeray to Newspapers, Periodicals, Books, and Serial Part Issues, 1828-1864*. No. 68 ELS Monograph Series. Victoria, B.C.: English Literary Studies, University of Victoria, 1996.

Harris, Margaret. *A Checklist of the "Three-Decker" Collection in the Fisher Library, University of Sydney*. Department of English, University of Sydney, 1980.

Harvey, J. R. *Victorian Novelists and their Illustrators*. New York: New York University Press, 1971.

Hernadi, Paul. "Literary Theory," in *Introduction to Scholarship in Modern Languages and Literatures*, ed. Joseph Gibaldi. New York: Modern Language Association, 1981, pp. 98-115.

Hill, W. Speed. [Review of Dave Oliphant and Robin Bradford's *New Directions in Textual Studies* (1990).] *TEXT* 6 (1994), 370-81.

Hirsch, E. D. *Cultural Literacy*. Boston: Houghton Mifflin, 1987.［E. D. ハーシュ『教養が、国をつくる。』中村保男訳、TBSブリタニカ、1989年］

Validity in Interpretation. New Haven: Yale University Press, 1967.

Holdeman, David. “The Editor as Artist.” Presented at the Society for Textual Scholarship, New York, April 2001; revised, Annual Faculty Lecture, English Department, University of North Texas, November 2001.

Housman, A. E. “The Application of Thought to Textual Criticism.” *Proceedings of the Classical Association* 18 (1922), 67-84; rpt. in Selected Prose, ed. John Carter. Cambridge: Cambridge University Press, 1961, pp. 131-50.

Institute for Advanced Technology in the Humanities. www.iath.virginia.edu/.

Jackendoff, Ray. *Patterns in the Mind: Language and Human Nature*. New York: Harvester / Wheatsheaf, 1993.

Johnson, Samuel. “On the Character and Duty of an Academic,” first published in “J. D. Fleeman: A Memoir,” David Fairer. *Studies in Bibliography* 48 (1995), 1-24.

Jonson, Ben. *The Cambridge Edition of the Works of Ben Jonson*. http://uk.cambridge.org/literature/features/cwbj/project/ (accessed 15 November 2004).

Joyce, James. *Ulysses*, ed. Hans Walter Gabler. New York: Random House, 1987.

Kamuf, Peggy. “Preface,” *A Derrida Reader: Between the Blinds*. New York: Columbia University Press, 1991.

Karlsson, Lina, and Linda Malm. “Revolution or Remediation?: A Study of Electronic Scholarly Editions on the Web.” *HumanIT* 7.1 (2004), 1-46.

Katz, Joseph, ed. [Reviews of paperback editions.] *Proof* 2-4, 1970-72.

Keane, Robert. *Dante Gabriel Rossetti: The Poet as Craftsman*. New York: Peter Lang, 2002.

Kiernan, Kevin. Beowulf. www.uky.edu/~kiernan/eBeowulf/guide.htm (accessed 15 November 2004).

[Probable location for] Boethius project. www.uky.edu/~kiernan/eBoethius/pubs.htm (accessed 15 November 2004).

Landow, George. See Victorian Web.

Law, Graham. *Serializing Fiction in the Victorian Press*. London: Palgrave, 2000.

Lawrence, T. E. *The Mint*. London: Jonathan Cape and Garden City, New York: Doubleday, 1955. (Limited edition unexpurgated; trade editions expurgated until 1973.)

Lochard, Eric-Olivier, and Dominique Taurisson. “‘The World According to Arcane.’ An Operating Instrumental Paradigm for Scholarly Editions” in *Perspectives of Scholarly Editing/ Perspektiven der Textedition*, ed. Bodo Plachta and H. T. M. van Vliet (Berlin: Weidler Buchverlag, 2002), pp. 151-62.

Lougy, Robert E. “The Structure of Vanity Fair.” *PMLA* 90 (1975), 256-69.

Lowry, Malcolm. *The Collected Poetry of Malcolm Lowry*. Ed. Kathleen Scherf. Vancouver: University of British Columbia Press, 1995.

Selected Poems. Ed. Earle Birney, with assistance, from Margerie Lowry. San Francisco: City Lights Books, 1962.

Luke, Hugh J. "The Publishing of Byron's Don Juan." *PMLA*, 80 (June 1965), 199-209.

Mailloux, Steven. *Interpretive Conventions: The Reader in the Study of American Fiction.* Cornell University Press, 1982.

Martens, Gunter. "(De)Constructing the Text by Editing: Reflections on the Receptional Significance of Textual Apparatuses," in *Contemporary German Editorial Theory*, ed. Hans Walter Gabler, George Bornstein, and Gillian Borland Pierce. Ann Arbor: University of Michigan Press, 1995, pp.125-52.

"What Is a Text? Attempts at Defining a Central Concept in Editorial Theory," in *Contemporary German Editorial Theory*, ed. Hans Walter Gabler, George Bornstein, and Gillian Borland Pierce. Ann Arbor: University of Michigan Press, 1995, pp. 209-231.

Marx, Karl. *Communist Manifesto.* [カール・マルクス『共産党宣言』大内兵衛、向坂逸郎、岩波文庫、2007年]Translated by Helen MacFarland in volume with George Julian Harney, *Red Republican*. London, 1850.

Marx, Karl, and Frederick Engels. *Manifesto of the Communist Party.* www.anu.edu.au/polsci/marx/classics/manifesto.html (accessed 19 November 2004).

Matthiessen, F. O. *American Renaissance*. New York: Oxford University Press, 1941.

McGann, Jerome J. *Black Riders*. Princeton: Princeton University Press, 1993.

A Critique of Modern Textual Criticism. Chicago: University of Chicago Press, 1983.

Radiant Textuality: Literature After the World Wide Web. New York: Palgrave, 2001.

The Textual Condition. Princeton: Princeton University Press, 1991.

"The Gutenberg Variations." *TEXT* 14 (2001), 1-13.

"Imagining What You Don't Know," in *Voice, Text, and HyperText*, ed. Raimonda Modiano, Leroy Searle, and Peter Shillingsburg. Seattle: University of Washington Press, 2003, pp. 378-97.

"Literary Pragmatics and the Editorial Horizon," in *Devils and Angels: Textual Editing and Literary Theory*. ed., Philip Cohen. Charlottesville: University Press of Virginia, 1991, pp. 1-21.

The Rossetti Archive. www.iath.virginia.edu/rossetti/fullarch.html.

"The Rossetti Hypermedia Archive: An Introduction." *Journal of Pre-Raphaelite Studies* 8 (Spring 1997), 5-21.

"Rossetti's Iconic Page," in The Iconic Page, ed. Theresa Tinkle and George Bornstein. Ann Arbor: University of Michigan Press, 1998, pp. 123-40.

"Theories of the Text." *London Review of Books*. (18 February 1988), 20-1.

McKenzie, D. F. *Bibliography and The Sociology of Texts* (Panizzi Lectures, 1985). London: British Library, 1986.

McKerrow, R. B. "The Treatment of Shakespeare's Text by His Earlier Editors, 1709-1768." *Proceedings of the British Academy* 19 (1933), 89-122.

McLaverty, James. *Pope, Print, and Meaning*. London: Oxford University Press, 2001.

Mehl, Dieter. "Editorial Theory and Practice in English Studies in Germany." *Problems of Editing* biehefte zu *editio*, ed. Christa Jansohn (1999).

Modiano, Raimonda, Leroy Searle, and Peter Shillingsburg, eds. *Voice, Text, and HyperText.* Seattle: University of Washington Press, 2003.

Myers, Gary. "For Now and Always." *New Yorker* (28 October 1985).

Nichol, John W. "Melville's "'Soiled" Fish of the Sea.'" *American Literature* 21 (November 1949), 338-9.

Nietzsche. See D'Iorio.

Nowell-Smith, Simon. *International Copyright Law and the Publisher in the Reign of Queen Victoria.* London: Oxford University Press, 1968.

Parker, Hershel. *Flawed Texts and Verbal Icons.* Evansville: Northwestern University Press, 1984.

Patten, Robert. *Charles Dickens and his Publishers.* Oxford: Clarendon, 1978.

Pickwoad, Nicholas. "Commentary on Illustrations," in *Vanity Fair*, ed. Peter Shillingsburg. New York: Garland, 1989 and in *The History of Pendennis*, ed. Peter Shillingsburg. New York: Garland, 1991.

Pizer, Donald. [Review of the Pennsylvania *Sister Carrie,*] *American Literature* 53 (January 1982), 731-7.

Plachta, Bodo. "In Between the 'Royal Way' of Philology and 'Occult Science': Some Remarks About German Discussion on Text Constitution in the Last Ten Years." *TEXT* 12 (1999), 31-47.

"Teaching Editing − Learning Editing." *Problems of Editing biehefte zu editio*, ed. Christa Jansohn (1999).

Plato. "Ion," Translated by. Trevor J. Saunders. in *Plato: Early Socratic Dialogues.* London: Penguin, 1987.

Phaedras. Translated by R. Hackforth. Cambridge: Cambridge University Press, 1952.［プラトン『パイドロス』藤沢令夫訳、岩波文庫、1967年］

Republic. Translated by Robin Waterfield. Oxford: Oxford University Press, 1993.［プラトン『国家』上下巻、藤沢令夫訳、岩波文庫、2002年］

Postal, Paul M. *Skeptical Linguistic Essays.* www.nyu.edu/gsas/dept/lingu/people/faculty/postal/papers/skeptical.pdf (downloaded 4 July 2003).

Purdy, R. L. *Thomas Hardy: A Bibliographical Study.* London: Oxford University Press, 1954.

Ray, Gordon N. *Bibliographical Resources for the Study of Nineteenth Century Fiction.* Los Angeles: Clark Library, 1964.

ed. *The Letters and Private Papers of William Makepeace Thackeray.* 4 vols. Cambridge, Mass.: Harvard University Press, 1946.

"The Importance of Original Editions." *Nineteenth Century English Books.* Urbana: University of Illinois Press, 1952.

Reiman, Donald. *The Study of Modern Manuscripts: Public, Confidential, and Private.* Baltimore: Johns Hopkins University Press, 1993.

"'Versioning': The Presentation of Multiple Texts." *Romantic Texts and Contexts.* Columbia: University of Missouri Press, 1987, pp. 167-80.

Renear, Alan. "Literal Transcription − Can the Text Ontologist Help?" in *New Media and the*

Humanities: Research and Applications, ed. Domenico Fiormonte and Jonathan Usher. Oxford: Humanities Computing Unit, on behalf of Instituto Italiano di cultura per la Scozia e l'Irlanda del Nord, 2001, pp. 23-30.

Robinson, Peter. 'Collation, Textual Criticism, Publication and the Computer.' *TEXT* 7 (1995) 77-94.

Chaucer: *The Wife of Bath's Prologue on CD-ROM*. Cambridge: Cambridge University Press, 1996. [*Canterbury Tales* project, demonstration] http://www.cta.dmu.ac.uk/projects/ctp/descz.html (accessed 19 December 2003). See also Robinson's work in Elizabeth Solopova, ed., *The General Prologue on CD-ROM*. Cambridge: Cambridge University Press, 2000 [CD-ROM].

Scholarly Digital Editions. www.sd-editions.com/.

"Where We Are With Electronic Scholarly Editions, and Where We Want To Be." *Jahrbuchs fur Computerphilogie* 5 (2003), 126-46; also at http://computerphilologie. uni-muenchen.de/jgo3/robinson.html (accessed 26 June 2004).

Roethke, Theodore. *Collected Poems of Theodore Roethke*. New York: Doubleday [1966].

Rossetti. See McGann, Rossetti Archive.

Sacks, Oliver. *The Man Who Mistook His Wife for a Hat*. London: Picador, 1985. [オリバー・サックス『妻を帽子と間違えた男』高見幸郎、金沢泰子訳、晶文社、1992年]

Scheibe, Siegfried. "Theoretical Problems of Authorization and Constitutions of Texts" 1990-1; translated in Hans Walter Gabler, George Bornstein, and Gillian Borland Peirce, eds. *Contemporary German Editorial Theory*. Ann Arbor: University of Michigan Press, 1995, pp. 171-91.

Schulze, Robin, ed. *Becoming Marianne Moore: The Early Poems, 1907-1924*. Berkeley: UCLA Press, 2002.

Searle, John R. *Expression and Meaning*. Cambridge: Cambridge University Press, 1979. [ジョン・サール『表現と意味』山田友幸監訳、誠信書房、2006年]

Seuss, Dr. See Geisel, Theodore Seuss.

Shillingsburg, Miriam. "Computer Assistance to Scholarly Editing." *Bulletin of Research in the Humanities* 81 (Winter 1978), 448-63.

Shillingsburg, Peter. *Pegasus in Harness: Victorian Publishing and W. M. Thackeray*. Charlottesville: University Press of Virginia, 1992.

Resisting Texts: Authority and Submission in Constructions of Meaning. Ann Arbor: University of Michigan Press, 1997.

Scholarly Editing in the Computer Age, 3rd edn. Ann Arbor: University of Michigan Press, 1996.

"A Resistance to German Editorial Theory." *editio* 12 (1998), 138-50.

"Anglo-amerikanische Editionwissenschaft: Ein knapper Überblick," in Rüdiger Nutt-Kofoth, Bodo Plachta, H. T. M. van Vliet, and Hermann Zwerchina, eds. *Text und Edition: Positionen and Perspektiven*. Berlin: Erich Schmidt, 2000.

"Authority and Authorization in American Editing," Autor – Authorisation – Authentizität, ed. Thomas Bein, Rüdiger Nuttkofoth and Bodo Plachta. Special issue of *editio*. Tübingen:

Max Niemeyer Verlag 2004, pp. 73-81.
"The Computer as Research Assistant in Scholarly Editing." *Literary Research Newsletter* 5 (1980), 31-45.
"Editing Thackeray: A History." *Studies in the Novel* 27 (Fall 1995), 363-74; reprinted in *Textual Criticism and the Common Reader*, ed. Alexander Pettit. Athens: University of Georgia Press, 1999.
"The Faces of Victorian Fiction," in *The Iconic Page*, ed. George Bornstein and Theresa Tinkle (Ann Arbor: University of Michigan Press, 1998), 141-56.
"Orientations to Texts." *editio* 15 (2001), 1-16.
"Principles for Electronic Archives, Scholarly Editions, and Tutorials," in *The Literary Text in the Digital Age*, ed., Richard J. Finneran. Ann Arbor: University of Michigan Press, 1996, pp. 23-35.
"Thackeray Bibliography." *Cambridge Bibliography of English Literature*, 3rd edn. Cambridge: Cambridge University Press, 2001.
Skinner, Quentin. "Conventions and the Understanding of Speech Acts." *Philosophical Quarterly* 20 (1970), 118-38.
Smith, Barry. "Towards a History of Speech Act Theory," in A. Burkhardt, ed., *Speech Acts, Meanings and Intentions: Critical Approaches to the Philosophy of John R. Searle*. Berlin/ New York: De Gruyter, 1990, pp. 29-61. Posted at URL http://ontology.buffalo.edu/smith//articles/speechact.html (accessed 8 November 2004).
Smith, Martha Nell. Emily Dickinson, http://www.iath.virginia.edu/dickinson/about_the_site.html.
Sperberg-McQueen, Michael. "New TA Software: Some Characteristics, and a Proposed Architecture." http://pigeon.cch.kcl.ac.uk/ta-dev/notes/design.htm (accessed 26 June 2004).
"Textual Criticism and TEI." http://xml.coverpages.org/sperb-mla94.html.
'Trip Report' on the 'Text Analysis Software Planning Meeting' held at Princeton, 17-19 May 1996, at http://tigger.uic.edu/~cmsmcq/trips/ceth9505.html (accessed 19 December 2003).
Stillinger, Jack. *Multiple Authorship and the Myth of Solitary Genius*. New York and Oxford: Oxford University Press, 1991.
Stoker, Bram. *Dracula*. London: Constable, 1897.［ドラム・ストーカー『ドラキュラ』新妻昭彦、丹治愛訳、水声社、2000年］
Stubbs, Estelle and Peter Robinson. The Hengwrt Chaucer Digital Facsimile CD Leicester: Scholarly Digital Editions (www.sd-editions.com), 2000.
Sutherland, John. *The Stanford Companion to Victorian Fiction*. Stanford: Stanford University Press, 1989.
"Victorian Novelists: Who Were They?" *Victorian Writers, Publishers, Readers*. New York: St. Martin's, 1995.
Sweeney, Patricia Runk. "Thackeray's Best Illustrator." *Costerus* n. s. 2 (1974), 84-111.
Tanselle, G. Thomas. *Literature and Artifacts*. Charlottesville: Bibliographical Society of the University of Virginia, 1998.

The Rationale of Textual Criticism. Philadelphia: University of Pennsylvania Press, 1989.

Thackeray, W. M. Letters (see Ray, Gordon).

Pendennis. Leipzig: Tauchnitz, 1849-50.

Vanity Fair. London: Bradbury and Evans, 1847. (Peter Shillingsburg's edition. New York: Garland, 1989.) [サッカリー『虚栄の市』中島賢二訳、岩波文庫、2004年]

[*Scholarly Editions of*] *Henry Esmond*, ed. Edgar Harden (1989), *Pendennis*, ed. Peter Shillingsburg (1991), *Yellowplush and Gahagan*, ed. Peter Shillingsburg (1991), *Newcomes*, ed. Peter Shillingsburg (1996), *Barry Lyndon*, ed. Edgar Harden (1998), *Catherine*, ed. Sheldon Goldfarb (1998) – the first four published by Garland; the latter three by University of Michigan Press.

Thorpe, James. *Principles of Textual Criticism*. San Marino: Huntington Library, 1972.

"The Aesthetics of Textual Criticism." *PMLA* 80 (1965), 465-82. Reprinted in Thorpe, Principles of Textual Criticism, pp. 3-49.

"The Treatment of Accidentals," in James Thorpe, *Principles of Textual Criticism*, San Marino: Huntingdon Library, 1972, pp. 141-51.

Timperley, C. H. *The Printers' Manual*. London: H. Johnson, 1838.

Todd, William, and Ann Bowden. *The Tauchnitz International Editions in English 1841-1955: A Bibliographical History*. New York: Bibliographical Society of America, 1988.

Tuchman, Gaye, and Nina Fortin. *Edging Women Out: Victorian Novelists, Publishers, and Social Change*. London: Routledge, 1989.

Unsworth, John. "Reconsidering and Revising the MLA Committee on Scholarly Editions' Guidelines for Scholarly Editions." http://www.iath.virginia.edu/~jmu2m/sts2001.html (accessed 7 September 2004).

Vanhoutte, Edward. "A Linkemic Approach to Textual Variation: Theory and Practice of the Electronic-Critical Editions of Stijn Streuvels' De teleurgang van den Waterhoek." *HumanIT* 1 (2000), www.hb.se/bhs/ith/1-00/ev.htm (accessed 3 December 2004).

Victorian Web. www.victorianweb.org (accessed 3 December 2004).

Viscomi,Joseph, et al. Blake Archive. www.blakearchive.org/main.html.

Warren, Michael, and Gary Taylor. *The Divisions of the Kingdom*. London: Oxford University Press, 1983.

Wimsatt, W. K., and Monroe Beardsley. "The Intentional Fallacy." *Sewanee Review* (1946), 468-88. Reprinted in Wimsatt, W. K., *The Verbal Icon*. Lexington: University of Kentucky Press, 1954.

Zeller, Hans. "A New Approach to the Critical Constitution of Literary Texts." *Studies in Bibliography* 28 (1975), 231-64.

"Structure and Genesis in Editing: On German and Anglo-American Textual Criticism," in *Contemporary German Editorial Theory*, ed. Hans Walter Gabler, George Bornstein, and Gillian Borland Pierce. Ann Arbor: University of Michigan Press, 1995, pp. 95-123.